Schimmel / Buhlmann

Bürgerliches Recht
– Übungsfälle zur Prüfungsvorbereitung

5., erweiterte und überarbeitete Auflage

Die Verfasser:

Dr. Roland Schimmel und Dirk Buhlmann unterrichten und prüfen seit fünfzehn Jahren Bürgerliches Recht an Universität, Fachhochschule, Verwaltungs- und Wirtschaftsakademie und Verwaltungsschule. In diesen Text sind neben den dabei gewonnenen Erfahrungen die Einsichten eingegangen, die die Korrektur von studentischen Prüfungsleistungen vom ersten Semester bis zum juristischen Staatsexamen mit sich bringt.
Hauptberuflich sind die Verfasser Partner einer Rechtsanwaltsgesellschaft in Frankfurt am Main.

Schimmel, Roland:
Bürgerliches Recht: Übungsfälle zur Prüfungsvorbereitung / Roland Schimmel; Dirk Buhlmann. - Frankfurt am Main:

ISBN 3-930110-23-7

Inhalt

A. Arbeitshinweise 7
   I. Verwendungszweck und Benutzerkreis 7
   II. Haftungsausschlüsse 8
   III. Technik der juristischen Fallbearbeitung 9
   IV. Typische Fehler 12
   V. Ratschläge 19
   VI. Benutzungshinweise 21
   VII. Schrifttumsempfehlungen 22

B. Übungsaufgaben 24

C. Bearbeitungsvorschläge 50

D. Originalbearbeitungen zum Üben 178

E. Verzeichnisse 189

Vorwort zur 5. Auflage

1. Die erfreuliche Nachfrage nach diesem Büchlein erforderte wieder schnell eine neue Auflage. Neben einigen hundert kleinen Änderungen haben wir das einleitende Kapitel mit Hinweisen für die Klausurpraxis nochmals überarbeitet und erweitert. Entgegen der ursprünglichen Absicht haben wir eine kleine zivilrechtliche Klausurenlehre skizziert, weil die Studierenden immer wieder danach fragten. Zwei oder drei Aufgaben und Bearbeitungsvorschläge haben wir verändert – ansonsten bleiben die Vorauflagen verwendbar. Einige Aufgaben, die wir zuletzt in Prüfungen zur Bearbeitung gestellt haben, sind hinzugekommen. Zur Abrundung des Aufgabenspektrums haben wir eine längere Aufgabe nebst Bearbeitungsvorschlag ergänzt. Ein paar inhaltliche Fehler sind bereinigt, die Register sind verbessert worden. Wegen der häufigen Anfragen der Studierenden haben wir einige Original-Klausurbearbeitungen hinzugefügt, die das Niveau des praktisch Leistbaren verdeutlichen. Deren VerfasserInnen danken wir für das freundliche Einverständnis mit der Wiedergabe. Hinzugekommen ist auch eine Aufgabe, die wir so ausführlich mit ergänzenden Hinweisen versehen haben, daß damit die Technik der Fallbearbeitung geübt werden kann.
2. Aufgaben und Bearbeitungsvorschläge sollen in erster Linie dazu dienen, die Technik juristischer „Fallösungen" zu studieren und zu erarbeiten. Die Wiederholung prüfungsrelevanten materiellrechtlichen Wissens ist nur eine nützliche Nebenfolge. Daß immer wieder Studierende der Rechtswissenschaften diese Sammlung heranziehen, freut uns, war aber nicht beabsichtigt.
3. Wir bitten weiter um Verbesserungsvorschläge (an RAe Schimmel Buhlmann, Beethovenstraße 65, 60325 Frankfurt am Main, post@SchimmelBuhlmann.de). Allen, die diese Mühe auf sich genommen haben, danken wir sehr; seit der letzten Auflage waren das eine ganze Reihe Leute. Dank schulden wir auch RA Rüdiger Koch, LL.M. (Darmstadt) für die Überlassung von Aufgabe 84 und Frau Anja Heine in unserem Sekretariat für alle redaktionelle Hilfe
4. Die Leser, die sich über den nicht ganz professionellen Satz des Büchleins wundern, bitten wir um Nachsicht. Den Grund finden Sie auf der vierten Umschlagseite über der ISBN. Wegen des deutlich gewachsenen Umfangs ist das Büchlein übrigens ein wenig teurer geworden; nach wie vor haben wir uns um einen studentenfreundlichen Preis bemüht.

Frankfurt am Main, März 2005   Schimmel   Buhlmann

Vorwort

1. Das Buch enthält Übungsmaterial für diejenigen, die sich im Bürgerlichen Recht Prüfungen unterziehen müssen. Die Aufgaben haben die Verfasser in den letzten Jahren in Zwischenprüfungs- und Diplomklausuren der Hessischen Verwaltungs- und Wirtschaftsakademie in Frankfurt am Main zur Bearbeitung gestellt. Nutzen versprechen sie über diesen Verwendungszweck hinaus gleichermaßen bei der Vorbereitung schriftlicher Prüfungen in ähnlichen Einrichtungen sowie für mündliche Prüfungen, bei denen – wie so häufig – kleine Rechtsfälle zur Diskussion gestellt werden.
2. Der Schwierigkeitsgrad der einzelnen Aufgaben variiert, ist aber bewußt so gewählt, daß die Bearbeitung nicht zu einer umfangreichen Auseinandersetzung mit wissenschaftlichen Theorien oder den Standpunkten der Rechtsprechung zwingt. Das vorrangige Ziel dieses Büchleins liegt vielmehr in der Vermittlung und Wiederholung der notwendigen systematischen Fähigkeiten und rechtsdogmatischen Prinzipien, die für eine klausurförmige Auseinandersetzung mit einem zuvor unbekannten Sachverhalt notwendig sind. Der Bearbeiter darf und soll daher in Detailfragen abweichende inhaltliche Ansichten vertreten.
3. Für Hilfe bei der Überarbeitung schulden wir Dank den Herren Rechtsreferendaren Rüdiger Koch, Daniel Trosch (beide Frankfurt am Main) und Frank Breidenbach (Marburg), wegen der Textredaktion Frau Corina Neumann (Frankfurt am Main). Prof. Dr. Hans-Peter Benöhr (Berlin) hat freundlicherweise Aufgabe 81 zur Verfügung gestellt.

Frankfurt am Main, August 2001   Schimmel   Buhlmann

A. Arbeitshinweise

Bevor Sie mit diesem Buch zu arbeiten beginnen, nehmen Sie sich kurz Zeit, um die folgenden Benutzungshinweise zu lesen. Das hilft, den Ertrag der Lektüre zu steigern.

I. Verwendungszweck und Benutzerkreis

Die vorliegende Sammlung von Übungsaufgaben mit Bearbeitungsvorschlägen dient zwei Hauptzwecken.

1. In erster Linie wird sie für Studierende von Nutzen sein, die (Zivil-)Recht im **Nebenfach** belegt haben (Wirtschaftswissenschaftler an Universitäten, FH-Studenten verschiedener Studiengänge, Studierende an privaten Akademien etc.) und im Zivilrecht Prüfungen ablegen müssen. Die Auswahl der Fragen deckt den größten Teil der Standardgebiete im Bürgerlichen Recht[1] ab. Es handelt sich um Aufgaben mit Schwerpunkten im Allgemeinen Teil, im Schuldrecht und im Sachenrecht (dort fast ausschließlich: bewegliche Sachen) des BGB und den einschlägigen Nebengesetzen. Wer die Aufgaben durcharbeitet, wird dabei nicht nur mit der juristischen Arbeitsweise („Gutachtentechnik"[2]) besser vertraut, sondern wiederholt zugleich auch eine Reihe prüfungstypischer Probleme.

2. Daneben könnten Studentinnen des Rechts im **Hauptfach** dieses Buch heranziehen, um eine Lücke in der Ausbildungsliteratur zu füllen: Gerade in den Anfangssemestern vermißt man häufig Übungsfälle, die den Blick auf die handwerklich richtige Erstellung eines juristischen Gutachtens nicht unnötig durch schwierige und teils theorieverliebte Probleme verstellen.

a) Die nachstehenden Fallbearbeitungen sind vorwiegend in eher schlanker Fassung, teils aber auch in fast schulmäßigem Gutachtenduktus gehalten[3]. Das erlaubt es, sich ohne umfängliche Auseinandersetzung mit einer materiellrechtlich eher einfachen Aufgabe dem handwerklich-technischen Aspekt zuzuwenden, indem man aus einer knappen urteilsartigen Begründung einen Gutachtentext entwickelt - oder umgekehrt.

b) Einige Aufgaben sind juristischen Lesern als Standardbeispiele aus Lehr- und Lernbüchern vertraut. Wir haben sie hier aufgenommen, weil sich in den Lehrbüchern kaum je eine mustergültige Bearbeitung findet,

---

[1] Nicht: Im Handelsrecht, Gesellschaftsrecht, Arbeitsrecht, Wertpapierrecht, Wettbewerbsrecht etc. Bei Prüfungen in diesen Rechtsgebieten sind allerdings die einführenden Hinweise, die Sie gerade lesen (S.7-22), ebenfalls zu beherzigen.
[2] Diese sollte man als gedankliche Haltung und mögliche Herangehensweise an rechtliche Fragestellungen auch dann zu verstehen versuchen, wenn die eigene Prüfungsleistung nicht in dieser schematisierten Form verfaßt werden muß.
[3] Weil die Studierenden im Nebenfach oft unsicher sind, wie ein „richtiges" juristisches Gutachten aussieht, findet sich in dieser Sammlung eine Aufgabe (nämlich Nr. 57) dreifach gelöst: im Gutachtenstil, im Urteilsstil und in einer vernünftigen Mischform, die in der Prüfung ein sinnvolles und effizientes Vorgehen ermöglicht.

sondern dort aus Platzgründen meist nur das jeweils zentrale Problem abgehandelt wird.
c) Ganz vereinzelt finden sich Fälle, die man – das nötige inhaltliche Wissen vorausgesetzt – mit zwei oder drei Sätzen angemessen bearbeiten kann; überwiegend braucht es aber mehr Text, um alle für die Entscheidung einschlägigen Überlegungen unterzubringen.
d) Wie die Verwendung der Aufgaben in Übungsveranstaltungen für Juristen gezeigt hat, verführen die scheinbar einfachen Sachverhalte zu einfachen Lösungen. Gleichwohl steckt auch für Rechtsstudenten der Teufel im Detail – einige Aufgaben enthalten unerwartete Schwierigkeiten.
Studierende des Rechts können die nachstehenden einführenden Bemerkungen (außer die unter V.) überspringen, ebenso wie die ergänzenden Bemerkungen hinter den Bearbeitungsvorschlägen, die meist auf das eingeschränkte Stoffkontingent in den zugrundeliegenden Lehrveranstaltungen Bezug nehmen.

3. Zur Abrundung des Anforderungsspektrums finden sich am Ende vier Aufgaben, die deutlich mehr als nur zwanzig Minuten Bearbeitungszeit erfordern. Studierende im Nebenfach mögen hieran ablesen, daß die schulmäßige Technik der juristischen Fallbearbeitung, deren Anwendung bei einfachen Beispielsfällen manchmal den Eindruck erweckt, der Bearbeiter schieße mit Kanonen auf Spatzen (weil die „richtige" Entscheidung teils offenkundig ist), sich spätestens bei etwas schwierigeren – also: lebensnäheren – Situationen als nützlich oder geradezu unentbehrlich erweist.

II. Haftungsausschlüsse

1. **Vollständigkeit** kann eine Sammlung wie die vorliegende weder anstreben noch versprechen. Immerhin dürften viele gängige Prüfungsthemen wenigstens einmal vorkommen. Keinesfalls sollte die Leserin aber davon ausgehen, es genüge für jede BGB-Prüfung, den hier dargestellten Stoff zu beherrschen. Letztendlich sind Zusammenstellungen wie diese immer auch von den subjektiven Vorlieben der Verfasser geprägt.
2. Hinsichtlich der „**Richtigkeit**" der vorgeschlagenen Bearbeitungen gilt: Was hier steht, sollte jedenfalls vertretbar sein[4], andere Ansätze - auf die teils in den Anmerkungen hingewiesen wird – sind deshalb aber nicht ausgeschlossen[5].
3. Die **Schwerpunktsetzung** ist kaum je verbindlich und folgt nicht zuletzt didaktischen Erwägungen. Gleichwohl haben wir darauf geachtet, das

---

[4] Für inhaltliche Fehler sind allein die Verfasser verantwortlich. Wenn Sie einen entdecken, bitten wir um eine e-Mail an obige Anschrift (S.6).
[5] Je nach Geisteshaltung des Prüfers wird bei sehr stark abweichender Bearbeitung damit zu rechnen sein, daß nicht die volle Punktzahl zu erreichen ist. Im allgemeinen gilt aber: Eine gute Begründung für einen Entscheidungsvorschlag wird zu wohlwollender Bewertung führen, auch wenn sie einen Denkfehler enthält, der sie in die „falsche" Richtung abbiegen läßt.

Problematischere breiter, das weniger Problematische knapper zu erörtern.

4. Kurz: Diese Sammlung ist ein **Hilfsmittel** zum Lernen, aber **kein Garantieschein** für die bestandene Prüfung. (Hoffentlich hatten Sie auch keinen erwartet ...)

III. Technik der juristischen Fallbearbeitung

Es wäre unsinnig, den Leserinnen dieses Texts eine vollständige Einführung in die Technik juristischer Fallbearbeitung[6] geben zu wollen. Aber ein bißchen was müssen Sie wissen.

Das zeigt sich auch daran, daß die Benutzer dieser Sammlung uns immer wieder mit folgender Frage ansprechen: Die Bearbeitungsvorschläge zu den Aufgaben können noch so plausibel wirken – wie man von der Aufgabe zur richtigen Lösung komme, sei doch offensichtlich schwierig und gesondert übungsbedürftig. Stimmt.

Deshalb finden Sie hier eine ganz kleine Einführung – auch wenn das über den eigentlichen Zweck einer Fallsammlung hinausgeht...

Wer möchte, kann die folgenden Anweisungen bei der Bearbeitung eines juristischen Übungs- oder Prüfungssachverhalts wie ein Schema durchgehen. Mit ihrer Hilfe sollte man auch umfangreichere und schwierigere Sachverhalte als die hier angebotenen in den Griff bekommen.

0. Lesen des Sachverhalts

a) Der Sachverhalt muß **gründlich gelesen** werden. Eher zwei- oder dreimal als einmal. Auch wenn er nur kurz ist.

Die meisten Sachverhalte in dieser Sammlung verraten schon beim ersten oder spätestens zweiten Lesen das Problem, um das sie herumkonstruiert sind. So ist das in Prüfungen oft, in der juristischen Praxis leider nur manchmal. Die juristisch überzeugende Fallbearbeitung beginnt aber bei weitem nicht immer mit dem (Haupt-)Problem des Falls. Oft sind vorher noch einige unproblematische Feststellungen zu treffen. Die sollte man aber nicht weglassen – denn auch auf sie gibt es Punkte.

Wenn der Sachverhalt nicht ausgesprochen simpel gestrickt ist, ist es idR sinnvoll, sich eine kleine Skizze anzufertigen, in die die beteiligten Personen und ihre Rechtsbeziehungen eingetragen werden. Das ist besonders nützlich, wenn drei, vier oder fünf Beteiligte im Sachverhalt vorkommen. Hat eine Person keinen Namen und keine Abkürzung, so spielt sie für die Begutachtung als Anspruchsteller oder Anspruchsgegner keine Rolle, wird aber argumentativ irgendwo gebraucht (z.B. der Kunde in Aufgabe 3 und der namenlose Kaufinteressent in Aufgabe 6.) und deshalb mit eingezeichnet. Die Rechtsbeziehungen zwischen den Beteiligten kann man dann als Striche einzeichnen und vielleicht mit einem Fragezeichen versehen, wenn unklar ist, ob der vermutete Vertrag wirklich besteht. Die Ansprüche kann man mit Pfeilen einzeichnen. Diese Skizze wird vom Prüfer nicht bewertet und muß nicht mit abgegeben werden. Sie hilft aber beim Denken.

b) Der Sachverhalt ist so wie er ist der Bearbeitung zugrundezulegen. Vermeiden Sie Ergänzungen und Korrekturen (außer natürlich bei offensichtlichen Tippfehlern – so etwas kann vorkommen).

---

[6] Juristen machen daraus fast eine eigene Wissenschaft, über die man ganze Bücher lesen kann. Ausgewählte Empfehlungen: Hermann *Fahse* / Uwe *Hansen*, Übungen für Anfänger im Zivil- und Strafrecht, 10. Auflage, München 2005, insbesondere Kap. VII.;

c) Wenn Sie nicht sofort das Problem identifizieren: **Keine Panik!** Vielleicht gibt es kein Problem, und Sie sollen nur eine vom Prüfer als einfach empfundene Aufgabe zielstrebig und überzeugend bearbeiten.

Den Sachverhalt zu verändern lohnt sich nicht. Fast immer nimmt Ihnen das Korrektor krumm.

Beispiel: Wenn die Aufgabe heißt *5*8=* , sollen Sie sie nicht ändern zu *5+8=* , nur weil Sie mit der Multiplikation nicht so recht vertraut sind, mit der Addition dagegen sehr. Auch wenn die Aufgabe heißt *5+8=* , sollen Sie nicht vorführen, daß Sie sogar die schwierigere Aufgabe *5*8=* lösen können. Das fällt in beiden Fällen unangenehm auf.

1. Identifikation der Aufgabe

Meist steht die Aufgabe (Fallfrage) am Ende des Sachverhalts.

Manchmal steht dort aber nichts. Entweder ist die Frage dann schon „unterwegs" gestellt worden oder sie ergibt sich aus dem Sachverhalt.

Beispiel: Wenn der Sachverhalt einen Unfallverlauf beschreibt, ist davon auszugehen, daß der Unfallgeschädigte vom Unfallverursacher Ersatz der entstandenen Schäden fordert.

2. Interpretation der Aufgabe

Oft ist die Aufgabe eindeutig formuliert. Ist sie das nicht, muß man sich als Bearbeiter Klarheit über ihren Inhalt verschaffen, bevor man ziellos drauflosdenkt und –schreibt.

Die gelegentlich vorkommende Frage *Wie ist die Rechtslage?* ist zwar eindeutig, aber eben umfassend. Es sind dann alle sinnvoll in Betracht kommenden Ansprüche zwischen allen genannten Beteiligten zu erörtern.

Wenn überhaupt keine Fallfrage zu finden ist, muß man als Bearbeiter davon ausgehen, daß die gesamte (privatrechtliche) Rechtslage, gegliedert nach Ansprüchen, zu diskutieren ist.

a) Wer kommt als **Anspruchsteller** in Betracht?

Oft ist das nur einer der Beteiligten. Teils machen zwei Beteiligte gegeneinander Ansprüche geltend, manchmal sind es mehrere (die schlimmstenfalls Ansprüche jeder gegen jeden haben können).

b) Wer kommt als **Anspruchsgegner** in Betracht?

Bei Zweipersonenverhältnissen beantwortet sich diese Frage von selbst. Sind mehr Personen beteiligt, ist bei jedem einzelnen Anspruch zu überlegen, wer Schuldner sein kann.

Oft zeichnet sich dabei schon eine sinnvolle Prüfungsreihenfolge ab.

Beispiel: Wenn der Sachverhalt erkennbar die Probleme der Haftung des vollmachtlosen Vertreters zum Thema hat, bietet es sich (je nach Fallfrage) an, zuerst den Vertragserfüllungsanspruch gegen den Vertretenen und dann den Erfüllungs- oder Schadensersatzanspruch gegen den vollmachtlosen Vertreter zu diskutieren. Bei letzterem kann man dann nämlich inhaltlich auf weiten Strecken auf das bereits zuvor Geprüfte verweisen.

c) Was wird beansprucht?

Teils steht das **Anspruchsziel** eindeutig im Sachverhalt.

Beispiel: A verlangt von B Schadensersatz in Höhe von € 820,-.

Arbeitshinweise

Meist sind Bezeichnungen wie *Schadensersatz* rechtlich korrekt gebraucht; das muß aber nicht so sein. Es ist also immer sicherheitshalber zu überlegen, ob mit *Schadensersatz* nicht auch *Aufwendungsersatz* gemeint sein kann.

Zunächst muß man festhalten, was der Anspruchsteller wirtschaftlich haben will.
Beispiel: Zahlung von € 10.200,- oder Lieferung des verkauften Pkws, ersatzweise Zahlung von € 16.000,-

Das wirtschaftliche Ziel muß dann in ein rechtliches Begehren umgesetzt werden.
Beispiel: Anspruch des A gegen B auf Zahlung von Schadensersatz in Höhe von € 10.200,- oder Anspruch des B gegen A auf Übereignung und Übergabe des Pkw

Dabei kann sich herausstellen, daß erst die Summe mehrerer einzelner Ansprüche zum wirtschaftlichen Ziel des Anspruchstellers führt. In diesem Fall sind eben mehrere Ansprüche zu erörtern.
Beispiel: Die verlangten € 10.200,- setzen sich zusammen aus € 2.200,- wegen Zerstörung des Automobils und € 8.000,- Ersatz für immaterielle Schäden („Schmerzensgeld")

Es kann auch sein, daß mehrere rechtliche Wege zum gleichen wirtschaftlichen Ziel führen.
Beispiel: V verlangt von K eine Sache zurück, die er ihm in Erfüllung eines später angefochtenen Kaufvertrags übereignet hat. Als Anspruchsgrundlage kommen § 985 BGB und § 812 I 1 BGB in Betracht. Meist wird zwar der Anspruch aus § 985 daran scheitern, daß die Sache nach § 929 BGB wirksam übereignet wurde. Zu prüfen sind aber trotzdem beide Ansprüche; man kann sich aber beim nicht gegebenen Anspruch kürzer fassen.

Grundsätzlich sind dann alle konkurrierenden Ansprüche zu prüfen. Sinnvollerweise setzt man den Schwerpunkt bei den Ansprüchen, die man im Ergebnis bejaht.

Die **Reihenfolge** der zu diskutierenden Ansprüche ist nicht immer beliebig[7]. Grobe Regel: Der spezielle Anspruch ist vor dem allgemeinen Anspruch zu diskutieren.
Beispiel: Vertragliche Ansprüche prüft man vor solchen aus unerlaubter Handlung, weil im Vertrag eine Haftungserleichterung vereinbart sein kann, die dann auch für die gesetzlichen Ansprüche gelten muß, weil sie sonst wirtschaftlich sinnlos wäre.

Aus den vorstehenden Überlegungen entsteht die Gliederung des Gutachtens.
Im einfachsten Fall braucht man nur eine Überschrift für einen einzigen Anspruch aus den zusammengetragenen Informationen zusammenzusetzen. Teils muß man aber mehrere Anspruchsprüfungen in eine sinnvolle Reihenfolge bringen.

Die richtig gefaßte Überschrift über einem Anspruch gibt schon das Prüfungsprogramm wieder. Es sind die Voraussetzungen der genannten Anspruchsprüfung zu erörtern.

---

[7] Juristen im Hauptfach nehmen diese Frage sehr ernst; im Nebenfach wird von den Studierenden meist nicht verlangt, die halbe Bearbeitungszeit einer Klausur über die richtige Prüfungsreihenfolge nachzudenken.

Auch hier ist die Reihenfolge nicht ganz beliebig.

An einem Beispiel üben kann man das bisher Gesagte bei Fall 76; dieser ist nicht nur mit den hier allgemein gebräuchlichen knappen ergänzenden Hinweisen zu typischen Fehlern bei der Bearbeitung versehen, sondern mit den Überlegungen durchsetzt, die den Bearbeitern bei der Bearbeitung durch den Kopf gehen müßten.

Wer nach dem Lesen der gängigen Einführungen in die juristische Gutachtentechnik entnervt ist, kann es sich auch leichter machen: Eine ganz gut lesbare (wenn auch für juristische Augen ein klein wenig ungewohnte) Art der Fallbearbeitung bekommt man hin, wenn man einfach immer wieder Fragen stellt, nachdem man einmal die einschlägige Anspruchsgrundlage identifiziert hat.

Beispiel: (Schadensersatzanspruch aus § 280 I BGB) *Liegt überhaupt ein Schuldverhältnis vor? Mit dem Werkvertrag zwischen ... . Ergab sich aus diesem Schuldverhältnis eine Pflicht des P, die dieser verletzt hat? Aus dem Vertrag war P zu ... verpflichtet. Gerade diese Leistung hat er aber nicht erbracht. Hat P sein Zurückbleiben hinter dem vertraglichen Leistungsprogramm auch zu vertreten? Nach § 276 BGB müßte P dazu .... . Ist aus dieser schuldhaften Pflichtverletzung ein Schaden des O entstanden? O mußte ...*

d) Identifikation der Probleme

Prüfungsaufgaben sind fast immer um Probleme herumgestrickt. Klar: Die Prüferin will meist eine bestimmte Rechtsfigur abfragen.

Daher kann man oft mit ein bißchen Routine und Gespür die Probleme des Sachverhalts zum großen Teil schon beim erstmaligen Lesen „riechen". Meist geht das geradezu assoziativ.

Beispiel: Wenn im Sachverhalt eine Wendung kommt wie *Das Mißverständnis stellt sich erst heraus, als B von A Zahlung der € 180,- fordert*, wird das in aller Regel auf ein Irrtumsproblem hinweisen (*Mißverständnis*), vielleicht auch auf die Erörterungsbedürftigkeit des Vertragsabschlusses. Das Wort *Mißverständnis* wählt der Fallsteller, um nicht unmittelbar den terminus technicus *Irrtum* zu gebrauchen und so die Bearbeiterin ganz offenkundig auf das Problem hinzuweisen.

Andere Probleme fallen zwangsläufig auf, wenn man stur logisch vorgeht, also schlicht Normen abarbeitet.

Beispiel: Stellvertretungsprobleme kann man eigentlich nicht übersehen: Wenn die aus Vertrag in Anspruch genommene Person selbst keine auf Vertragsschluß gerichtete Willenserklärung abgegeben hat, stellt sich in der Anspruchsprüfung automatisch die Frage, ob diese Person eigentlich Vertragspartei ist. Diese Frage ist nur mit den Stellvertretungsregeln (§§ 164 ff. BGB) zu beantworten.

IV. Typische Fehler

Die Bearbeitungsvorschläge in Teil D. können Ihnen zeigen, wie eine „richtige" Entscheidung aussieht. Damit zu lernen ist das Beste. Am

zweitbesten – aber auch ganz nützlich – ist es, sich nicht nur das Richtige, sondern auch das Falsche vor Augen zu halten[8].
Lernen kann man nämlich auch aus den Fehlern anderer Leute. Deshalb finden Sie nachstehend eine Aufzählung beliebter Fehler, die Klausurbearbeitern oft unterlaufen, aber leicht vermeidbar sind. Um Mißverständnissen entgegenzuwirken: Dies ist keine Klausurenlehre, sondern nur eine auf subjektiver Wahrnehmung beruhende Zusammenstellung der Schwierigkeiten, über die Studierende immer wieder „stolpern".
Die Aufzählung ist unvollständig, aber nicht sehr. Sie beruht auf der (nicht ganz systematischen, aber Tausende Klausuren erfassenden) Auswertung von zwei- und vierstündigen Klausuren der VWA und FH. Die Fehler sind nicht identisch mit den „Lieblingsfehlern" von Rechtsstudentinnen[9]; aber es gibt eine große Schnittmenge. Also: Lesen!

1. Selbstverständlichkeiten
a) Die **Aufgabe** ist **nicht oder offenkundig ganz unzureichend oder oberflächlich bearbeitet.** Immer wieder werden einzelne Aufgaben nicht bearbeitet, ohne daß etwa für den Leser dringende Zeitnot erkennbar wäre. Wenn nicht ausnahmsweise anderes verlangt ist, brauchen Sie alle Aufgaben, um alle Punkte zu erhalten. Auch wenn Sie das Gefühl haben, daß Sie zu einer Aufgabe keinen richtigen Zugang finden: Tasten Sie sich heran, notfalls ohne Gesetzesvorschriften zu nennen. Nur auf Text, den sie geschrieben haben, kann Ihr Prüfer Ihnen Punkte geben. Gegen diese banale Einsicht ist – bei aller Großzügigkeit im Einzelfall – nichts zu machen, überhaupt nichts.
b) Wer angesichts der ersten Aufgabe von einer **Denkblockade** niedergewalzt wird, kann mit der zweiten oder fünften beginnen. Das hilft ganz oft: Ein Erfolgserlebnis am Anfang kann genauso beruhigend wirken wie stundenlange Panik unproduktiv und schädlich ist.
Eine nur zwei Zeilen lange Bearbeitung stellt den Korrektor vor die schwierige Frage, ob er überhaupt Punkte geben soll. Die Antwort *Ja!* auf die Frage *Hat nun A gegen B einen Anspruch auf Kaufpreisrückzahlung?* mag noch so zutreffend sein – es fehlt eben doch die notwendige Begründung...
c) Die **verkürzte Schreibweise**, die Ihr Dozent im Unterricht an der Tafel verwendet, taugt nicht für die Prüfung. Es genügt nicht, die Voraussetzungen der geprüften Norm aufzuschreiben und ein (+) oder ein (-) dahinterzusetzen, um anzuzeigen, daß Sie das betreffende Tatbestandsmerkmal für erfüllt oder nicht erfüllt halten. Sie müssen Ihren Standpunkt begründen, wenn auch teils nur ganz kurz.
d) Auch die „Lösung" einer Aufgabe durch Anfertigen einer **Skizze**, die die Rechtsbeziehungen der Beteiligten als graphische Elemente (Pfeile, Krei-

---
[8] Beiden Zwecken dienen die Originalbearbeitungen am Ende, die Sie ergänzend zu den anschließend gegebenen Warnungen und Empfehlungen heranziehen können.
[9] Dazu z.B. *Schimmel*, Juristische Klausuren und Hausarbeiten richtig formulieren, 5. Auflage Neuwied 2004, S. 116 ff.

se etc.) zeigt und einige Rechtsnormen nennt, genügt den meisten Prüfern nicht. In echter Zeitnot mag sie vielleicht als Zeichen Ihres guten Willens durchgehen. Rechnen Sie aber nicht damit, auf diese Weise die volle Punktzahl abholen zu können.
Kurz: Eine zweistündige Klausur erfordert zwei Stunden Arbeit[10].

2. Effizienzprobleme
Prüfungen verlangen nicht nur die Kenntnis der rechtlichen Materie, sondern prüfen auch, ob Sie mit der begrenzten zur Verfügung stehenden Zeit vernünftig umgehen.

a) Häufig gehen Klausurbearbeitungen **über die in der Aufgabe gestellte Frage hinaus**. Das kostet Zeit und lenkt überflüssigerweise von den wichtigen Fragen ab.
Beispiel: Wenn nur nach Ersatz des materiellen Schadens (z.B. Heilbehandlungskosten des bei einem Verkehrsunfall Verletzten) gefragt ist, sollte man einen Anspruch auf Ersatz des entstandenen immateriellen Schadens („Schmerzensgeld") nicht erwähnen. Und wenn doch, dann nur in einem kurzen Nebensatz. Es ist nicht zielführend (und in den Augen strenger Prüfer geradezu falsch), den Sachverhalt ausführlich unter die Voraussetzungen des § 253 II BGB zu subsumieren, wenn die Aufgabe dazu keinen Anlaß gibt.

b) Schriftliche **Wiederholungen des Sachverhalts** kosten Zeit, bringen aber keine Punkte, solange sie ohne Bezug zu Rechtsnormen erfolgen. Ein weiterer Zeitverlust tritt oft infolge **überflüssiger Ausführungen zum Prüfungsvorgehen** auf, während das eigentliche materielle Rechtsproblem nicht oder viel zu kurz erörtert wird. Schon an der Erörterung der einschlägigen Vorschriften ist der Gedankengang zu erkennen, diesen müssen Sie dann nicht noch zusätzlich wortreich erklären.
Beispiel: *Allerdings ist nun zu prüfen, ob gemäß § 119 I BGB eine Anfechtung wegen Irrtums möglich ist. Ja. Eine Anfechtung in diesem Bezug ist möglich.* – Die Ankündigung ist hier bei weitem länger als die eigentliche Subsumtion, die wiederum ärgerlicherweise ganz ohne Argumente und Gründe erfolgt. Das Beispiel zeigt, wie Ausführungen zum Vorgehen die eigentliche Prüfung verdrängen und dadurch im Wesentlichen aussagelos bleiben.

c) Das gleiche gilt für die **wörtliche Wiedergabe des Gesetzestexts**; dieser ist immer als dem Prüfer bekannt zu unterstellen.
Die in der Prüfung von Ihnen geforderte Leistung besteht darin, den vorgegebenen Sachverhalt den einschlägigen Rechtsnormen so unterzuordnen (subsumieren), daß danach die Fallfrage in der einen oder anderen Richtung beantwortet werden kann. Dafür genügt es nicht, Fall und Norm nebeneinander hinzuschreiben und darauf zu vertrauen, daß der Prüfer die Unterordnung des einen unter die andere schon selbst vornehmen werde.
Wenn auch in Ihrer Prüfung keine Aufgaben vorkommen mögen, die nur aufgrund langen wertenden Nachdenkens zu bearbeiten sind, bleibt es doch dabei: Die wertende Zuordnung eines Sachverhalts zu einer Norm

---

[10] Noch eine Bemerkung in Sachen Prüfungsstreß: Wenn Sie wirklich einmal in der Prüfung merken, daß es diesmal definitiv nicht klappen wird – auch gut. Dann gehen Sie eben erhobenen Hauptes raus und bestehen im nächsten Anlauf. Passiert selten, kann aber vorkommen.

(oder mehreren) ist eine der juristischen Tätigkeiten schlechthin. Sie sollen in der Prüfung zeigen, daß Sie so etwas können.

d) Zur Zeit- und Platzverschwendung gehört auch das **Jammern**.
Beispiel: *Der vorliegende Fall ist nicht ganz unproblematisch.* – Das ist wahr, aber letztendlich weder überraschend (schließlich ist es ein für die Prüfung ausgesuchter Fall) noch ergebnisrelevant.
Also: Bleibenlassen!

e) Eine recht gute Orientierung, wieviel Zeit Sie auf die Bearbeitung der einzelnen Aufgaben aufwenden dürfen, geben Ihnen die vom Prüfer angegebenen **erreichbaren Punktzahlen**. Verwenden Sie nicht drei Viertel der knappen Bearbeitungszeit auf eine Aufgabe, mit der nur ein Viertel der Punkte zu bekommen ist.

f) Wenn Sie für die Bearbeitung einer Aufgabe des untenstehenden Umfangs ca. 20-25 Minuten Zeit haben, investieren Sie ein Drittel der Zeit auf konzentriertes Lesen und Nachdenken sowie ein paar Notizen, zwei Drittel auf eine verständliche Niederschrift Ihres Gedankengangs.

g) Unnötig ist es – wenn nicht ausnahmsweise etwas anderes verlangt ist –, anhand des konkreten zu entscheidenden Sachverhalts die ganze Rechtsordnung oder wenigstens einzelne Rechtsfiguren zu erklären.
Der Leser Ihrer Ausarbeitung kennt die zu erörternde Rechtsfigur und will sie gar nicht erklärt bekommen. Achten Sie bei den Vorschlägen unten einmal darauf, ob dort mehr erklärt wird als nötig. Insofern sind juristische Fallbearbeitungen unter Prüfungsbedingungen anders als etwa im Unterricht; zum Lernen kann es nämlich sehr nützlich sein, anhand der Entscheidung eines konkreten Sachverhalts eine dogmatische Figur zu entwickeln und zu erklären.

3. Risiken des Spickens: Nicht immer ist richtig, was Ihr Nachbar in der Klausur für richtig hält - teils führt der „rein informatorische Seitenblick" zum Gegenteil des Beabsichtigten. Der eigene richtige Gedanke wird dann aufgegeben und ein Fehler übernommen. Aber selbst wenn der Nachbar richtig liegt, läßt sich dessen Ansatz oft nicht mit den eigenen bisherigen Ausführungen in Einklang bringen. Plötzliche Brüche in der Darstellung offenbaren erfahrenen Prüfern in den meisten Fällen den Vater (oder die Mutter) des neuen Gedankens. Hierauf kann nicht nachdrücklich genug hingewiesen werden; es gibt nichts Ärgerlicheres, als wegen der Fehler anderer Leute eine Prüfung nicht zu bestehen. Außerdem birgt plumpes Abschreiben immer das Risiko, den Leser unnötigerweise überproportional zu verärgern, weil dieser sich für dumm verkauft fühlt – und wer mag das schon?
Alles in allem: Spicken kostet Zeit und Nerven. Haben Sie das wirklich nötig?

4. Bearbeitungen, die einen Teil des Sachverhalts sinnlos werden lassen, sind mit einiger Wahrscheinlichkeit „falsch" oder wenigstens nicht optimal im Prüfungssinne. Kaum je einmal stellt der Aufgabensteller Fal-

len. Manchmal allerdings legt er absichtlich einen Entscheidungsweg in der Aufgabe an, der zwar auf den ersten Blick ins Auge springt, bei näherem Nachdenken aber sich als eindeutig nicht einschlägig erweist. Wer zeigen möchte, daß sie das gesehen hat, kann das mit einem kurzen Satz des Typs *Auf ... kommt es wegen ... nicht (mehr) an* tun.
Daß die Aufgaben nur sehr selten Fallen enthalten, bedeutet nicht, daß immer schon ein oberflächliches Lesen und fröhliches juristisches Assoziieren schon die richtige Entscheidung gewährleistet.
Beispiel: Bei Aufgabe 54 war darauf zu achten, daß ausweislich des Sachverhalts gerade noch keine Übereignung des Grundstücks stattgefunden hatte. Mit ganz kurzem Nachdenken konnten (und sollten) sich deshalb die BearbeiterInnen die Lösung leicht machen.

5. Grobe, ärgerliche und unnötige Fehler
a) Am schwersten zu vermeiden sind natürlich **inhaltliche Fehler** (also solche, die auf einem falschen Verständnis oder einer falschen Anwendung des Gesetzes beruhen). Sie sind deshalb auch leichter verzeihlich – es sei denn, es handelte sich um Fehler, die schon bei nur einmaligem Lesen der angewandten Vorschrift vermeidbar gewesen wären.
Beispiel: *Wo keine beidseitige Willenserklärung ist, kann auch kein Anspruch aus § 985 verlangt werden.* – In § 985 BGB (und im weiten Umkreis der Norm) ist nirgends von beiderseitigen Willenserklärungen oder Verträgen die Rede; aus juristischer Sicht ist schwer verständlich, wie der Klausurbearbeiter auf den Gedanken kommen konnte.)

Immer wieder gefährlich sind **Fehler bei den Grundlagen**. (Leider hat fast jeder Prüfer eine andere Ansicht darüber, was zu den unentbehrlichen Grundlagen seines Fachs gehört. Trotzdem:)
Beispiel: *Da nun ein Vertragsbestandteil des § 433 I BGB, nämlich Übereignung der Sache, nichtig ist, kommt der gesamte Kaufvertrag nicht zustande.* - Hier hatte die Bearbeiterin ein (völlig unnötiges) Problem mit dem Abstraktionsprinzip, dessen Verständnis zwar dem Anfänger schwerfällt, das aber ganz allgemein zu den Grundlagen des BGB gezählt wird.

b) Nennt Ihre Bearbeitung **keine einzige gesetzliche Bestimmung**, kann der Leser nicht oder nur schwer erkennen, ob Sie aus juristischer Intuition (gut) oder aus Gesetzeskenntnis (noch besser) die richtige Entscheidung getroffen haben.

c) Die Hauptaufgabe des Klausurbearbeiters ist die Unterordnung des vorgegebenen Sachverhalts unter die einschlägigen Gesetzesvorschriften (Subsumtion). Findet **keine Subsumtion** statt, schlägt dieses Defizit unmittelbar auf den Prüfungserfolg durch.
Ebenfalls klassisch ist der vorschnelle Verzicht auf eine ordnungsgemäße Unterordnung des Sachverhalts unter die Tatbestandsvoraussetzungen einer Rechtsnorm. Der Fehler **unzureichender Subsumtion** tritt besonders häufig auf, wenn die Zuordnung von Sachverhalt und Rechtsnorm allzu eindeutig zu sein scheint. Gerade in solchen Fällen steckt der Teufel oft im – dann praktisch immer übersehenen – Detail. Oder der Prüfer hält gerade die Darstellung der Sachverhaltssubsumtion für einen Schwerpunkt der Aufgabe. Das ist gar nicht selten. Bedenken Sie, daß die hier gesammelten Aufgaben aus juristischer Sicht eher einfach sind. Trotzdem soll auch bei einer einfachen Aufgabe das Ergebnis begründet werden:

Wer das bei einem einfachen Problem kann, kann es auch bei einem komplizierteren. Und genau das will man als Prüfling doch vorführen. Fast zwangsläufig wird die Subsumtion zu knapp, wo die Bearbeiterin übersieht, daß es sich um ein wertausfüllungsbedürftiges Tatbestandsmerkmal handelt.

Beispiel: *Da B kein Mißtrauen hat, ist er in gutem Glauben.* – Das ist zu oberflächlich subsumiert; zugleich ignoriert der Bearbeiter das Erfordernis normativer (also: wertender, begründungsbedürftiger) Bestimmung des Begriffs „guter Glaube".

Nicht selten liegt gerade bei diesen „schwammigen" Tatbestandsmerkmalen ein Schwerpunkt der Aufgabe.

Beispiel: Immer wieder werden Fragen so angelegt, daß die Entscheidung davon abhängt, ob man das Verhalten des Schadensverursachers als schuldhaft (also fahrlässig oder vorsätzlich) einordnet. Alle anderen Tatbestandsmerkmale der jeweiligen Anspruchsnorm sind mit einem einzigen Satz klar zu bejahen. Wenn Ihr Prüfer das hören möchte, dann subsumieren Sie schrittweise das Verhalten des Schädigers unter die Fahrlässigkeitsdefinition des § 276 II BGB.

Wenig hilfreich ist es, wenn die Subsumtion des Sachverhalts unter die in Blick genommenen Normen nur **ganz pauschal** erfolgt.

Beispiel: *Aus dem gesamten Sachverhalt ist zu schließen, daß K die € 12.000 bezahlen muß.* – Hier ist eine Zuordnung einzelner Sachverhaltselemente zu einzelnen Tatbestandsvoraussetzungen oder auch nur konkret benannten Normen nicht zu erkennen.

d) Ersparen Sie sich und dem Leser Ihrer Arbeit nutzlose **Evidenzbehauptungen**. Nichts wird allein dadurch offensichtlich, daß Sie behaupten, es sei offensichtlich.

Beispiel: *Daß es sich hier um einen Irrtum handelt, ist unübersehbar.* - Das kann schon sein; aber eine solche Aussage allein wird den Zweifelnden nicht überzeugen. Sie sagt nämlich nichts über die Sache aus, sondern nur etwas über deren Beurteilung in den Augen des Gutachters.

e) Eher lustig als schädlich bei der Bewertung sind die kleinen **sprachlichen Ausrutscher**, die beim schnellen Schreiben gelegentlich geschehen.

Beispiel: *Ob der Kaufvertrag von statten gegangen ist, ist in diesem Fall zu hintergründen.*

Das kann vorkommen. Wenn es daran liegt, daß Sie – vielleicht als Einwanderer – gerade erst Deutsch gelernt haben, schreiben Sie es oben auf Ihre Arbeit drauf. Sonst hält die Korrektorin Sie vielleicht für unfähig.

f) Achten Sie so gut es eben geht auf sprachliche Genauigkeit. Immer wieder unterlaufen Klausurbearbeitern **Fehler bei kausalen Nebensätzen**.

Beispiel: *Da es sich um eine bewegliche Sache handelt, haben sich beide geeinigt.* – Die Beteiligten haben sich geeinigt, weil (und: indem) sie Übereinstimmung über die geschäftswesentlichen Elemente des Mietvertrags erzielt haben, nicht weil es sich um eine bewegliche Sache handelte. Letztere war zwar Gegenstand des Vertrags, aber darauf kam es (für die Einigung) nicht an.

g) Juristisch ausgebildete Leser achten auch auf **Zirkelschlüsse**, also fehlerhafte Argumentationen, bei denen das zu begründende Ergebnis mit sich selbst begründet wird.

Beispiel: *Dadurch, daß O im Geschäft auf einer Bananenschale ausrutscht, hat W seine Obhuts- und Sorgfaltspflichten als Ladenbesitzer verletzt.* – Das liest sich nur auf den ersten Blick gut;

bei genauerem Hinsehen bemerkt man, daß die Pflichtwidrigkeit des Verhaltens mit dem durch sie verursachten Erfolg begründet wird – das geht nicht.
Einzig bleibt jetzt die Frage, ob dieser Vertrag nichtig ist. Er ist keineswegs nichtig, da nach § 433 BGB ein Vertrag abgeschlossen wurde. – So geht das auch nicht. Ein nach § 433 BGB abgeschlossener Vertrag kann durchaus nichtig sein, z.B. nach §§ 134, 138, 142, 125 BGB.

Der Sachverhalt soll der Norm untergeordnet werden; unzulässig und logisch unmöglich ist es dagegen, aus der Norm einen Schluß auf das tatsächliche Geschehen zu ziehen.
Beispiel: Aus § 119 BGB kann man ersehen, daß F nicht genau gewußt hat, was er unterschreibt.

h) **Brüche mit der Logik der Norm** fallen jedem halbwegs sachkundigen Leser schnell auf.
Beispiel: Es gab keine Einigung und somit keine Übergabe. - Es kann doch eine Übergabe ohne Einigung gegeben haben. Hier muß der Leser Phantasie haben um zu ahnen, was der Verfasser gemeint haben könnte.

Zu vermeiden sind nach Möglichkeit die besonders **augenfälligen Widersprüche** in der Fallbearbeitung.
Beispiel: Ein Vertrag ist also nicht zustandegekommen; der Vertrag kann angefochten werden.- Hier gilt wie bei Casablanca: Du mußt Dich entscheiden, Kleines! Allerdings kann man bei Rechtsfällen durchaus Hilfsargumente auffahren: Wenn ein Vertrag zustandegekommen wäre, könnte er jedenfalls anfochten werden. Wenn die Bearbeitungszeit es erlaubt, dürfen Sie gern eine solche doppelte Begründung für Ihr Ergebnis angeben.

i) **Unterstellungen** sind immer ein wenig heikel. Nur ganz ausnahmsweise sollte etwas unterstellt werden, was im Sachverhalt nicht erwähnt ist. Im allgemeinen ist der Sachverhalt vollständig und braucht nicht ergänzt zu werden. Ergänzungen bergen die Gefahr der Veränderung in eine dem Geprüften angenehme, dem Prüfer aber nicht willkommene Richtung.
Manchmal geht es aber nicht ohne Unterstellung ab. Wenn der Sachverhalt eine Information nicht enthält, die für die Subsumtion unter die einschlägige Norm erforderlich ist[11], muß vielleicht eine zusätzliche Annahme getroffen werden.
Beispiele: In Aufgabe 31 fehlt eine Aussage darüber, ob P überhaupt Eigentümer der Uhr ist, die er zurückverlangt. Hier darf man unterstellen, daß er Eigentümer ist, weil er Besitzer war, bis sie ihm gestohlen wurde (vgl. die Eigentumsvermutung zugunsten des Besitzers in § 1006 BGB). – In Aufgabe 42 konnte die Einigung zwischen W und N unterstellt werden, weil der Sachverhalt einen terminus technicus verwendete (übereignet); solche Fachbegriffe darf die Bearbeiterin meist als fachlich richtig gebraucht voraussetzen (manchmal allerdings sind sie absichtlich in den Sachverhalt eingebaut, um eine falsche Rechtsansicht der Parteien zu kennzeichnen, die dann in der Bearbeitung aufgegriffen und widerlegt werden soll). – Ähnliches gilt bei Aufgabe 42 für die Unterstellung, W und N hätten sich über den Anspruchsübergang geeinigt (Abtretungsvertrag). Das sagt der Sachverhalt zwar nicht ausdrücklich, aber implizit: Wenn W einen Lkw an N übereignet, den sie nicht im Besitz hat, kommt dafür in erster Linie eine Übereignung nach §§ 929, 931 BGB in Betracht. Die Verwendung des Worts übereignet trägt dann die Annahme, es handle sich um eine Übereignung mittels Abtretung des Herausgabeanspruchs. – Bei Aufgaben, in denen Minderjährige vorkommen, liest man in den Bearbeitungen immer wieder... so daß angenommen werden kann, daß M die vertraglich geschuldete Leistung mit seinem Taschengeld bewirkt hat,- so daß es keiner Genehmigung seiner Eltern mehr bedarf. Das mag empirisch / statistisch stimmen (Sicher? Woher wissen Sie das eigentlich?), aber juristische Leser sind an

---

[11] Oft weist das allerdings darauf hin, daß die Bearbeiterin mit einer Norm arbeitet, die der Fallsteller als gar nicht einschlägig betrachtet hat.

dieser Stelle etwas pingelig. Wenn M Taschegeld hätte, hätte der Sachverhalt das erwähnt. Gehen Sie also davon aus, daß sie kein Taschengeld bekommt. Und wenn Ihnen das zu sehr gegen den Strich geht, legen Sie Ihre Unterstellung wenigstens offen.

V. Ratschläge

1. Der hauptsächliche Ansatzpunkt für einen erfolgversprechenden Umgang mit Rechtsprüfungen ist **inhaltliches Wissen**. Um die lernende Aneignung eines gewissen Mindestbestands an Information kommt man im Bürgerlichen Recht ebensowenig herum wie in anderen Fächern.

2. Lohnend kann es aber darüber hinaus sein, eine **Prüfung als kommunikatives Problem** zu begreifen. Man bedenke also, daß die Kommunikation zwischen Prüfer und Geprüftem unter besonderen Bedingungen abläuft.

a) Denken Sie beim Anfertigen einer Prüfungsarbeit daran, daß die Ihnen vorgelegten Aufgaben in aller Regel nicht Sachverhalte aus dem täglichen Leben darstellen. Zwar sind manche leicht vorstellbar oder haben tatsächlich so ähnlich stattgefunden[12]. Aber sie sind immer verkürzt, abstrahiert und - das ist das Wichtigste - **auf ein oder zwei rechtliche Probleme hin zugespitzt und ausgewählt**. Gerade Bearbeiter, die nicht über eine offensichtliche natürliche Begabung für rechtliche Dinge und/oder ein durch Fleiß erworbenes umfassendes Wissen verfügen, sind gut beraten, sich bei der Suche nach der richtigen Entscheidung kurz in den Aufgabensteller hineinzuversetzen. Die Frage *Was will der Prüfer von mir hören?* muß nicht opportunistisch sein (und wenn schon ...). Sie muß auch nicht zwangsläufig zur erfolgreichen Bearbeitung führen. Sie hilft aber gewiß immer wieder dabei, die Gedanken auf das Problem zu fokussieren, das der Aufgabensteller im Auge gehabt haben mag.

Beispiel: In Aufgabe 28 bedarf es keines besonders ausgeprägten juristischen Gespürs um zu erahnen, daß der Schwerpunkt darin liegt, nacheinander die verschiedenen Angebots- und Annahmeerklärungen zu diskutieren und damit herauszufinden, ob und zu welchem Preis sich die Beteiligten vertraglich geeinigt haben. Das Prüfungsthema ließ sich hier leicht als die „Mechanik des Vertragsabschlusses" identifizieren – dementsprechend waren die Bearbeiter gut beraten, den Schwerpunkt des Texts auf das systematische (also z.B. zeitlich geordnete) Abarbeiten der verschiedenen Kandidaten für Willenserklärungen zu legen.

b) Zum strategischen Denken kann auch gehören, darauf Bedacht zu nehmen, daß **Ihr Prüfer** - wahrscheinlich - **Jurist ist**. Das bedeutet, daß Sie es ihm leichter machen können, indem Sie seinen Erwartungen etwas entgegenkommen. Eine von noch so gedankenreichen oder sogar „richtigen" Erwägungen getragene Antwort wissen Juristen oft nicht so sehr zu schätzen, wenn sie nicht zugleich eine Zuordnung Ihrer klugen Erwägungen zu den einschlägigen Rechtsnormen enthält. Das mag man als Resultat einer persönlichkeitsverformenden Ausbildung bedauern, sollte es

---

[12] Einige Aufgaben in dieser Sammlung sind zB jüngeren Gerichtsentscheidungen nachgebildet.

aber zunächst hinnehmen und beherzigen. Im übrigen kann man oft schon mit Kleinigkeiten wie dem genauen Zitieren der Vorschriften
Beispiel: § 433 II BGB statt § 433
den Leser für sich einnehmen.
Juristen gelten als eher unangenehme Prüfer – nicht ganz zu Unrecht: Sie sind oft detailverliebte Besserwisser, die noch dazu in ihren eigenen Prüfungen fast ausnahmslos hart angefaßt worden sind (und dazu neigen, das weiterzugeben). Ausgeglichen wird der Umstand, daß sie oft nicht eben großzügig bei der Bewertung sind, dadurch, daß sie eine gute Argumentation meist auch dann zu schätzen wissen, wenn sie an der „richtigen" Entscheidung des Sachverhalts knapp vorbeigeht. Machen Sie das Beste daraus!

c) Oft (wenn auch nicht immer) sind die Aufgaben so gestellt, daß der **Anspruch zu bejahen** ist. Das gibt dem Bearbeiter die Gelegenheit, mehr Wissen zu zeigen (weil mehr Tatbestandsvoraussetzungen abzuarbeiten sind), und dem Korrektor, mehr Punkte zu vergeben. Wenn Sie als Bearbeiter den Anspruch verneinen wollen, empfiehlt es sich gleichwohl aus prüfungstaktischen Gründen, nicht sofort das einzige nicht erfüllte Tatbestandsmerkmal aufzuspießen, sondern zunächst zu zeigen, daß Sie den Aufbau der Norm verstanden haben – und erst gegen Ende Ihrer Erörterungen den Anspruch scheitern zu lassen. Das ist natürlich ein wenig ineffizient; aber wenn es ums Punktekassieren geht, darf man sich und dem Prüfer zuliebe auch mal ein bißchen ineffizient arbeiten.

d) Ob eine Bearbeitung der Aufgaben im manchmal etwas schwerfällig anmutenden **Gutachtenstil** erforderlich ist, hängt von den Vorgaben des Prüfers ab. Verlangt wird der Gutachtenstil gerade im Nebenfach im allgemeinen nicht. Hilfreich ist ein solches Vorgehen aber fast immer: Besonders die akademisch arbeitenden Prüfer (also Professoren und deren Mitarbeiter) sind schlichtweg an den Gutachtenstil gewöhnt. Durch ein in diesem Sinne systematisches Vorgehen kann man also oft den Prüfer in bessere und großzügigere Laune versetzen.
Hinzukommt, daß Ihnen manchmal der Gutachtenstil gedankliche Umwege erspart. Mit juristisch unverstelltem Blick neigt man dazu, die rechtliche Antwort auf die Frage dem zeitlichen Verlauf des Geschehens nachzukonstruieren. Teils läßt sich der mit dieser Rekonstruktion verbundene Weg erheblich abkürzen, wenn man strikt von der Fallfrage ausgeht.
Beispiel: Bei Aufgabe 52 haben viele Bearbeiter das rechtliche Schicksal des Bilds chronologisch nachvollzogen (Verkauf und Übereignung von H an W, dann Verkauf und Übereignung von W an S), um erst dann die Erklärung des H als Irrtumsanfechtung zu diskutieren und anschließend zu dem Ergebnis zu kommen, es könne zwar nicht das Bild, aber wenigstens dessen Wert verlangt werden.

e) „Richtig" und „falsch" sind für die Rechtswissenschaft recht zweifelhafte Kategorien – was richtig und was falsch ist, stellt sich eben oft erst als Ergebnis eines längeren Meinungsbildungsprozesses in Fachkreisen heraus. Deshalb sind viele Prüfer gerade bei Nebenfachkandidaten für verschiedene Entscheidungen aufgeschlossen, auch wenn sie selbst eine bestimmte favorisieren. Mit einem „falschen" Entscheidungsvorschlag punkten kann man aber nur, wenn die „falschen" Ergebnisse mit vernünf-

Arbeitshinweise 21

tigen Argumenten und Normzitaten begründet sind. Mehr als die Übereinstimmung Ihrer Ansicht mit der Ihres Prüfers zählt, ob Sie Ihren Standpunkt auch begründen können.

f) Im Allgemeinen decken sich die Gegenstände des Unterrichts und die der Prüfung. (Wir halten das jedenfalls bei unseren Prüfungen so.) Garantieren wird Ihnen das aber kein Prüfer und keine Dozentin. Deswegen dürfen Sie als Leitlinie davon ausgehen: Was Ihnen niemand zu lernen zugemutet hat, wird Ihnen auch niemand in der Prüfung abverlangen; jedenfalls wird ein (für Sie) ganz neues Problem kaum den Schwerpunkt der Aufgabe darstellen.
Einige wenige Bearbeitungsvorschläge zu den hier wiedergegebenen Übungsaufgaben gehen um der juristisch „richtigen" Antwort willen über die Anforderungen an eine Klausurbearbeitung hinaus (z.B. Aufgabe 67).

g) Bei etlichen Aufgaben in dieser Sammlung – und in Ihren Prüfungen – kann man einen kurzen oder einen problemfreundlichen längeren Lösungsweg wählen.
Beispiel: Bei Aufgabe 20 kann man sofort auf das Verjährungsproblem eingehen, indem man mit der Überlegung Auf das Bestehen eines Ersatzanspruchs kommt es nicht an, wenn der Anspruch jedenfalls verjährt ist in die Bearbeitung einsteigt. Damit schneidet man sich aber alle Erörterungen zu Bestehen eines Schadensersatzanspruch ab, auf die der Sachverhalt einigermaßen offensichtlich zielt. Zudem ist auch rechtlich unglücklich (wenn nicht sogar falsch): Ob nämlich die Einrede im Prozeß wirklich erhoben wird, ist ungewiß und läßt sich aus dem Sachverhalt nicht ersehen. Deswegen ist es sinnvoll, zuerst das Bestehen des Anspruch und anschließend die Verjährungseinrede als Gegenrecht zu diskutieren.

Fast immer bringt der längere Weg mehr Punkte. Während man also im wirklichen Leben vielleicht besser fährt, wenn man die Probleme umgeht, ist es in juristischen Klausuren meist sinnvoll, die Probleme zu benennen und auf die eine oder andere Art zu entscheiden.

VI. Benutzungshinweise

Wie Sie am erfolgreichsten mit diesem Büchlein arbeiten, finden Sie selbst heraus. Trotzdem hier eine Handvoll Hinweise:
- Unterstreichungen und ähnliche Hervorhebungen im Text dienen nur Ihrer Orientierung und sind für die Bearbeitung „im Ernstfall" nicht erforderlich. Durch **fetten Satz** ausgezeichnet sind in den Bearbeitungsvorschlägen die wichtigen Tatbestandsmerkmale der einschlägigen Rechtsnormen und die den Gang der Begründung tragenden Argumente, so daß Sie sich recht schnell ein Bild davon verschaffen können, ob die betreffende Aufgabe Ihren Lerninteressen entgegenkommt[13]. Die Überschriften, die das für die Bearbeitung sinnvolle Maß an gedanklicher Gliederung kennzeichnen, sind unterstrichen. Diese sowie die ausdrücklich wiederholten Ergebnis-

---
[13] Für die gezielte Auswahl empfehlen sich das Stichwort- und das Rechtsnormenverzeichnis am Ende.

se können in der Klausur weggelassen werden, um Zeit zu gewinnen.
- Es ist empfehlenswert - und steigert den Lernertrag in höherem Maße als den Zeitaufwand -, für jede einzelne Aufgabe zuerst einen **eigenen Entscheidungsvorschlag** zu entwerfen und diesen dann mit den unten wiedergegebenen Bearbeitungsvorschlägen zu vergleichen. Sollte Sie auch bei näherem Nachdenken der hier gewählte Ansatz nicht überzeugen, bitten wir um einen Hinweis – am besten per e-Mail.
- Einige thematische Schwerpunkte **wiederholen** sich. Dahinter steht didaktische Absicht. Außerdem zeigt sich daran, daß die Zahl der prüfungstauglichen Gegenstände endlich ist. Man muß also auch nicht alles lernen, sondern nur das Wichtige. Einige Rechtsfiguren zählen gleichermaßen zum Bestand an juristischer Allgemeinbildung wie zu den vernünftig prüfbaren Materien, z.B. Gutglaubenserwerb, Irrtumsanfechtung, Herausgabeanspruch des Eigentümers gegen den Besitzer usw.).
- Zum **Schwierigkeitsgrad** der Aufgaben: Die Aufgaben sind so konzipiert, daß binnen einer Bearbeitungszeit von zwischen 15 und 30 Minuten eine „Lösung" erwogen und niedergeschrieben werden kann. Die Prüfungserfahrung zeigt, daß dies den meisten Studierenden möglich ist. Aus didaktischen Gründen sind etliche der hier unterbreiteten Bearbeitungsvorschläge eher etwas länger. Als Maßstab für das unter Prüfungsbedingungen Mögliche können die Originalbearbeitungen am Ende dienen. Einzelne Bearbeitungsvorschläge sind absichtlich knapp gehalten, um den Zuschnitt einer kurzen, aber alle entscheidenden Gesichtspunkte ansprechenden Entscheidung zu verdeutlichen.
- Dieses Büchlein ist ein **Arbeitsmittel**. Der Rand ist dazu da, daß Sie alles, was Ihnen wichtig ist, notieren. Wenn es Ihnen hilft, schreiben Sie überall etwas dazu, unterstreichen Sie, benutzen Sie Textmarker etc. Sie haben das Buch doch nicht gekauft, um es unbenutzt mit Verlust weiterzuveräußern, sondern um sich auf eine Prüfung vorzubereiten, die Sie beim ersten Anlauf mit Anstand bestehen wollen – oder?

VII. Schrifttumsempfehlungen

Wer mit dem dieser Fallsammlung zugrundeliegenden Ansatz gut arbeiten kann, wird vielleicht nach ergänzender und weiterführender Literatur suchen.
Hier zwei erste Hinweise:
- *Pleyer*, Klemens / *Hofmann*, Paul: Sammlung privatrechtlicher Fälle für Studierende der Wirtschaftswissenschaften und junge Juristen, 13. Auflage, München 1994
  wie schon der Titel zeigt, ist diese Sammlung ebenfalls in erster Linie für Nebenfachstudenten gedacht; es sind dort aber nur drei Fälle mustergültig gelöst, der Rest in Stich-

worten; über die bürgerlichrechtlichen Aufgaben hinaus finden sich bei *Pleyer / Hofmann* auch solche etwa zum Arbeitsrecht etc. Leider gibt es bisher keine Neuauflage auf dem Stand nach der Schuldrechtsreform.

- *Werner*, Olaf: Fälle mit Lösungen für Anfänger im Bürgerlichen Recht, 11. Auflage, Neuwied etc. 2003
  bei *Werner* stimmt die Themenauswahl mit der hier gewählten überein; allerdings zielen der Anmerkungsapparat sowie Umfang und Schwierigkeitsgrad der Aufgaben schon recht deutlich auf Rechtsstudentinnen.

Und noch eine Empfehlung für alle Prüfungskandidaten, die neben oder statt Fallbearbeitungen auch Sachfragen (schlimmstenfalls in der Form von multiple choice-Fragen) beantworten müssen:

- *Kornblum*, Udo / *Schünemann*, Wolfgang: Privatrecht in der Zwischenprüfung, 9. Auflage, Heidelberg 2004

B. Übungsaufgaben

- Die Übungsaufgaben sind bewußt willkürlich angeordnet und folgen keiner Systematik. Das verhindert, daß der Leser die Aufgaben mit einem Vorverständnis bearbeitet, das in der Prüfung nicht vorhanden sein kann.
- Bearbeitungsvorschläge finden Sie in der gleichen Reihenfolge ab S.50.
- Wer eine Aufgabe zum Üben für ein bestimmtes Rechtsproblem sucht, verwende das Register (S. 189 ff.).

1. Die Most GmbH (M) verkauft Landmaschinen. Unter anderem vertreibt sie einen Vollernter Typ x-300. Diese Maschine kann Weinberge mit einem Gefälle von bis zu 25 % abernten. Für steilere Lagen ist sie nicht geeignet. Im März wendet sich der Winzer Wein (W) an M. Bei der Besichtigung der x-300 fragt W den Prokuristen Perl (P) der M, ob er die Maschine auch in seinen Steillagen an der Mosel einsetzen könne. Nach kurzer Diskussion der Bedürfnisse des W erklärt P: „Die x-300 kann jeden Acker bearbeiten! Ihr ist kein Hang zu steil". Aufgrund dieser Aussage entschließt sich W, eine x-300 zum Preis von € 35.000,- zu kaufen. Bei Erntebeginn im September muß W allerdings nach mehreren Versuchen feststellen, daß die x-300 ungeeignet ist, um in seinen abschüssigen Hängen mit mehr als 30 % Gefälle eingesetzt zu werden. Er will die Maschine zurückgeben und den Kaufpreis ersetzt haben. Zudem verlangt er Schadensersatz für Ernteausfall in Höhe eines erlittenen Verlusts von € 45.000,-. Zu Recht?

2. Eul (E) hat die Grashüpfer GmbH (G) mit verschiedenen Reparaturarbeiten in seinem Haus beauftragt. Diese werden zwar ordnungsgemäß durchgeführt, jedoch zerstört der Lehrling Mißlich (M) dabei aus Unachtsamkeit eine Vase des E im Wert von € 300,-. Da M selbst kein Geld hat, möchte E wissen, ob er von G Schadensersatz verlangen kann. (Bitte prüfen Sie nur vertragliche Ansprüche).

3. Kalk (K) ist in seinem Pkw zu einem wichtigen geschäftlichen Treffen mit einem Kunden unterwegs. An einer Kreuzung wird er von Rost (R), der ein Rotlicht übersehen hat, gerammt. Am Wagen des K entsteht ein Schaden, dessen Reparatur € 2.500,- kostet. Zudem verpaßt K infolge des Unfalls seinen Termin, so daß ihm Aufträge entgehen, an denen er insgesamt € 15.000,- verdient hätte. Welche Ansprüche kann K gegen R geltend machen? (Das Straßenverkehrsgesetz ist nicht zu prüfen.)

4. Der bekannte Gourmet Topf (T) ärgert sich über die langsame Bedienung im Feinschmeckerlokal des Deckel (D). Trotz eines exzellenten Abendessens stuft er das Lokal in der nächsten Ausgabe seines Restaurantführers „Frankfurt ißt auswärts" ohne jede weitere Begrün-

dung um zwei Kochlöffel herab. Kann D Ersatz für seinen Umsatzrückgang in Höhe von € 80.000,- im Folgejahr von T verlangen, wenn er beweist, daß dieser auf der veröffentlichten Bewertung des T beruht?

5. Der nordhessische Bauer Bond (B) bemerkt, daß die Schafherde seines Nachbarn Dr. No (N) über ein umgefallenes Zaunstück auf seine (B's) Wiese gelangt ist und diese abgeweidet hat. Er treibt daraufhin seine Kühe auf die Weide des N, um einen „Ausgleich" herbeizuführen. Diese fressen das Gras auf N's Weide. N verlangt Ersatz in Höhe von € 90,-, weil er anderweitig Futter einkaufen mußte. B entgegnet, auch er habe einen Nachteil in Höhe von € 70,- erlitten und rechne daher mit der Forderung des N auf.
Was kann N, was kann B verlangen?

6. Am 4.12. erhält Spielzeughändler Jekyll (J) ein Schreiben des Hyde (H) mit folgendem Wortlaut: „Die mechanische Spielzeuglokomotive (Märklin, ca. 1930), die ich Ihnen letzthin zur Wertschätzung zeigte, möchte ich jetzt verkaufen. Ich stelle mir € 650,- vor. Bitte geben Sie mir bis zum 10.12. Nachricht, da ich anderenfalls noch in der Vorweihnachtszeit bei Ihren Mitbewerbern anfragen möchte." J schreibt auf einen Bogen seines Geschäftspapiers „Einverstanden!", vergißt aber zunächst, diesen an H zu faxen. Am Abend des 10.12. stellt er dies fest, kann aber H nicht erreichen. Er schickt deswegen einen seiner Mitarbeiter nach Geschäftsschluß zu H, um den Bogen in dessen Briefkasten einzuwerfen. H meldet sich nicht mehr. Eine Woche später verlangt J von H die Lokomotive. H hat diese inzwischen an Stevenson (S) verkauft und übereignet.
Was kann J, der seinerseits einen Kaufinteressenten für die Lokomotive zu € 800,- hatte, von H verlangen?

7. Der 13jährige Markus Montag (M) verkauft den DDR-Teil seiner Briefmarkensammlung an Freitag (F) für € 500,-. Dieser Teil der Sammlung hat einen Marktwert von ca. € 400,-. Trotz des guten Geschäfts sind die Eltern des M mit dem Verkauf nicht einverstanden. Sie gehen zu F und verlangen Rückgabe der Marken. F, der zwischenzeitlich einen Teil (Wert € 100,-) für € 200,- an den Dienstag (D), der von alldem nichts wußte, weiterverkauft hat, will wissen,
a) ob er die übrigen Marken herausgeben muß,
b) ob M oder dessen Eltern darüber hinaus Geld von ihm verlangen können und
c) ob er von M oder dessen Eltern sein Geld zurückverlangen kann. M hat zwischenzeitlich den Erlös an Brot für die Welt gespendet, was er ohne den Verkauf nicht getan hätte und auch nicht hätte tun können.

8. Kunsthändlerin Feder (F) bestellt bei der Galerie Teer (T) telefonisch die in deren letztem Katalog aufgeführte Skizze „Drei blaue Pferde" von Picasso für € 1.650,-. Da ihr die Anreise aus Hannover nach Frankfurt/M. zu umständlich erscheint, bittet sie den Galeristen T, ihr das Blatt einzupacken und zu schicken. T ist einverstanden. Er steckt die Skizze in eine eigens für solche Zwecke hergestellte Verpackung, fügt die Rechnung bei und gibt das Paket zur Post. In einer Sortieranlage der Post wird das Bild samt Verpackung und Rechnung zwei Tage später bis zur Unkenntlichkeit zerhäckselt.
a) Kann T trotzdem Zahlung des vereinbarten Preises verlangen?
b) Ändert sich an diesem Ergebnis etwas, wenn es sich bei den „Drei blauen Pferden" um eine 20fach aufgelegte Druckgraphik handelt, von der auf dem Kunstmarkt für € 6.000,- ein weiteres Exemplar erhältlich ist?

9. Trillian (T) läßt ihren Pkw regelmäßig in der Werkstatt des Zaphod (Z) warten. Als sie ihn wieder zur Inspektion bringt, übersieht der angestellte Mechaniker Arthur (A), der in Gedanken schon im Feierabend ist, einen Defekt an der Bremsleitung. Der Schaden bleibt unbemerkt, obwohl alle anderen Arbeiten, um deren Erledigung T gebeten hatte, ordentlich und rechtzeitig ausgeführt werden. T holt ihren Wagen ab und verursacht wenig später wegen ausgelaufener Bremsflüssigkeit einen Auffahrunfall. Kann sie den dabei entstandenen Schaden, den sie den anderen Unfallbeteiligten gegenüber ausgeglichen hat, ihrerseits von Z bzw. A ersetzt verlangen?

10. Simon (S) benötigt für seinen Betrieb einen Gabelstapler, den er bei seinem Lieferanten Garfunkel (G) kaufen will. Da G auf der Bestellung einer Sicherheit besteht, bittet S seinen Freund Berry (B), sich für den Kaufpreis von € 8.000,- zu verbürgen. Bei Lieferung des Gabelstaplers erklärt B mündlich gegenüber dem Verkaufsleiter des G, er wolle für den Kaufpreis in voller Höhe einstehen.
a) Kann G sofort von B Zahlung verlangen?
b) Als sich die wirtschaftlichen Verhältnisse des S bis zur Zahlungsunfähigkeit verschlechtern, nimmt G den B in Anspruch. Dieser zahlt. Kann er von S Ersatz für die € 8.000,- verlangen?

11. Lang (L) liefert unter Eigentumsvorbehalt an Tief (T) Rohstahl, der daraus Rohre walzt und diese verkauft. Da T die für die zuletzt gelieferten 1200 t Stahl fälligen € 225.000,- nicht sofort bezahlen kann, tritt er an L die sich aus dem Verkauf der Rohre ergebenden Forderungen gegen seine Abnehmer ab. Nachdem ein Drittel der Rohre für € 250.000,- an Kurz (K) verkauft ist, verlangt L
a) Zahlung von K
b) Herausgabe der übrigen Rohre von T.
Zu Recht?

12. Martina Morgenrot (M) ist 16 Jahre alt und bekommt von ihren Eltern € 250,- Taschengeld im Monat. Sie sieht im Elektrogeschäft des Abendrot (A) eine Stereoanlage für € 1800,-, die sie gern kaufen möchte. Als sie dem A vorschlägt, sie könne von ihrem angesparten Taschengeld € 1000,- anzahlen und den Rest in monatlichen Raten zu € 100,- begleichen, ist dieser einverstanden. Nicht einverstanden sind M´s Eltern, die das betreffende Modell für völlig überteuert halten. Eine Woche nach dem Kauf steht M wieder im Laden des A und verlangt schweren Herzens ihr Geld zurück.
a) Zu Recht?
b) Kann A auf der Herausgabe der Stereoanlage bestehen? An wen muß er sich wenden? Erhält er zusätzlich Geld, weil die Anlage nicht mehr neu ist?

13. Schimmel (S) möchte endlich einen Sportwagen fahren. Er bittet seinen automobilkundigen Freund Apfel (A), ihm auf dem örtlichen Gebrauchtwagenmarkt einen passenden Porsche zu suchen und diesen auch gleich einzukaufen. Der Wagen soll aber höchstens € 25.000,- kosten, andernfalls soll A vor dem Abschluß bei S rückfragen. Als A beim Kraftfahrzeug-Händler Hellwig-GmbH (H) einen pinken Porsche mit geringer Laufleistung findet, wittert er eine ungewöhnlich günstige Gelegenheit. Trotz des Preises von € 26.500,- einigt er sich sofort mit dem Geschäftsführer Diebel (D) der H, um sich das Schnäppchen nicht entgehen zu lassen. S ist gar nicht begeistert: Er meint, seine Schwärmereien von pinken Porsches seien nur Scherze gewesen, kein zurechnungsfähiger Mensch lasse sich in einem solchen Wagen blicken; jedenfalls sei ihm der Preis zu hoch. Er will nicht zahlen. Kann nun H, deren Geschäftsführer D von den Absprachen zwischen S und A nichts wußte,
a) von S
b) oder wenigstens von A
Zahlung verlangen?

14. Hauseigentümer Harrison (H) beauftragt den Dachdecker Starkey (S) mit Ausbesserungsarbeiten am Dach seines Mietshauses. Der Lehrling Lennon (L) des S stößt bei deren Ausführung aus Ungeschicklichkeit einen Stapel Dachziegel vom Gerüst. Diese Ziegel treffen H, dessen Mieter McCartney (M) und den Passanten Paul (P). Alle drei werden verletzt und müssen behandelt werden. Sie alle verlangen Ersatz für die Behandlungskosten sowie ein angemessenes Schmerzensgeld
a) von L
b) von S.
Zu Recht?

15. Auf Bitten des Schwarz (S) erklärt Blau (B) schriftlich gegenüber Grau (G), er wolle für die Kreditrückzahlungspflicht des S in Höhe von € 27.000,- gegenüber G einstehen. Nur so läßt sich G dafür gewinnen, den Kredit nicht vorzeitig zu kündigen. Als nun bei der Endfälligkeit des Kredits die finanzielle Lage des S immer noch schlecht ist, möchte G sofort den vermögenden B in Anspruch nehmen.
a) Kann er das?
In der Hoffnung auf baldige vollständige Rückzahlung hat G dem S noch einmal für drei Monate einen Zahlungsaufschub eingeräumt.
b) Kommt dieser Aufschub auch B zugute, von dem G nun sofort Zahlung verlangt?
B zahlt um des lieben Friedens willen.
c) Kann er nun von S die € 27.000,- fordern?

16. Staub (S) kauft bei Asche (A) ein Akkuladegerät für € 38,-. Aufgrund eines weder dem A noch dem S erkennbaren Defekts, der bereits bei der Herstellung durch falsche Verkabelung entstanden ist, funktioniert jedoch das Gerät nicht. Dies stellt S fest, als die beiden ersten Akkus, die er wiederaufladen will, ihre Arbeit nicht mehr tun. Als er sie im Ladegerät eines Freundes überprüft, stellt sich heraus, daß sie irreparabel zerstört sind.
S fordert nun verärgert von A
a) Rücknahme des Ladegeräts gegen Kaufpreiserstattung
b) Ersatz für den an den Akkus entstandenen Schaden (Kosten der Neuanschaffung: € 20,-).

17. Ohne den prominenten Pech (P) zu fragen, verwendet Schwefel (S) ein Foto, das P auf einem von S hergestellten Motorroller zeigt, mit der Unterschrift „Berühmter Mann auf berühmtem Fahrzeug" für eine Werbeanzeige. P meint, für eine derart plumpe Werbung hätte er sein Bild nie hergegeben, und verlangt
a) € 50.000,-, den Betrag, für den er sich üblicherweise das Einverständnis für solche Veröffentlichungen abkaufen läßt,
b) ein angemessenes Schmerzensgeld für die ungefragte Verwertung seines Bilds.
Zu Recht?

18. Beim monatlichen Kegelabend des Kegelclubs „Gut Holz" laufen zwei Listen um; auf der einen können die Kegelbrüder die Genesungswünsche für ein erkranktes Mitglied unterschreiben, auf der anderen bestätigen sie ihre Teilnahme am Jahresausflug. Den Ausflug hat Busunternehmer Fuchs (F) organisiert; die Kosten betragen € 85,- je Teilnehmer. Versehentlich unterschreibt Luchs (L), der gleich mit Kegeln dran ist, die Ausflugsliste, anstatt nur gute Besserung zu wünschen. Das Mißgeschick stellt sich erst heraus, als L am Morgen des Ausflugs nicht erscheint. F besteht auf Zahlung des vollen Fahrpreises. L erklärt

darauf, er halte sich für an seine Unterschrift nicht gebunden.
a) Bekommt F die € 85,-?
b) Wenn nein: Kann er wenigstens Ersatz der Kosten des Mittagessens verlangen, das er bei Gastwirt Dachs (D) für L bestellt und bezahlt hat?

19. Bauunternehmer Gold (G) bestellt bei Baustofflieferant Silber (S) 38.280 Ziegelsteine des Typs R4b zum Preis von € 63.400,-. Da er gegenüber seinem Auftraggeber Blei (B) versprochen hat, das zu errichtende Haus bis zum 1.10. fertigzustellen und für jeden Tag der Verzögerung eine Vertragsstrafe von € 1.000,- zu zahlen, besteht er gegenüber S auf pünktlicher Lieferung; hierfür wird der 4.7. vereinbart. Als am 12.7. S immer noch keine Steine geliefert hat, möchte G wissen,
a) ob er (im Oktober) Ersatz für die aufgrund der Verzögerung fällig werdende Vertragsstrafe von S verlangen kann,
b) ob und unter welchen Umständen er sich von dem Vertrag mit S lösen und einen anderen Lieferanten beauftragen kann.

20. Schimmel (S) fährt mit einem Zug der Bimmel Bahn AG (B) von Frankfurt am Main nach Frankfurt an der Oder. Für die Fahrkarte hat er € 110,- bezahlt. Als er in Frankfurt an der Oder aussteigt, ist der Bahnsteig stark vereist, was aber wegen des auf dem Eis liegenden Schnees nicht erkennbar ist. Schon beim ersten Schritt rutscht S aus, fällt hin und bricht sich ein Bein. Als fünf Jahre später sämtliche Folgekosten der Verletzung endgültig feststehen, verlangt er von B Ersatz.

21. Hase (H) will für sein Taxiunternehmen bei der Autohaus Igel KG (I) einen weiteren Pkw erwerben. Da er den Preis von € 62.495,- nicht sofort bezahlen kann, vereinbart er mit dem Inhaber Igel Ratenzahlung; die Raten sollen jeweils zum Monatsersten fällig sein. Igel besteht zur Sicherung seines Zahlungsanspruchs auf einem Eigentumsvorbehalt. Als nun nach Zahlung von sieben der geplanten 24 Monatsraten H zunächst zweimal nur noch den halben Betrag, dann zweimal überhaupt nicht zahlt, möchte I aus dem Geschäft wieder herauskommen. Er fragt Sie als Anwältin / Anwalt,
a) ob er von dem Vertrag zurücktreten kann und
b) ob und unter welchen Voraussetzungen er den Wagen sofort wieder herausverlangen kann.

22. Bei einem Einbruch in die Wohnung von Prof. Dr. Erbse (E) stiehlt Dieb Möhre (M) ein wertvolles Gemälde. Wenig später veräußert M das Bild weit unter dem Marktpreis an Kraut (K), der es bald darauf dem Kunsthändler Bohne (B), der von alledem nichts weiß und auch keinen Grund zum Mißtrauen hat, verkauft und übergibt. Im Ladengeschäft des B sieht durch Zufall E „sein" Bild. Als sich herausstellt, daß es tatsächlich das Bild des E ist, verlangt er es von B heraus. Zu Recht?

23. Druckereibesitzer Vollmond (V) ist für seinen Betrieb auf Kredit angewiesen. Er bezieht von der Papierfabrik Neumond AG (N) seit 1989 laufend Buchdruckpapier unter verlängertem Eigentumsvorbehalt. Schon 1988 hat er bei der Halbmond-Bank (H) ein Darlehen über € 150.000,- aufgenommen, das bislang nicht fällig und auch noch nicht zurückbezahlt ist. Zur Sicherung hat die Bank im Darlehensvertrag mit V eine Globalzession vereinbart. Als nun V in Vermögensverfall gerät, behaupten sowohl N als auch H, Inhaber der noch offenen Kundenforderungen des V zu sein und daraus ihre Ansprüche befriedigen zu dürfen. Wer von beiden kann vom Kunden K des V Kaufpreiszahlung verlangen?

24. Veronika (V) betreibt ein Geschäft für Gartenbedarf. Lenz (L) kauft bei V einen neuen Rasenmäher für € 875,-. Neben der Kasse hat V auf einem DIN A2 großen Bogen ihre „Verkaufsbedingungen" ausgehängt, in denen es unter anderem heißt:
„Nr. 3: (Gewährleistung) Die Rücknahme gekaufter Ware ist ausgeschlossen. Wir reparieren jedoch innerhalb eines Jahres ab Kaufdatum fehlerhafte Geräte kostenlos für Sie."
Als aufgrund falscher Verkabelung der elektrischen Anlage des Rasenmähers dieser schon bei der ersten Inbetriebnahme wegen eines Kurzschlusses ausfällt, bringt L den Rasenmäher zu V zurück. Diese entschuldigt sich und repariert den Rasenmäher. Beim nächsten Versuch wiederholt sich der Kurzschluß. L ist es nun leid und verlangt von V sein Geld zurück. V meint, sie werde gern einen weiteren Reparaturversuch unternehmen. Zum Umtausch sehe sie sich aber nicht verpflichtet.
Kann L auf Rückabwicklung des Geschäfts bestehen?

25. Ein Jahr nach seinem Austritt aus dem Buchclub Bonnie (B) erhält Clyde (C) zu seiner Überraschung von B wieder ein Buch zugesandt mit dem üblichen Anschreiben: „... Wenn Sie das Buch behalten wollen, brauchen Sie nichts weiter zu tun. Sollte es Ihnen wider Erwarten nicht zusagen, so bitten wir um Mitteilung bis zum 10.3." C will mit B nichts mehr zu tun haben und stellt das Buch in die Ecke. Er meint, früher oder später werde sich B schon melden. Tatsächlich schreibt B am 28.3. an C: „... und dürfen Sie daran erinnern, daß aus der Lieferung vom 12.1. noch € 44,- offen sind."
Muß C zahlen?

26. Unwetter (U) nimmt beim Bankhaus Blitz AG (B) einen Kredit über € 100.000,- für sein Fuhrunternehmen auf. Da er über andere Sicherheiten nicht verfügt, übereignet er B wunschgemäß seinen neuesten Lkw (Volvo 4404) zur Sicherheit. B und U vereinbaren im Kreditvertrag, daß U den Lkw weiterhin nutzen soll. Wenig später wird der

Wagen bei U gestohlen. Kann nun U vom Dieb Donner (D) die Herausgabe verlangen? Wenn nein, kann es B?

27. Nah (N) braucht für die Anschaffung eines neuen Pkws Geld. Er bittet seinen Freund Weit (W), ihm auf ein Jahr € 12.000,- zu leihen. W ist einverstanden, möchte aber wegen der langen Laufzeit das Geld mit 5 % Zinsen jährlich verzinst bekommen. N stimmt zu. Noch vor der Auszahlung der Summe kommen W Bedenken, weil der übliche Zinssatz für ein solches Geschäft bei 8,5 % jährlich liegt. Außerdem hat er zwischenzeitlich erfahren, daß N - entgegen seiner ursprünglichen Annahme - schon seit einiger Zeit praktisch vermögenslos ist. Daher verweigert er umgehend schriftlich die Zahlung an N. N möchte wissen, ob er die Auszahlung trotzdem verlangen kann.

28. Auf einer Messe besucht Strauch (S) den Stand des Baum (B), der ihm sein neuentwickeltes Reinigungsmittel vorführt. Um den noch unentschlossenen S zum Kauf zu bewegen, schlägt B vor, er wolle ihm einen Messerabatt gewähren und 1.000 l der Reinigungsflüssigkeit für € 2.150,- an den Betrieb des S liefern (der Listenpreis beträgt € 2.550,-). S will sich die Sache noch einmal überlegen. Fünf Tage nach Messeende schreibt er B einen Brief, in dem er mitteilt, er wolle gern 1.000 l zum vereinbarten Preis beziehen. B fühlt sich an seinen Rabatt nicht mehr gebunden und läßt die gewünschte Ware an S ausliefern, dem er gleichzeitig eingehend eine Rechnung über € 2.550,- schickt. S protestiert und fragt Sie als seine/n Anwalt/Anwältin, ob er zahlen muß.

29. Die Journalistin Gyldenstern (G) hat ein Buch über die Psychosekte Scientology verfaßt, in dem sie zur Warnung der Öffentlichkeit möglichst viele Personen nennen will, die für die Sekte arbeiten. Erwähnt wird darin - unter der Überschrift „Handlanger der Sekte" - auch Rechtsanwalt Rosencrantz (R), der bis vor zwei Jahren Mandate von bekennenden Scientologen angenommen hat.
Dem R gefällt diese Darstellung nicht. Kann R von G verlangen, daß sie künftig diese Äußerung unterläßt?

30. Maus (M) ist Inhaber eines Autohauses. Um bei der Vorstellung des neuen Modells P 911 dem Publikum etwas Originelles bieten zu können, bittet er unter anderem seinen Kunden Vogel (V), ihm seinen 30 Jahre alten P 911 (ein Exemplar aus der ersten Serie) für ein paar Tage zur Verfügung zu stellen. M zahlt an V € 480,- für die Überlassung des Wagens für eine Woche (5.11.-11.11.). Kurz bevor M den Wagen abholen kommt, wird dieser aus der Garage des V gestohlen. Die Garage war gegen Einbruch nur oberflächlich gesichert, der Wagen war nicht abgeschlossen, so daß es dem Dieb Dachs (D) ein leichtes war, ihn kurzzuschließen und wegzufahren.
Unter welchen Umständen kann M sein Geld zurückverlangen? Kann

er auch Schadensersatz fordern?

31. Kopernikus (K) kauft auf dem Flohmarkt eine Schweizer Armbanduhr (Wert: ca. € 4.800,-) von Galilei (G) zum Preis von € 450,-. Wenig später stellt sich heraus, daß eben diese Uhr - die anhand der Seriennummer identifiziert werden kann - dem Ptolemäus (P) bei einem Einbruch gestohlen worden ist.
a) P verlangt von K Rückgabe der Uhr; K will seinen Kaufpreis ersetzt sehen.
b) Kann P die Herausgabe der Uhr auch von Archimedes (A) verlangen, wenn dieser sie zum Preis von € 4.000,- von K gekauft hat, ohne etwas von ihrer Herkunft zu ahnen?

32. Elsa (E) will im Lebensmittelgeschäft des Rick (R) einkaufen. Noch bevor sie mit den ausgesuchten Waren bis zur Kasse kommt, rutscht sie auf einer Bananenschale aus, die R und sein Personal übersehen haben. Für die Heilung ihres kompliziert gebrochenen Arms entstehen ihr Kosten i.H.v. € 8.400,-. Neben deren Ersatz verlangt sie von R ein (angemessenes) Schmerzensgeld i.H.v. € 1.500,-. Wird ihre darauf gerichtete Klage Erfolg haben, wenn sie erst vier Jahre nach dem Geschehen eingelegt wird? Wenn ja, in welcher Höhe?

33. Die Heiß AG (H) stellt Büromaschinen her. Lau (L), der mit ebensolchen handelt, kauft bei ihr ein Dutzend Fotokopierer zu je € 2.200,-. Da er den Kaufpreis nicht auf einmal begleichen kann, vereinbart er mit H einen Eigentumsvorbehalt und zahlt € 5.000,- an. Die Geräte werden geliefert und wenig später von L zu je € 2.900,- an seinen Kunden Kalt (K), der von den Eigentumsverhältnissen nichts weiß, verkauft und übereignet. Bevor L weitere Raten zahlen kann, gerät er in Vermögensverfall.
a) H fragt Sie, ob er anstatt Zahlung von L auch Rückgabe der Kopierer von K verlangen kann.
b) Was ändert sich an diesem Ergebnis, wenn H und L einen verlängerten Eigentumsvorbehalt vereinbart haben? Wie werden die Interessen des H in diesem Fall geschützt?

34. Fünf (F) besucht ein Autorennen, das der Veranstalter Vier (V) ausrichtet. Beim Kauf der Eintrittskarte hat F sich nicht die Mühe gemacht, die Veranstaltungsbedingungen des V zu lesen, die in der Kartenvorverkaufsstelle neben der Kasse ausgehängt waren. Diese enthalten unter Nr. 4 folgenden Passus:
„Für Sach- und Personenschäden der Zuschauer haftet der Veranstalter nur, soweit er diese vorsätzlich verursacht hat."
Unglücklicherweise steht F beim Rennen nahe jener Kurve, in der fast immer die Unfälle geschehen. Als nun der deutsche Meister in der Formel 47 in dieser Kurve mit dem Rennfahrzeug seines schärfsten

Konkurrenten kollidiert, wird von seinem Wagen ein Stück Karosserie abgerissen, das - wegen des Fehlens einer geeigneten Auffangvorrichtung - ins Publikum geschleudert wird und F erheblich verletzt.
Als F von V Schadensersatz verlangt, entgegnet dieser, er habe den Unfall nicht verursacht, und verweist im übrigen auf den obigen Haftungsausschluß.
Kann F seine Heilungskosten von V ersetzt verlangen?

35. Katz (K) kauft beim Autohaus Vogel GmbH (V) einen Pkw (Golf V, Fahrgestellnummer 447711/04) für € 33.600,-. Da er den Kaufpreis nicht sofort voll zahlen kann, leistet er € 11.000,- als Anzahlung. Der Rest soll in monatlichen Raten zu € 1.500,- (fällig jeweils am Monatsersten) beglichen werden. V besteht auf der Vereinbarung eines Eigentumsvorbehalts.
   a) Nach einem Jahr - die Ratenzahlungen erfolgen pünktlich und vollständig - erleidet der Wagen bei einem von K unverschuldeten und für ihn unvermeidbaren Verkehrsunfall einen technischen Totalschaden. K fragt, ob er nun die Zahlungen einstellen könne, da schließlich V nicht mehr imstande sei, ihm vereinbarungsgemäß das Eigentum an dem Wagen zu übertragen.
   b) Es geschieht kein Unfall, aber K beginnt nach einem halben Jahr, die Raten verspätet und dann überhaupt nicht mehr zu zahlen. Kann V den Wagen herausverlangen?

36. Aufgrund einer Kleinanzeige ruft Harold (H) bei Maude (M) an und sagt, er interessiere sich für das für € 800,- angebotene Rennrad, wolle es aber vor einem Kauf besichtigen und probefahren. M gibt H ihre Adresse und versichert auf dessen Bitte, sie werde das Rad bis zum nächsten Abend nicht anderweitig verkaufen. Als H am nächsten Vormittag nach 100 km Anreise bei M erscheint, hat M es sich anders überlegt und das Rad bereits für € 850,- anderweitig verkauft und übereignet.
Kann der enttäuschte H Schadensersatz von M verlangen? In Höhe von € 850,-, € 50,- oder wenigstens der für die Anreise aufgewendeten € 35,-?

37. Planck (P) möchte von Edison (E) ein Ladengeschäft mieten, um darin eine Uhrmacherwerkstatt zu betreiben. Mit den von E für die Überlassung geforderten € 1.200,- monatlich ist er einverstanden. Mietbeginn soll – nach Abschluß der erforderlichen Renovierungsarbeiten – der 1.2. sein. Zwei Tage nachdem beide den Vertrag unterschrieben haben, vergißt der Nachbar Newton (N) des E, sein Bügeleisen abzuschalten. Infolgedessen brennen sein Haus und das des E ab.
a) Kann nun P von E Ersatz derjenigen Kosten fordern, die ihm durch die Anmietung eines um € 100,- monatlich teureren Ladengeschäfts in vergleichbarer Lage und Größe entstehen?

b) Wie ist es, wenn der Brand durch die Ungeschicklichkeit des von E mit der Renovierung des Ladengeschäfts beauftragten Handwerkers Heisenberg (H) verursacht wurde?

38. Der 16jährige Stefan Salz (S) bekommt von seinen Eltern monatlich € 300,- Taschengeld. Davon darf er kaufen, was er möchte; nur motorisierte Zweiräder möchten die Eltern ausdrücklich hiervon ausgenommen sehen, weil sie diese für zu gefährlich halten.
a) S kauft vom angesparten Taschengeld bei Pfeffer (P) ein Moped. P, der S aufgrund seines Aussehens für längst erwachsen gehalten hat, ist entsetzt, als dessen Eltern den Kaufpreis von € 1.400,- zurückverlangen. Muß er zahlen?
b) S kauft für € 1.100,- ein Fahrrad bei Zucker (Z). Die Eltern sind erfreut. Flugs tauscht S das Rad bei seinem Schulfreund Thorsten Thymian (T) gegen ein Moped (Wert: € 1.400,-). Muß T den – wiederum entsetzten – Eltern das Rad auf Verlangen zurückgeben?

39. Schön (S) hat bei der Gut GmbH (G) eine Waschmaschine gekauft, die ihm ins Haus geliefert werden soll. S bekommt das Geld, das er bereits für die Zahlung an den Fahrer der G bereitgelegt hat, von Wahr (W) gestohlen.
a) Kann er G entgegenhalten, er sei deshalb nicht mehr zur Zahlung verpflichtet?
b) W kauft von dem Geld bei Unschuld (U) ein. Kann S mit dem Hinweis, es handele sich um die ihm gestohlenen Scheine, die anhand der Nummern identifizierbar sind, diese von U herausverlangen?

40. Auf einer Eisenbahnfahrt vergißt Auge (A) ein wertvolles Buch im Zugabteil. Zahn (Z) findet es dort wenig später, nimmt es mit und verkauft und übereignet es bei nächster Gelegenheit an den Antiquar Ohr (O). Zwar verliert sich ab dort die Spur des Buchs, doch kann A durch Zufall Z ausfindig machen, von dem er nun den erzielten Kaufpreis (€ 120,-) verlangt. Z meint, er müsse allenfalls den Marktwert von € 80,- ersetzen.
Bekommt A Geld von Z? Wieviel?

41. Adler (A) möchte sich von Falk (F) € 3.000,- leihen, um damit einen neuen Pkw zu kaufen. F verlangt eine Sicherheit. A überredet seine Freundin Bussard (B), dies zu übernehmen. Also schreibt B an F: „Für die € 3.000,-, die Sie A leihen, will ich selbstschuldnerisch geradestehen." F akzeptiert dies freudig und zahlt das Geld an A aus.
Nach einem Jahr ist die Rückzahlung des Betrags vereinbarungsgemäß fällig. Da A aber gerade knapp bei Kasse ist, bittet er F um einen Zahlungsaufschub um drei Monate. F ist einverstanden.
Kann F nun sofort B in Anspruch nehmen (und den späteren Ausgleich ihr und A überlassen)?

42. Spediteur Süd (S) nimmt bei der Bank West (W) einen Kredit über € 30.000,- auf und übereignet W zur Sicherheit einen seiner Lkws. Als nach zwei Jahren die Rückzahlung des Kredits fällig wird, kann S nicht zahlen. Wie vertraglich vereinbart, verkauft und übereignet W den Lkw an den Interessenten Nord (N) für € 33.000,-.
a) Ist die Übereignung an N wirksam?
b) An wen muß N bezahlen?
c) Hat S einen Anspruch gegen W? Worauf?

43. Kant (K) handelt mit Teppichen, die er von Großhändlern bezieht. Seinen Mitarbeiter Nietzsche (N) hat er den Großhändlern gegenüber brieflich als zum Einkauf von Teppichen und Teppichböden aller Art berechtigt vorgestellt. Nach gründlicher Einschätzung des Markts weist K im Frühjahr N an, bis auf weiteres keine Teppichböden mit einem Synthetikfaseranteil von über 50 % mehr einzukaufen, da diese zunehmend aus der Mode kommen. Ende des Jahres bietet Großhändler Hegel (H) dem N bei dessen Besuch einen Restposten Teppichboden Typ „Erika 443" zu € 3,-/qm an. Angesichts des äußerst günstigen Preises ist N einverstanden, obwohl es sich um eine Qualität mit 75 % Synthetikfaseranteil handelt. Er unterschreibt einen Kaufvertrag über 4.000 qm. K ist entsetzt, als H von ihm Zahlung verlangt. Muß jemand die € 12.000,- bezahlen? Wer?

44. Der angestellte Lkw-Fahrer Leicht (L) des Spediteurs Schwer (S) verursacht einen Unfall, weil er, während er gerade das Autoradio feinabstimmt, eine rote Ampel mißachtet. Zwar kann Flach (F) gerade noch bremsen, doch wird sein Wagen durch den Lkw erheblich beschädigt. Die Reparaturkosten verlangt er nun von L und S ersetzt.
a) Zu Recht?
b) Ändert sich etwas, wenn S darlegen und beweisen kann, daß dies der erste Fahrfehler des L seit über zehn Jahren ist und er überdies das Fahrverhalten des L regelmäßig kontrolliert und diesen mehrfach auf die peinlich genaue Einhaltung der Straßenverkehrsordnung hingewiesen hat?

45. Kirsch (K) kauft im Fachgeschäft des Hirsch (H) einen Achtlitereimer Schmierstoff Typ Clf 023/4. Da er nicht mehr ganz sicher ist, ob dies die richtige Qualität für die von ihm benutzen Maschinen ist, fragt er den Angestellten Birn (B), ob diese Qualität für seine Zwecke einsetzbar sei. B will nichts falsch machen und sieht in einer eigens dafür angelegten Liste nach. Da er mit dem Finger in die falsche Spalte gerät, bestätigt er dem K die Verwendbarkeit ausdrücklich. Dies stellt sich als falsch heraus, als die Maschinen des K heißlaufen und die neu geschmierten Lager sich festfressen.
K möchte von H einerseits das Geld (€ 122,-) für das Schmiermittel zu-

rück, andererseits den an den Maschinen entstandenen Schaden (€ 5.640,-) ersetzt sehen. Zu recht?

46. Rechtsanwalt Rauch (R) versieht für seine Kollegen zwei Dutzend Blankobriefbögen mit seiner Unterschrift, damit diese während seines Urlaubs dringende Schriftsätze versenden können. Die Briefbögen läßt R auf seinem Schreibtisch liegen. Von dort nimmt Asche (A), der für die Anwälte zweimal wöchentlich abends das Büro reinigt, einen der Bögen weg, den er auf der nächsten Schreibmaschine wie folgt vervollständigt: „Hiermit beauftrage ich A, auf Rechnung des Anwaltsbüros R & Kollegen einen Staubsauger zum Preis von bis zu höchstens € 900,- im Fachhandel zu kaufen."
Mit diesem Schreiben betritt A, entnervt vom asthmatischen Gebaren des von den Anwälten bereitgestellten Staubsaugers, alsbald den Elektrowarenhandel des Feuer (F). Dort findet er das Modell Dn 7272, für das F € 750,- verlangt. A akzeptiert den Preis und bittet F, die Rechnung an R zu senden. Dieser will den Preis nicht zahlen.
a) Kann F von R (oder A) Zahlung der € 750,- fordern?
b) Hat R einen Anspruch gegen A? Worauf?

47. Milan (M), die die Wände ihrer Wohnung neu streichen will, möchte die notwendige Farbe im Geschäft des Fink (F), der mit Farben und Lakken handelt, erwerben. Nachdem sie sich für eine bestimmte Qualität, den Farbton und die Menge (50 kg) entschieden hat, fragt sie den Angestellten Amsel (A) des F nach dem Preis. Diesen schlägt A in einer dafür gefertigten Liste nach, da ein Teil der Waren nicht mit Preisschildern ausgezeichnet ist. In der Liste gleitet jedoch das Auge des A in die Spalte mit 20kg-Einheiten anstatt in diejenige mit 50kg-Einheiten. Er nennt daher der M einen Preis von € 120,- anstatt von € 250,-. M findet den Preis recht günstig, zahlt sofort und nimmt den 50kg-Eimer gleich mit.
a) Kann F, der das Versehen wenig später bemerkt, von M Rückgabe der Farbe gegen Rückzahlung des Gelds verlangen?
b) Hat M einen Anspruch auf Zahlung des Differenzbetrags zwischen € 120,- und den € 220,-, die sie nun bei einem Konkurrenten des F für gleichwertige Farbe bezahlen muß?

48. Messer (M) läßt seinen Pkw in der Werkstatt des Gabel (G) reparieren. G hatte M versichert, am 11.6. könne er den reparierten Wagen wieder abholen. Als aber M gegen Abend des 11.6. erscheint, erklärt ihm G, das nötige Ersatzteil sei nicht vorrätig, was er vorher versehentlich nicht erkannt habe, da ein ganz ähnlich aussehendes Teil im Regal gelegen habe. Wegen der nun erforderlich gewordenen Bestellung des Ersatzteils verschiebe sich die Fertigstellung des Wagens um etwa eine Woche. M ist verärgert und „leiht" sich ein gleichartiges Fahrzeug beim Autoverleih des Löffel (L), wofür er für die Dauer der Repa-

ratur € 520,- zahlen muß.
a) Kann er von G hierfür Ersatz verlangen?
b) Kann er daneben nach Ablauf zweier Wochen, in denen das Ersatzteil immer noch nicht eingetroffen ist, den Wagen in eine andere Werkstatt bringen lassen, die für die Montage des dort vorhandenen Ersatzteils € 200,- mehr berechnet als G, und G diesen Betrag in Rechnung stellen?

49. Liszt (L) leiht sich von Elgar (E) dessen Fahrrad für vier Wochen aus. Nach einer Woche verkauft E das Rad an Donizetti (D) für € 130,-. Da er es selbst gerade nicht verfügbar hat, schlägt er D vor, dieser solle sich das Rad bei L holen. D ist einverstanden. Nachdem E den L von dem Geschäft informiert hat, steht anderntags D bei L vor der Tür und möchte das Rad mitnehmen.
Kann D von L die (sofortige) Herausgabe des Rads verlangen?

50. Zur Vorbereitung auf die BGB-Klausur am 18.6. will sich VWA-Studentin Sally (S) einige Lehrbücher des Bürgerlichen Rechts kaufen. Sie bestellt am 20.5. bei Buchhändler Harry (H), der die gewünschten Titel nicht vorrätig hat, folgende Bücher, die nach Auskunft des H anderntags eintreffen werden:
a) Schwartz, Bürgerliches Recht - verstehen und anwenden, Göttingen 2000, € 28,-
b) Weiss, Übungen im Bürgerlichen Recht, 8. Auflage Köln 1999, € 32,-
c) Roth, Wie bestehe ich eine Zivilrechtsprüfung?, 22. Auflage Frankfurt 2000, € 44,-

Diese Bestellung fördert nur enttäuschende Ergebnisse zutage:
a) Das Buch von Schwartz stellt sich als nicht lieferbar heraus, weil der Verlag es noch vor Erscheinen mangels Nachfrage aus dem Programm genommen hat. H meint, dafür könne er nichts, und verlangt von S Zahlung des Preises von € 28,-.
b) Das Buch von Weiss ist zwischenzeitlich in erheblich erweiterter 9. Auflage erschienen und kostet nun € 48,-. Ein Exemplar dieser Auflage erhält H vom Großhändler. Muß S, die das zu teuer findet und ein so dickes Buch eigentlich gar nicht brauchen kann, das Buch abnehmen und das Geld zahlen?
c) Das Buch von Roth enthält die Seiten 17-32 zweimal, dafür fehlen die Seiten 33-48, die unter anderem das Kapitel über Verschulden bei Vertragsverhandlungen enthalten. S bemerkt dies bei einem Lernwochenende und bringt das Buch anderntags dem H. Sie will es zurückgeben und ihr Geld wiederhaben.

51. Apfelbaum (A) handelt mit antiquarischen Büchern. In seinem Rundbrief Nr. 34/2004 führt er unter Nr. 319 auf: „Goethe, Werkausgabe, 1912, sehr gut erhalten". Durch ein Versehen der Druckerei war ab-

weichend von der Preisliste des A, die als Vorlage dienen sollte, in die Spalte „Preis" aber nicht „€ 840,-", sondern „€ 480,-" gedruckt worden. Birnbaum (B), der als langjähriger Kunde einen Rundbrief des A zugesandt bekommt, ist über die Gelegenheit erfreut und bestellt sofort mit einer Postkarte: „Bitte senden Sie mir Nr. 319 aus 34/2004. Zahlung erfolgt wie immer alsbald nach Eingang. Vielen Dank im voraus." A verschickt die Bücher an B, der sie Tags darauf erhält. Die Rechnung über € 840,- sendet A eine Woche später. Erst als B irritiert rückfragt, stellt sich der Druckfehler heraus. B meint, € 840,- seien ihm zu teuer, und überhaupt fühle er sich an diesen Preis nicht gebunden. Die ganze Sache sei ihm zu ärgerlich, er wolle die Bücher gar nicht mehr haben.
Kann A Zahlung von € 840,- oder wenigstens von € 480,- von B fordern?

52. Kunstsammler Winter (W) kauft bei Kunsthändler Herbst (H) für € 40.500,- ein mit „im Stil von Paul Klee" bezeichnetes Gemälde. Nach der Lieferung des Bilds läßt er es von einem Sachverständigen begutachten, der zu dem Ergebnis kommt, es handele sich um einen echten Paul Klee, dessen Wert ca. € 80.000,- betrage. W freut sich über das Schnäppchen und verkauft das Bild mit der Expertise alsbald dem Sammler Sommer (S) für € 100.000,-, dem er es auch sogleich übereignet. Als H hiervon erfährt, schreibt er sofort an W: „Hätte ich gewußt, daß es sich um einen echten Klee handelt, hätte ich Ihnen das Bild nicht zu diesem günstigen Preis verkauft. Sie werden verstehen, daß ich unter diesen Umständen von dem Geschäft zurücktreten muß."
Kann nun H von W Rückgabe des Bilds, Zahlung von € 100.000,-, Zahlung von € 80.000,- oder wenigstens von € 40.500,- (oder eines anderen Betrags) fordern?

53. Die Möbelfabrik Fern GmbH (F) steht in ständiger Geschäftsbeziehung mit dem Einrichtungshaus Stern GmbH (S). Im September kauft S von F unter anderem ein Sofa LC 2, das umgehend an S geliefert wird, zum Preis von € 3.400,-. Da S aufgrund zeitweiliger Liquiditätsprobleme nicht sofort zahlen kann, wird zwischen F und S ein „verlängerter Eigentumsvorbehalt" vereinbart.
Wem gehört das Sofa
a) im Oktober
b) im November, nachdem es am 1.11. vom Verkaufsleiter der S für € 4.200,- an den Endkunden Kern (K) verkauft und sogleich übergeben worden ist?
c) Die Zahlungsschwierigkeiten der S stellen sich als dauerhaft heraus. Kann F von K (der seinerseits den Kaufpreis noch nicht gezahlt hat) Zahlung der € 4.200,- verlangen?

54. Schwarz (S) und Grau (G) verhandeln über den Verkauf eines Grundstücks des S. Nachdem sie sich auf einen Preis von € 3,5 Mio. geeinigt

haben, schlägt G vor, man möge vor dem den Vertrag beurkundenden Notar nur einen Preis von € 2,5 Mio. bekanntgeben, um dessen Gebührenanspruch sowie die Grunderwerbsteuer „in einem angemessenen Rahmen zu halten". S ist einverstanden. Der Vertrag wird in notarieller Form über € 2,5 Mio. geschlossen. Noch vor einer Eintragung des G als neuer Eigentümer im Grundbuch wird bei S die Weiß (W) als weitere Kaufinteressentin vorstellig. Sie bietet € 4,5 Mio., was S erfreut akzeptiert. Diesmal wird der Vertrag mit dem richtigen Preis notariell beurkundet.
a) Wer ist Eigentümer des Grundstücks?
b) Kann G zu Recht von S die Eigentumsübertragung verlangen? Kann es W?

55. Mond (M) sieht sich bei der Gebrauchtwagenhändlerin Sonne (S) nach einem für ihn geeigneten Pkw um. Als er einen passenden Wagen mit akzeptablem Preis gefunden hat, schlägt ihm S vor, eine Probefahrt zu unternehmen. Bei dieser Probefahrt bleibt der Wagen nach zehn Kilometern liegen, weil kein Benzin mehr im Tank ist und die Tankanzeige nicht funktioniert. Um zu S zurückzukommen, muß M € 25,- für ein Taxi aufwenden. Diese will er nun von S ersetzt haben. Vom Kauf des Wagens nimmt er Abstand.
Hat M Anspruch auf die verlangten € 25,-?

56. Gingganz (G) ist Assistenzarzt in der chirurgischen Abteilung der privaten Korff-Klinik AG (K). Dort läßt sich Palmström (P) den Blinddarm herausoperieren. Während der Operation, die die zuständige Chefärztin Sophie (S) den noch wenig routinierten G allein ausführen läßt, vergißt G eine Klammer im Bauchtrakt des P. Dies stellt sich erst zwei Tage später heraus. Die Klammer muß sofort entfernt werden, was eine erneute Operation erforderlich macht. Diese wird fehlerfrei ausgeführt und verläuft komplikationslos. P verlangt Ersatz für den Verdienstausfall, den er wegen des verlängerten Krankenhausaufenthalts erleidet, sowie ein angemessenes Schmerzensgeld wegen der Unannehmlichkeiten der erneuten Operation.
Bestehen derartige Ansprüche? Gegen wen richten sie sich?

57. Rainer Rosenthal (R) ist 16 Jahre alt. In einem Computerladen sieht er einen Laptop-PC, den er schon immer gerne haben wollte. R wendet sich an den Inhaber Lothar Langbein (L) und bittet ihn, ihm den Laptop für € 950,- zu überlassen. Den Preis will er bezahlen, wenn er das Gerät abholt. Damit ist L einverstanden. Zu Hause berichtet R seinen Eltern von dem Geschäft. Diese freuen sich, daß sich ihr Sohn endlich mit den „wirklich wichtigen Dingen" des Lebens beschäftigt und erklären gegenüber R, das Geschäft gehe in Ordnung. Am nächsten Tag meldet sich L bei den Rosenthals und bittet diese um ihr Einverständnis. Die Rosenthals haben sich die Sache inzwischen anders überlegt

und erklären gegenüber L, sie verweigerten die Genehmigung des Geschäfts. L erfährt am nächsten Tag, daß die Rosenthals ursprünglich einverstanden waren. Er besteht daher auf der Durchführung des Vertrags und verlangt von R € 950,-.
a) Kann er das?
b) Nehmen Sie an, L habe R den Laptop bereits bei Abschluß des Kaufvertrags mitgegeben. Kann er von R jetzt Herausgabe des Geräts verlangen?

58. Gundel (G) und Blatter (B) sind Bauern. Beide besitzen große Ländereien, auf denen sie Landwirtschaft betreiben. Eines Tages sitzen beide beim örtlichen Gastwirt zusammen und zechen ein Bier. Dabei vereinbaren sie, daß G seine „Nordwiese" an B verkauft und übereignet. Der Kaufpreis soll € 100.000,- betragen. Der durch Handschlag besiegelte Vertrag wird vom Wirt Walter (W) auf einem unbedruckten Bierdeckel aufgeschrieben und dann von G und B unterschrieben. Wenige Tage später überweist B den Kaufpreis an G. Dieser will jetzt allerdings von dem Geschäft nichts mehr wissen und verweigert die Auflassung des Grundstücks an B. Kann B von G die Übereignung der Nordwiese fordern?

59. Im Januar 2004 bestellt Ökobauer Fleißig (F) 2,5 Tonnen Weizenaussaat beim Saatguthandel des Ludwig Landmann (L). L soll vereinbarungsgemäß am 30.3.2004 liefern. An diesem Tag ist L allerdings wegen erheblicher Überforderung im Geschäft nicht in der Lage, den bestellten Weizen zu liefern. Am 20.4.2004 schreibt F an L ein Fax, in dem er ihn auffordert, spätestens bis zum 30.4. den Weizen zu liefern. Als am 30.4. nichts geschieht, kauft F bei der Gruber Saatbetriebe GmbH (G) den benötigten Aussaatweizen. Dafür muß er € 1.500,- mehr aufbringen, als er bei L bezahlt hätte.
a) Kann F € 1.500,- Schadensersatz von L verlangen?
b) Variante 1: L hat in letzter Sekunde am 30.4.2004 geliefert. Nach dem Abfüllen des Weizens in die Silos des F stellt sich allerdings heraus, daß dieser durch das verbotene Pflanzengift Nitrophen verunreinigt ist. Der Weizen ist für F daher unbrauchbar. Welche Rechte kann er deshalb gegen L geltend machen? (Gehen Sie davon aus, daß L den verkauften Aussaatweizen auf seinen eigenen Feldern herangezogen hat.)
c) In Variante b) stellt sich zudem heraus, daß die Silos des F gründlich gereinigt werden müssen, wodurch weitere Kosten in Höhe von € 2.500,- entstehen. Kann F verlangen, daß ihm L diese Kosten ersetzt?

60. Klecksel (K) ist Malermeister. Er wird von Reinlich (R) beauftragt, dessen Wohnung neu zu streichen. R legt Wert auf eine ordentliche Ausführung der Arbeit und wählt einen hellen Gelbton als Wandfarbe aus. Kurz nachdem K seine Arbeit aufgenommen hat, stellt sich heraus, daß er

nicht allzuviel Erfahrung mit dem Anlegen von Wohnungswänden hat. K verspritzt wegen seiner Unerfahrenheit viel Farbe, die den Teppich des R beschädigt. Die Kosten der Beseitigung der Farbflecken betragen € 500,-. Da K auch nach Ermahnung durch R nicht in der Lage ist, die Wände so zu streichen, daß keine Farbe verspritzt, teilt ihm R mit, er könne nach Hause gehen, er (R) lege auf die Arbeit des K keinen Wert mehr. R verlangt Schadensersatz. Er will auch die Kosten eines anderen Malers ersetzt bekommen, der die Arbeit des K übernommen hat, dafür aber € 150,- mehr verlangt als zuvor K. Wie ist die Rechtslage?

61. Frau Ost (O) schlendert auf der Suche nach einem Weihnachtsgeschenk durch die Buchhandlung des West (W). Auf dem Weg von den Bildbänden zu den Taschenbüchern rutsch sie auf einer Bananenschale aus, die eine Dreiviertelstunde zuvor Nord (N), eine andere Kundin, aus Gedankenlosigkeit hatte fallen lassen. Beim Sturz bricht O sich den Arm. Zum beabsichtigten Kauf des Buchs kommt es nicht mehr. Statt dessen verlangt O von W € 1.500,-, die sie für Heilbehandlungskosten aufwenden mußte, sowie € 800,- als (angemessenes) Schmerzensgeld. Im Prozeß gelingt es W darzulegen und zu beweisen, daß seine Angestellte Süd (S), die am Tag des Unglücks allein im Ladengeschäft arbeitete, seit Beginn des Arbeitsverhältnisses immer wieder auf die Gefahren von Bananenschalen hingewiesen worden war und W selbst regelmäßig stichprobenhaft kontrolliert hatte, ob S der Anweisung zum Wegräumen solchen Abfalls nachkam.
Wird O mit ihrer Klage Erfolg haben? In welcher Höhe?

62. Schilling (S) sieht im Schaufenster des Uhrmachermeisters Franken (F) eine alte Damenarmbanduhr für € 620,-, die ihr sofort gefällt. Der für den Verkauf angestellte Rubel (R) erklärt ihr, die Uhr sei zu haben. S fragt, ob sie sie gleich mitnehmen könne. R holt die Uhr aus der Auslage; erst als er einen Garantieschein und einen Verkaufsbeleg ausfüllt, bemerkt er auf der Unterseite der Uhr den von F stammenden Vermerk „Verkauft an Frau Pfund (P) - wird abgeholt".
a) Darauf erklärt er S, sie könne diese Uhr nicht kaufen. Kann nun S die Übereignung und Übergabe der Uhr verlangen?
b) R ist seine Unaufmerksamkeit peinlich; ohne die Sache rechtlich näher zu würdigen, nimmt er den Kaufpreis von S entgegen und übergibt ihr die Uhr. Kann P, die anderentags entsetzt feststellen muß, daß „ihre" Uhr nicht mehr vorhanden ist, von F Ersatz der € 780,- fordern, die sie für ein vergleichbares Modell anderweitig ausgeben muß?

63. Schaf (S) leiht sich beim Autoverleih Lamm (L) für vier Tage einen Pkw zu € 55,-/Tag zuzüglich einer Pauschale für jeden gefahrenen Kilometer. Als er am zweiten Tag den Wagen neu auftankt, fährt er aus jahrelanger Gewohnheit an die Zapfsäule für Normalbenzin, obwohl der Leihwagen mit Dieselkraftstoff fährt. Als er dies bemerkt, ist der Tank schon halbvoll.

Da S gehört hat, eine Mischung beider Kraftstoffe schade dem Motor nicht, füllt er den Rest des Tanks mit Diesel. Wenig später bleibt er mit dem Wagen liegen. L verlangt von S Ersatz der € 1.100,-, die das Abschleppen des Pkw (€ 100,-), das Abpumpen des Kraftstoffgemischs (€ 200,-) und die Reinigung des Motors (€ 800,-) gekostet haben. Zu recht?

64. Zacharias (Z) geht mit seinem Pitbull-Terrier Shark (S) im Park spazieren. Dort begegnet er dem Dauerläufer Daniel (D), den S „nicht riechen" kann. S reißt sich von der Leine des Z los und eilt mit gefletschten Zähnen und blutunterlaufenen Augen auf D zu. D sorgt sich um sein Leben, läuft schneller, kann aber dem beutewitternden S nicht entgehen. In letzter Sekunde entreißt D der interessiert zusehenden Annabelle (A) deren zierlichen Regenschirm, mit dem er S noch im Flug aufspießt. Nachdem so eine Katastrophe verhindert ist, verlangt Z von D Schadensersatz in Höhe von € 380,- für die Kosten der Wiederherstellung des verletzten S; A verlangt von D Ersatz für den zersplitterten Regenschirm in Höhe von € 45,-. Zu Recht?

65. Lachs (L) möchte ein gebrauchtes Fahrrad kaufen; in einer Zeitungsannonce des Wal (W) findet er ein Herrenrennrad mit 28-Zoll-Bereifung, 21 Gängen und silbergrau lackiertem Rahmen zum Preis von € 400,-. L besichtigt das Rad bei W; weil es ihm zusagt, zahlt er sofort den geforderten Preis. Als er es gleich darauf in seine Werkstatt zur Inspektion bringt, schreibt ihm der dortige Mechaniker eine Liste von Beanstandungen: Die Bremsbeläge seien so abgenutzt, daß sie umgehend ausgetauscht werden müßten (Kosten einschließlich Material: € 25,-); die Beleuchtungsanlage sei defekt und erfordere eine Neuverkabelung (Kosten einschließlich Material: € 40,-); außerdem seien mehrere Speichen locker, so daß die Räder neu zentriert werden müßten, um weitere Beschädigungen zu vermeiden (Kosten: € 35,-). Gleichwohl sei das Rad auch in seinem reparaturbedürftigen Zustand € 500,- wert. Kann L von W einen Teil des Preises zurückverlangen? Wenn ja: Welchen?

66. Albertine (A) betreibt eine Parfümerie. Ihre Produkte kauft sie unter Eigentumsvorbehalt beim Großhändler Graus (G). Im April 2003 kauft A bei G einige Flaschen des Duftwassers „OOO" zu den üblichen Konditionen. Eine dieser Flaschen erwirbt die langjährige Kundin Kunigunde (K) bei A. Da K kein Bargeld dabei hat, wird vereinbart, daß sie den Preis per Überweisung bezahlen soll. Dieser Pflicht kommt K allerdings trotz immer dringender werdender mehrfacher Aufforderungen der A nicht nach. Inzwischen hat sie die Flasche „OOO" zudem ihrer Freundin Heidelore (H) zum Geburtstag geschenkt. A fragt nun Sie, ob es möglich ist, die Flasche von H herauszuverlangen.

67. Ratlos (R) braucht dringend Geld, um seinen etwas überzogenen Lebensstil finanzieren und die Wünsche seiner zahlreichen „Freunde" erfüllen zu können. Da ihm Banken keinen Kredit mehr gewähren, will er beim stadtbekannten Kredithai Knaller (K) Geld aufnehmen. Die beiden einigen sich auf € 10.000,-, die R sofort ausgezahlt erhält. R soll nach einem Monat mit der Rückzahlung beginnen. Er verpflichtet sich, über 25 Wochen jeweils wöchentlich € 600,- an K zu zahlen. Schon nach fünf wöchentlichen Raten ist R nicht mehr in der Lage, weitere Raten zu zahlen. Das aufgenommene Geld hat er verbraucht. K klagt nun gegen R auf vereinbarungsgemäße Zahlung. Wird er Erfolg haben?
Gehen Sie davon aus, daß das marktübliche Zinsniveau bei ca. 12 % p.a. liegt. Was kann K verlangen, wenn ihm kein darlehensvertraglicher Rückzahlungsanspruch gegen R zustehen sollte?

68. Kunze (K) möchte seiner grippekranken Frau etwas Gutes tun. Während seiner Mittagspause, die er im Park verbringt, findet er im Katalog der L-GmbH (L) eine Kamelhaardecke Typ „extra warm" zum Preis von € 250,-. K entschließt sich, die Decke zur Lieferung an seine Privatanschrift zu bestellen. Er füllt die Bestellkarte aus und wirft sie in den Briefkasten. Auf dem Rückweg an seinen Arbeitsplatz sieht er im Schaufenster des Händlers Redlich (R) eine ganz ähnliche Decke für € 150,-. K entschließt sich, die Bestellung rückgängig zu machen.
a) K ruft L daher zwei Tage später an und erklärt, er habe sich über den Wert der Decke geirrt und fechte seine Erklärung an. L besteht auf der Vertragsdurchführung und verlangt die Zahlung des Kaufpreises. Zu Recht?
b) Variante: K schreibt, sofort nachdem er die Auslage des R gesehen hat, an L. Er erklärt, er sehe sich an seine Bestellung „nicht mehr gebunden". Dieses Schreiben wirft er sogleich in den Briefkasten der L ein. Dort findet es am nächsten Morgen zusammen mit der inzwischen zugestellten Bestellung des K ein Mitarbeiter der L, Herr F. F liest es aber erst nach der Kenntnisnahme von der Bestellung.
Die Bearbeitung soll nicht auf die Vorschriften über den Fernabsatz (§ 312 a ff. BGB) eingehen.

69. Kurz (K) betreibt einen privaten Wachdienst. Für den Schutz einiger besonders terrorismusgefährdeter Gebäude sucht er Sprengstoffspürhunde. Beim auf derlei spezialisierten Züchter Lang (L) wird er fündig. K legt L eine Liste mit Sprengstoffen vor, deren Verwendung durch Attentäter er befürchtet. L wählt darauf aus seinem Bestand die Hunde Hunter, Dublin, Peace und Sadie aus. Diese erwirbt K gegen Zahlung von insgesamt € 21.000,-. Als er sie vor dem Dauereinsatz probeweise an Lastwagenladungen mit TNT, Plastiksprengstoff und Dynamit riechen läßt, wedeln die Hunde aber noch nicht einmal mit dem Schwanz. K verlangt entsetzt von L sein Geld zurück. L bietet an, die Hunde unentgeltlich ein halbes Jahr lang nachzutrainieren. Kann K auf sofortiger Rückzahlung bestehen?

70. Margarete (M) fährt mit dem Auto durch die Stadt. Als ihr anderthalbjähriges Kind Klaus (K) auf dem Rücksitz zu schreien anfängt, dreht sie sich um, um K zu beruhigen. Dadurch übersieht sie, daß mittlerweile die Ampel auf Rot umgesprungen ist, und fährt weiter. Dieter (D), der die Straße bei Grün überquert, springt zwar zurück, kann aber nicht mehr verhindern, daß M über seinen linken Fuß fährt. Der bricht. Wegen der Verletzung muß D für sieben Wochen ins Krankenhaus.
   a) D fordert von M Ersatz für die Kosten seiner Heilung (€ 8.600,-) sowie ein angemessenes Schmerzensgeld (€ 4.500,-)
   b) Erika (E), die seit Jahren mit D ein international bekanntes Eiskunstlaufpaar bildet, verlangt von M € 150.000,- als Schadensersatz wegen der in dem halben Jahr der Gesundung des D ihr (unstreitig) entgangenen Preisgelder, Honorare für Schaulaufen bei Galaveranstaltungen und Sponsorengelder.
Zu Recht? (Ansprüche aus dem Straßenverkehrsgesetz sind nicht zu prüfen.)

71. Wels (W) möchte ihr gebrauchtes Damenfahrrad verkaufen. Als sie ihrer Freundin Fels (F) am Telefon davon erzählt, ist diese sofort interessiert und fragt, ob W mit einem Preis von € 350,- einverstanden sei. W sagt, das gehe in Ordnung; F könne das Fahrrad anderntags abholen. Als F tags darauf bei W erscheint, stellt sich heraus, daß das Fahrrad schon in der Nacht vor dem Telefonat von einem Unbekannten (U) aus dem verschlossenen Fahrradkeller im Haus der W gestohlen worden ist. F ist verärgert und verlangt von W Zahlung der € 400,-, die sie nach einigem Suchen für ein vergleichbares Fahrrad bei einer anderen privaten Verkäuferin hat ausgeben müssen. W meint, sie sei an dem Diebstahl nicht schuld, habe auch nichts davon gewußt und sei daher nicht zur Zahlung verpflichtet. Kann F trotzdem die € 400,- verlangen?

72. Kilian (K) will bei der für ihre günstigen Preise bekannten EDV-Handelsgesellschaft Vieregg GmbH (V) Druckerkartuschen kaufen. Im „online shop" auf der Internetseite der V füllt er das elektronische Bestellformular mit seinen Adreß- und Zahlungsdaten sowie der Zahl „3" im Feld vor dem gewünschten Kartuschentyp (LF 5507/2) aus, den V mit € 79,- preisausgezeichnet hat, und sendet das Formular an V. Wenige Sekunden später bedankt sich V bei K mit einer automatisierten e-Mail, die den Eingang der Bestellung bestätigt und deren baldige Bearbeitung in Aussicht stellt. Drei Tage darauf erreichen den K drei Kartuschen, die sich aber als die falschen (Typ LK 5503/2) herausstellen. Als K von V Lieferung der „richtigen" Kartuschen fordert, erklärt V, dies sei nur zum Preis von € 92,- möglich; bei der Preisauszeichnung auf der Internetseite habe es sich um ein Versehen gehandelt.
Kann K, der den höheren Preis nicht zahlen will, von V Lieferung der richtigen Kartuschen verlangen?

Übungsaufgaben

73. Prinz (P) hat vor seinem Lebensmittelgeschäft für seine Kunden einen eisernen Fahrradständer aufgestellt (3 m breit, 60 cm hoch, 40 kg schwer). Eines nachts zerren Unbekannte (U1 und U2) diesen Fahrradständer aus Gaudi vom Bürgersteig auf die Fahrbahn, wo er liegenbleibt, bis früh am nächsten Morgen Herzog (H) mit seinem Pkw dagegenstößt. Dabei wird der Pkw beschädigt. H fordert von P Ersatz für die Kosten von € 2.900,-, die beim Ausbeulen und Neulackieren der beschädigten Teile seines Wagens entstanden sind. Zu Recht?

74. Aal (A) reserviert per Fax im Restaurant des Barsch (B) einen Tisch für acht Personen für den Abend des 22.12. ab 20.00 h; B bestätigt die Reservierung ebenfalls per Fax. Als zum vereinbarten Termin – ohne eine Absage des A – niemand erscheint, verlangt B, der den Tisch eine Stunde lang freigehalten hat und danach keine Nachfrage anderer Gäste mehr hatte, € 459,20 von A. Diesen Betrag berechnet er nach dem durchschnittlichen Verzehr von acht Personen (€ 82,-) abzüglich eines Anteils von 30 %, der den von ihm ersparten Aufwendungen für Lebensmittel etc. entspricht. Hat B gegen einen Anspruch A auf Zahlung?

75. Herr von Ribbeck (R) kauft in der Baumschule des Fontane (F) einen kleinen Apfelbaum. Diesen pflanzt er in seinen Garten. Als der Baum nach einem Jahr zum ersten Mal Früchte trägt, stellt R irritiert fest, daß es sich um einen Birnbaum handelt. Diesen gräbt er aus und bringt ihn zu F, von dem er den Umtausch in einen Apfelbaum verlangt. F weigert sich. Die Rücknahme des Birnbaums sei ihm nicht zuzumuten, weil dieser schon groß sei und niemand Birnbäume haben wolle.
Kann R unter diesen Umständen den Kaufpreis von € 450,- zurückverlangen?

76. Rademacher (R) handelt mit gebrauchten Baumaschinen. Am 2.5. kommt Bauunternehmer Mauermann (M), um sich nach einem Schaufelbagger umzusehen. Es findet sich ein Bagger, den M erwerben möchte. Für den zweieinhalb Jahre alten Bagger Typ Liebscher 501 mit der Seriennummer 1234567 vereinbaren die beiden einen Preis von € 50.000,-. R soll den Bagger innerhalb von 14 Tagen nach Zugang einer schriftlichen Aufforderung des M auf den Hof des M liefern. Wenig später trifft M Kant (K), der ebenfalls an einem Bagger interessiert ist. K schlägt M vor, ihm den gerade von M gekauften Bagger für € 60.000,- abzukaufen. M erkennt das gute Geschäft und willigt in den Vorschlag ein. Sie unterzeichnen einen schriftlichen Vertrag über den Weiterverkauf. Darauf fordert M den R schriftlich auf, den Bagger innerhalb der vereinbarten Frist auf seinen Hof zu bringen. Das Schreiben geht R am 10.5. zu. R vergißt allerdings in der Folgezeit, den Bagger zu M zu bringen. In der Nacht zum 10.6. dringen Diebe in das mit einem hohen stabilen Zaun eingegrenzte und sorgfältig gegen Einbruch gesicherte Gelände des R ein und stehlen den dort verschlossen abgestellten Bagger, der dann unauffindbar bleibt.

M verlangt von R Ersatz für den entgangenen Gewinn aus dem Weiterverkauf des Baggers. Mit Erfolg?

77. Viel (V) und Mehr (M) sind Bauunternehmer. Auf Bitten des M hat V ihm eine seiner Baumaschinen zur Überbrückung eines Engpasses auf Zeit überlassen; als Entgelt haben sie € 520,- monatlich vereinbart. Die Beendigung der Überlassung soll nach ihrer Übereinkunft mit einer 14tägigen Frist jeweils zum Monatsende möglich sein. Als V feststellt, daß er die Maschine bald selbst wieder brauchen wird, will er M kündigen. Er ruft am Freitag (15.4.2005) um 18.30 h bei M an, trifft diesen allerdings nicht mehr im Büro an, da M´s Bürozeit um 18.00 h endet. Also teilt V dem Anrufbeantworter des M mit, er kündige den Vertrag zum 30.4.2005 und bitte um pünktliche Rückgabe der Maschine. M, der die Nachricht am Montag hört, die Maschine aber gern länger nutzen möchte, meint, die Kündigung komme zu spät. Muß M die Maschine am 30.4. zurückgeben?

78. Gold (G) beauftragt den Dachdecker Silber (S), das Dach seines Hauses zu einem Pauschalpreis von € 22.000,- neu zu decken. Schon beim Aufstellen des Gerüsts zertrampeln die bei S angestellten Dachdeckergesellen (unnötigerweise) die Hälfte der Blumenbeete des G. Dieser bittet sofort S, seine Blumen zu verschonen, was S als selbstverständlich zusagt. G muß aber feststellen, daß auch der Rest der Beete plattgewalzt ist, als das Gerüst am Abend vollständig steht. Er erklärt S, unter diesen Umständen lege er auf seine Dienste keinen Wert mehr und weigert sich, ihm etwas zu zahlen.
Kann S von G (wenigstens teilweise) Zahlung verlangen?

79. Gans (G) hat ihrer Freundin Dachs (D) im April 2004 € 1.000,- geliehen, als D knapp bei Kasse war. Wie unter Freundinnen üblich hat G mit D keine weiteren Vereinbarungen getroffen als „Zahl´s mir halt am Jahresende zurück!", was D mit einem erleichterten „Danke!" beantwortet hatte. Als D sich um das Jahresende herum nicht mehr bei G meldet, ruft diese bei D an und fragt „Bekomme ich nicht noch € 1.000,- von Dir?". Peinlich berührt sagt D umgehende Zahlung zu. Nichts geschieht. G will nun wissen, ob Sie die € 1.000,- sofort verlangen kann und ob sie Zinsen für 2004 und 2005 beanspruchen kann (gegebenenfalls in welcher Höhe).

Die nachstehende Aufgabe war als Übungsklausur für Rechtsstudenten gegen Ende des ersten Fachsemesters gedacht. Der Sachverhalt enthält daher kaum Schwierigkeiten; inhaltlich bewegt er sich hauptsächlich im Allgemeinen Teil des BGB. Die Bearbeitungszeit betrug anderthalb Zeitstunden. Eine anständige Bearbeitung sollte auch für Studierende im Nebenfach möglich sein. Üben Sie also mit dieser Aufgabe, wenn in Ihrer Prüfung nicht viele kleine, sondern ein größerer Sachverhalt zu erwarten ist.

81. Tuhr (T) betreibt als Einzelkaufmann ein großes Einzelhandelsgeschäft, in dem er Textilien aller Art - Herren-, Damen- und Kindergarderobe und

-wäsche - verkauft. Dort ist seit 1999 Ahrens (A) als Angestellter beschäftigt, um die Einkäufe bei den Großhändlern zu erledigen. T ist damit einverstanden, daß A hierfür das Geschäftspapier des T benutzt und die Briefe mit „Tuhr Textilhandel, in Vollmacht Ahrens" unterschreibt. Die von A bestellten Waren werden jeweils mit Wissen des T entgegengenommen und bezahlt. Aber seit 2003 gehen die Geschäfte des T schlechter, und er kommt wiederholt mit seinen Zahlungen in Verzug. Am 1.2.2004 bestellt A bei dem Großhändler Vincke (V) in der üblichen Weise 50 Badeanzüge, zu liefern am 1.6., zum Preis von je € 20,-, bezahlbar am 30.8., ohne Vereinbarung eines Eigentumsvorbehalts. V geht dabei davon aus, daß T seine Verbindlichkeiten regelmäßig erfüllt. Im Mai läßt T große Reklameschilder für die Badeanzüge Marke „Vinkke" herstellen und bezahlt dafür € 500,-. V versendet die Badeanzüge pünktlich und T nimmt sie am 1.6.2004 in Empfang. Nach allgemeiner Erfahrung ist damit zu rechnen, daß T alle Badeanzüge zum Einzelpreis von € 80,- wird veräußern können. Aber am 5.6. erfährt V, daß T schon seit 2003 seine Verbindlichkeiten nicht mehr regelmäßig bezahlen konnte. Deswegen schreibt V an T am selben Tag: „Hiermit kündige ich den Vertrag vom 1.2.2004 und bitte um sofortige Herausgabe der gelieferten Ware." T widerspricht, weil er die „Kündigung" des V für unberechtigt hält. Er macht außerdem geltend, daß ein Badeanzug durch Verschulden eines unbekannten Kunden zerrissen worden ist. Jedenfalls will T Ersatz für die Reklameschilder und für die nicht durchgeführten Verkäufe haben.

Ist der Anspruch des V auf Herausgabe der Badeanzüge berechtigt?
Verlangt T zu Recht Ersatz für die Reklameschilder und für die nicht durchgeführten Verkäufe?

Zum Abschluß finden Sie nachfolgend zwei Aufgaben, deren kunstgerechte Bearbeitung das Kenntnis- und Argumentationsniveau derjenigen, die sich mit Privatrecht im Nebenfach befassen, übersteigen dürfte. Nützlich dürfte die Lektüre trotzdem auch für diese Kandidatinnen sein, weil man sich hierdurch eine Anschauung juristischer Problemstrukturierung verschaffen kann, die über die vorstehenden „Fingerübungen" hinausgeht. Außerdem sind die für die überzeugende Bearbeitung erforderlichen Anspruchsgrundlagen (abgesehen von der Geschäftsführung ohne Auftrag) ganz geläufig, so daß man beim Lesen nur wenig Juristisch-Exotischem begegnen wird. Und nicht zuletzt zeigt die Aufgabe, wie umfangreich teils die Überlegungen sein können, die zur Bewältigung eines eher einfachen Lebenssachverhalts nötig sind.

83. Die T-GmbH (T) betreibt öffentlich zugängliche Toilettenanlagen, die sie unter anderem in der Nähe von Bushaltestellen errichtet hat. Ein solches Toilettenhäuschen betritt Elsa (E), die gemeinsam mit ihrem Ehemann Manfred (M) einen etwa 20 Minuten später abfahrenden Bus erreichen will, der beide ins Theater bringen soll. Um in eine der Kabinen zu gelangen, wirft sie die geforderten € 0,30 in den Öffnungsmechanismus der Kabinentür. Nach Betreten der Kabine und Schließen der Tür stellt E fest, daß diese von innen nicht zu öffnen ist, weil die innere Türklinke fehlt. Ein Hinweis auf diesen Umstand fehlt. Auch befindet sich niemand

anderes in dem Häuschen. Die Versuche der E, das Schloß zu öffnen, bleiben erfolglos. Sie kann auch nicht die Aufmerksamkeit des wartenden M erregen. Nach zehn Minuten versucht die nervös gewordene E, durch die Lücke zwischen Toilettentür und Decke hinauszuklettern. Dazu steigt sie mit dem linken Fuß auf die Toilettenschüssel und setzt den rechten Fuß auf die Klosettrolle, während sie sich mit der einen Hand an der Wasserzisterne und der anderen am Türrahmen festhält. In dieser Haltung muß E feststellen, daß es ihr unmöglich ist, aus der Kabine zu klettern. Deshalb steigt sie wieder herunter. Dabei beginnt sich die Toilettenpapierrolle unter der Gewichtsbelastung zu drehen. E verliert das Gleichgewicht und stürzt zu Boden. Sie verletzt sich und beschädigt ihr Abendkleid. Zwei Minuten nach ihrem Sturz wird E vom inzwischen ungeduldig gewordenen M aus der Kabine befreit. Anstatt in das Theater fahren zu können, muß sich E sofort – nicht zuletzt wegen starker Schmerzen – in ärztliche Behandlung begeben. M begleitet sie in die Notaufnahme des nächsten Krankenhauses.

E und M verlangen Schmerzensgeld, Schadensersatz für das unbrauchbar gewordene Kleid in Höhe von € 200,- und Ersatz für die nutzlos verfallenen Theaterkarten zu je € 35,- von T. Zu Recht?

84. A hat für seinen privaten PC einen Drucker der Marke „Schwarz auf Weiß" gekauft. Als die Tinte zur Neige geht, möchte er neue Kartuschen im Internet bestellen. Am 1.5.2004 ruft er die Internet-Seite der Schwarz auf Weiß Deutschland GmbH (S) auf. Dort ist eine Anschrift für elektronische Post[1] angegeben, aber keine gewöhnliche Postadresse. Die Preisangaben für die Produkte enthalten Steuern und Versandkosten. Am unteren Ende der Seite findet sich ein elektronischer Verweis[2] mit der Aufschrift „Allgemeine Geschäftsbedingungen", den A nicht beachtet. Er wählt fünf Kartuschen aus und bestellt sie. Die jetzt erscheinende Seite zeigt die bestellten Produkte und gibt A Gelegenheit, die Bestellung zu verändern, zu stornieren oder endgültig abzuschicken. Auch auf dieser Seite steht der Link mit dem Schriftzug „Allgemeine Geschäftsbedingungen". A schickt die Bestellung ab. Auf der nächsten Seite wird ihm mitgeteilt: „Die folgenden Artikel werden an Sie versandt: 5 Kartuschen, Art. Nr. 637831". Kurz darauf erhält A eine e-Mail, die seine Bestellung bestätigt. Am 1.6.2004 treffen per Post vier Kartuschen bei A ein. Am 1.7.2004 legt er die erste in den Drucker ein. Schon nach den ersten gedruckten Seiten wird die Kartusche undicht, so daß die Tinte in den Drucker und über dessen Gehäuse läuft. Das Gerät ist nun so unansehnlich, daß A es nicht mehr nutzen will. Außerdem sind die Ausdrucke unbrauchbar, weil alle Blätter, die es einzieht, mit Tinte beschmiert sind. Der Drucker hatte einen Wert von € 300,-. A schreibt per e-Mail an S, schildert das Geschehen und beschwert sich unter anderem darüber,

---
[1] Im Folgenden: e-Mail.
[2] Im Folgenden: Link.

daß auf der Internet-Seite die Postadresse nicht angegeben ist. Das Unternehmen verweist darauf, daß nach seinen AGB die Verjährungsfrist zwei Wochen ab Erhalt der Kaufsache betrage und A mit seiner Beschwerde zu spät komme. A sieht sich die AGB an, die er unter dem Link mit dem Text „Allgemeine Geschäftsbedingungen" findet. Der sechsseitige Text ist auf Englisch abgefaßt und enthält in Ziffer 7 b) tatsächlich eine solche Verjährungsregelung.
Was kann A von S verlangen? (Gesichtspunkte der Produzentenhaftung sind nur kurz und dem Grundsatz nach zu berücksichtigen.)

C. Bearbeitungsvorschläge

Noch einmal: Die nachstehenden Bearbeitungsvorschläge für die Aufgaben aus Teil B. verstehen Sie bitte als Vorschläge. Andere Schwerpunkte sind ebenso zulässig wie andere Ansätze. Gleichwohl sollten die Vorschläge auf der juristischen Mehrheitslinie liegen und damit immer vertretbar (und insofern „richtig") sein.

Aufgabe 1.
Anspruch des W gegen M auf Rückzahlung von € 35.000,- aus §§ 433 I, 434, 437, 346 I BGB
Ein Gewährleistungsanspruch auf Rückzahlung kann auf der Mangelhaftigkeit der Maschine iSv § 434 BGB beruhen. Die Vorschrift ist anwendbar, da es sich bei dem Geschäft zwischen W und M um einen **Kauf** iSv 433 BGB handelt.
Einen **Fehler** hat die verkaufte Sache nicht nur, wenn sie zum allgemein üblichen Zweck untauglich ist, sondern auch, wenn sie zum **vertraglich vorausgesetzten Gebrauch** nicht einsetzbar ist (subjektiver Fehlerbegriff), § 434 I BGB. Da W dem P während der Verkaufsverhandlungen erklärt hat, wozu er die Maschine brauche, und diese für die Weinhänge des W nicht verwendet werden kann, liegt eine Abweichung der Ist-Beschaffenheit von der Soll-Beschaffenheit – und damit ein Fehler – vor. Dieser ist **nicht nur unerheblich** und war W auch **nicht bekannt**, so daß ein Haftungsausschluß nach § 442 BGB nicht in Betracht kommt. Er lag bereits **bei Gefahrübergang** (§ 446 BGB), nämlich bei der Übergabe der Maschine an W, vor.
Indem W erklärt hat, er wolle den Kaufpreis gegen Rückgabe der Maschine erstattet bekommen, hat er den **Rücktritt** erklärt (§ 349 BGB). Bevor er dies wirksam tun kann, muß er zunächst wegen des Vorrangs der Nacherfüllung in § 437 BGB dem M Gelegenheit zur **Nachbesserung** geben, indem er ihm hierfür eine angemessene **Frist** setzt, § 323 I BGB. Diese kann allerdings nach § 323 II BGB oder § 440 BGB ausnahmsweise **entbehrlich** sein. In Frage kommt in erster Linie die Entbehrlichkeit aufgrund einer **Interessenabwägung** nach § 323 II Nr. 3 BGB. Geht man aber davon aus, daß es das für W richtige Modell der Erntemaschine gibt und M dieses liefern kann, wird die Fristsetzung nur verzichtbar sein, wenn M das Vertrauen des W schwer enttäuscht hat, indem er ihn etwa beim Einkauf absichtlich falsch beraten hat. Dafür ist nichts ersichtlich.
Vor dem Rücktritt muß also W dem M eine angemessene Frist zur Nacherfüllung setzen. (Als Nacherfüllung wird eine Nachbesserung, § 439 BGB, schwerlich in Betracht kommen; es bleibt vermutlich nur die Lieferung eines für die steilen Hänge des W tauglichen Vollernters.) Läuft diese Frist fruchtlos ab, kann W den Kaufpreis zurückverlangen.

Anspruch des W gegen M auf Schadensersatz in Höhe von € 45.000,- aus § 280 I BGB
Wegen des Schadens, der W neben der Mangelhaftigkeit des Vollernters selbst entstanden ist (**"begleitender Mangelfolgeschaden"**), kann ihm ein Ersatzanspruch nach § 280 I BGB zustehen.
Ein **Schuldverhältnis** besteht zwischen W und M mit dem Kaufvertrag über den Vollernter, § 433 BGB. Eine **Pflichtverletzung** liegt in der Lieferung eines mangelhaften, weil für den vertraglich vereinbarten Verwendungszweck nicht einsetzbaren Vollernters.
Das **Verschulden** des M wird nach § 280 I 2 BGB vermutet.
Der eingetretene **Schaden** in Gestalt des Ernteausfalls ist durch die Untauglichkeit des gelieferten Vollernters **verursacht**.
Eine Fristsetzung zur Nacherfüllung (wie in § 323 BGB) ist für den Schadensersatzanspruch nach § 280 I BGB nicht erforderlich.
Also hat W gegen M einen Schadensersatzanspruch auf Zahlung von € 45.000,- aus § 280 I BGB.

Ergänzende Hinweise
- Ein Anspruch auf Schadensersatz aus unerlaubter Handlung findet im Sachverhalt keine hinreichende Stütze und sollte in der Bearbeitung – wenn überhaupt – nur ganz kurz erwähnt und verworfen werden.
- Häufig wurde ein Fall der Unmöglichkeit angenommen („eine taugliche Erntemaschine gibt es nicht, sonst hätte der Verkäufer sie ja angeboten"), entsprechend das Erfordernis einer Fristsetzung verneint.
- Häufig wurde eine Pflichtverletzung nicht mit der Leistung einer fehlerhaften Ware, sondern mit der (verschuldeten) Fehlberatung des Verkäufers begründet, oftmals direkt hieraus ein Schadensersatzanspruch hergeleitet. („Der Verkäufer hätte besser informiert sein müssen, deshalb Schaden, deshalb Anspruch")

Aufgabe 2.
Anspruch des E gegen G auf Zahlung von € 300,- aus § 280 I BGB
Schadensersatz in Höhe des Werts der zerstörten Vase kann E von G möglicherweise nach § 280 I BGB fordern. Dazu muß zunächst ein **Schuldverhältnis** zwischen E und G bestehen. Der Auftrag zur Durchführung von Reparaturarbeiten (ein **Werkvertrag** iSv § 631 ff. BGB) begründet ein solches Schuldverhältnis. G hat ihre vertraglichen Hauptpflichten – die Durchführung der Reparaturen im Haus des E – vollständig, rechtzeitig und mangelfrei erfüllt, so daß nur eine **Nebenpflichtverletzung** denkbar ist, die durch den Schadensersatzanspruch aus § 280 I BGB sanktioniert wird. (Weitere Voraussetzungen für einen Ersatzanspruch nach §§ 281 ff. BGB bestehen bei Nebenpflichtverletzungen nicht.) G trifft aus dem Werkvertrag die allgemeine **Pflicht**, auf die Rechtsgüter des Vertragspartners, insbesondere die Integrität seines Eigentums Rücksicht zu nehmen (§ 241 II BGB). Diese Pflicht hat M **verletzt**, indem er die Vase zerstörte. Das geschah aus Unachtsamkeit; das Geschehen mag also verzeihlich sein, ist aber gleichwohl **schuldhaft** iSv § 276 II BGB, weil Unachtsamkeiten im Umgang mit fremden Vasen Verletzungen der verkehrserforderlichen Sorgfalt für einen Handwerker im Haus seines Auftraggebers sind. Das schuldhafte Verhalten

des M kann G nach § 278 Alt.2 BGB **zugerechnet** werden, wenn M **Erfüllungsgehilfe** der G ist. G setzt M wissentlich und willentlich zur Erfüllung ihrer Pflichten aus dem Werkvertrag gegenüber E ein, dies umfaßt auch ihre Unterlassungspflichten hinsichtlich möglicher Eigentumsschädigungen.
Die schuldhafte Pflichtverletzung des M hat zur Zerstörung der Vase und damit zu einem **Schaden** in Höhe von € 300,- geführt, für den G dem E nach § 280 I BGB ersatzpflichtig ist.

Ergänzende Hinweise
- Die Aufgabe bezog ihre Schwierigkeit vor dem 1.1.2002 daraus, daß die Ersatzpflicht sich aus dem gesetzlich nicht geregelten Rechtsinstitut der **positiven Forderungsverletzung** ergab. Diese mußte man kennen. Mittlerweile ist sie in der Haftung nach § 280 I BGB aufgegangen, so daß die „richtige" Entscheidung kaum noch Probleme aufwirft.

Aufgabe 3.
Anspruch des K gegen R auf Zahlung von € 17.500,- aus § 823 I BGB
Ein Schadensersatzanspruch des K gegen R kann sich aus § 823 I BGB ergeben, wenn R rechtswidrig und schuldhaft das Eigentum des K verletzt hat und dadurch einen Schaden verursacht hat.
Indem er mit seinem Fahrzeug dasjenige des K rammt, **verletzt** R dessen Substanz und damit das **Eigentum** des K an seinem Wagen. Dies geschieht **rechtswidrig**, weil er sich weder auf K's Einverständnis noch auf einen sonstigen Rechtfertigungsgrund berufen kann. Ein Verschuldensvorwurf trifft R, weil es **fahrlässig** iSv § 276 II BGB ist, eine „Rot" zeigende Ampel nicht zu beachten. Bei Zugrundelegung des im Zivilrecht geltenden objektiven Sorgfaltsmaßstabs gebietet es die im Verkehr erforderliche Sorgfalt, auf Ampeln zu achten (schon weil man damit rechnen muß, daß die anderen Verkehrsteilnehmer sich darauf verlassen, bei „Grün" ungefährdet eine Kreuzung passieren zu können).
Der Reparaturaufwand für die Beseitigung dieser Eigentumsverletzung – und damit der **Schaden** des K – beträgt € 2.500,-. Dieser ist nach §§ 823 I, 249 S.1 BGB von R zu ersetzen.
Zweifelhaft ist die Ersatzpflicht aber für den **entgangenen Gewinn** des K in Höhe von € 15.000.-. Zwar gehört der entgangene Gewinn nach § 252 BGB zum ersatzfähigen Schaden, doch muß er für einen Anspruch nach § 823 I BGB ebenfalls auf einer Rechtsgutsverletzung beruhen. Zwischen der Eigentumsverletzung durch R und der Verspätung des K und dem Nichtabschluß der lohnenden Geschäfte besteht zwar ein **ursächlicher Zusammenhang**. Dieser ist aber so **weitläufig**, daß nur mittels einer wertenden Überlegung entschieden werden kann, ob der aus einer solchen unerlaubten Handlung im Straßenverkehr Ersatzverpflichtete auch derartige ferner liegende Schäden ersetzen müssen soll. Betrachtet man das Verbot vom **Schutzzweck** des § 823 I BGB aus, wird deutlich, daß das Verbot von Eigentumsverletzungen nicht dem Zweck dient, etwaige potentielle Verdienstchancen zu sichern, die allenfalls mittelbar mit der Eigentumsverletzung verbunden sind. Anderes würde nur gelten, wenn K das beschädigte Auto

zur Erwirtschaftung des entgangenen Gewinns benötigt hätte. Darüber sagt der Sachverhalt allerdings nichts aus.
Ergebnis: K kann von R nur Zahlung von € 2.500,- verlangen.

Ergänzende Hinweise
- Die Frage nach dem entgangenen Gewinn kann man so oder so beantworten. Je mehr Argumente sich der Bearbeiter hier einfallen läßt, desto besser. In der Praxis wäre in solchen Situationen immer auch an § 254 BGB zu denken, der es erlaubt, den Schaden unter Berücksichtigung einer Mitverursachung und/oder eines Mitverschuldens zwischen K und R aufzuteilen.

Aufgabe 4.

<u>Vertragliche Ansprüche</u> des D gegen T auf Schadensersatz aus dem Bewirtungsvertrag (ein typengemischter Vertrag mit Elementen des Kauf-, Miet- und Werkvertrags) scheitern daran, daß es keine Nebenpflicht des Gasts gibt, sich nicht nachteilig über die Qualität des Essens zu äußern.

D kann aber gegen T einen <u>deliktischen Ersatzanspruch</u> aus § 823 I BGB haben.
Als verletztes Rechtsgut kommt zunächst das **Eigentum** des D in Frage. Durch seine Bewertung hat aber T keinen konkreten Eigentumsgegenstand beeinträchtigt; Eigentum am gesamten Unternehmen gibt es nicht. Möglicherweise ist aber D´s Recht am eingerichteten und ausgeübten Gewerbebetrieb (**Recht am Unternehmen**) verletzt worden. Einerseits garantiert zwar das Grundgesetz in Artt. 5, 12 dem T **freie Meinungsäußerung und Berufsausübung**, andererseits kann dies nicht dazu führen, daß er gezielt **Unwahrheiten** verbreiten darf. Die Rechtsprechung stellt in Bewertungs- und Produkttestfällen die Frage, ob eine negative Einstufung oder eine Herabstufung auf objektiv nachvollziehbaren Kriterien beruht und nicht willkürlich erfolgt. Überträgt man diese Überlegungen auf den Fall, ist bei der Abwägung der widerstreitenden Interessen von D und T zu berücksichtigen, daß T seine Bewertung nur auf die Tatsache seiner langsamen Bewirtung gestützt hat, obwohl das Abendessen als solches exzellent war. Die Rückstufung der „Leistungen" des D hat T nicht begründet, so daß ein Leser des Restaurantführers den Eindruck haben muß, es würden im Restaurant des D insgesamt sehr viel schlechtere Leistungen geboten. Damit überbetont der T ein einzelnes Kriterium, weshalb sein Testergebnis letztlich willkürlich ist. Die deshalb grundlos erfolgte Rückstufung stellt somit einen **rechtswidrigen** Eingriff in den eingerichteten und ausgeübten Gewerbebetrieb des D dar. Das Verhalten des T war vorsätzlich und damit **schuldhaft**.
Er schuldet dem D **Schadensersatz** in Höhe des aufgrund seiner negativen Beurteilung ausgebliebenen Gewinns (§ 252 BGB) aus § 823 I BGB.

Ergänzende Hinweise
- Wichtig war hier weniger, ob eine Verletzung des Rechts am Unternehmen zu bejahen oder zu verneinen ist (es war auch das gegenteilige Ergebnis vertretbar), als vielmehr herauszuarbeiten, welche Interessen aufeinandertreffen und nach welchen Kriterien diese gegeneinander abzuwägen sind.

- Gegebenenfalls konnte man im Anschluß noch Ansprüche aus §§ 824, 826 BGB diskutieren. Bei § 824 BGB ist problematisch, ob T eine Tatsache behauptet oder eher Einschätzung geäußert hat (nur im ersten Fall ist § 824 BGB einschlägig). Ein Anspruch aus § 826 BGB dürfte an der fehlenden Sittenwidrigkeit des Handelns des T scheitern.
- Nicht oder nur kurz zu erörtern war, ob D der Beweis gelingen würde, daß der Gewinn aufgrund des Verhaltens des T ausgeblieben war. Im Rechtsstreit ist dieser Beweis schwierig.

Aufgabe 5.

Anspruch des B gegen N auf Zahlung von € 90,- aus § 812 I 1 Fall 2 BGB
B kann gegen N einen Anspruch auf Zahlung von € 90,- aus ungerechtfertigter Bereicherung (§ 812 I 1 Fall 2 BGB, „Eingriffskondiktion") haben. Das „**erlangte Etwas**" im Sinne dieser Vorschrift kann auch in der **Ersparnis von Aufwendungen** bestehen. So liegen die Dinge hier: N hätte seine Schafe, wären diese nicht auf B's Wiese gekommen, mit eigenem Futter füttern müssen. Der finanzielle Aufwand hierfür hätte € 90,- betragen. Diese Ersparnis hat N nicht durch eine Leistung des B, sondern durch das rein tatsächliche Verhalten seiner Tiere gehabt; er hat sie also „**in sonstiger Weise**" erlangt. Das Ganze ist **auf Kosten des B** geschehen, da die sich aus seinem Eigentum ergebende Befugnis, mit der Wiese nach Belieben umzugehen (§ 903 S.1 BGB), ausschließlich ihm das Recht zuwies, darauf Schafe weiden zu lassen. Ein **rechtlicher Grund** - etwa in Gestalt einer vertraglich vereinbarten Nutzungsbefugnis an der Wiese - steht N nicht zur Seite.
Ergebnis: N muß an B € 90,- zahlen.

Anspruch des N gegen B auf Zahlung von € 70,- aus § 812 I 1 Fall 2 BGB
Unter dem gleichen Gesichtspunkt hat umgekehrt N gegen B einen Zahlungsanspruch aus ungerechtfertigter Bereicherung.

Anspruch des N gegen B auf Zahlung von € 70,- aus § 823 I BGB
Da aber B seine Kühe absichtlich auf N´s Weide treibt, kommt zudem ein Anspruch aus unerlaubter Handlung nach § 823 I BGB in Betracht. Das **Eigentum** des N an seiner Weide ist durch das Verhalten des B **verletzt** worden. Dies geschah ohne Einverständnis des N, also **rechtswidrig**. Die Voraussetzung etwa eines Notstandshandelns (§§ 227 ff. BGB) liegen hier nicht vor. Zudem handelte B **vorsätzlich**: Er wollte gerade eine Eigentumsverletzung bei N herbeiführen.
Ergebnis: Den entstandenen Schaden in Höhe von € 70,- hat B daher nach § 823 I BGB zu ersetzen.

Soweit sich die aus § 812 I BGB resultierenden Ansprüche des N und B gegenüberstehen, kommt eine **Aufrechnung** (§§ 387 ff. BGB) in Betracht. Jedoch ist der Zahlungsanspruch des N zudem aus § 823 I BGB begründet. Die Aufrechnung gegen deliktische Ansprüche ist aber nach § 393 BGB **ausgeschlossen**, so daß B insgesamt an einer Aufrechnung gehindert ist, während N aufrechnen dürfte.

Bearbeitungsvorschläge

Ergänzende Hinweise
- Viele Bearbeiter nahmen eine unerlaubte Handlung auch des N an. Hierfür war wenig Anlaß, da N seine Schafe nicht - wie später B - auf die benachbarte Weide getrieben hatte, sondern diese von selbst hinübergetrabt waren, ohne daß man erführe, ob etwa ein schuldhaftes Unterlassen des N anzunehmen sei. Diskutabel war aber die Nutztierhalterhaftung aus § 833 S.2 BGB (kein Unterrichts- und Prüfungsstoff).

Aufgabe 6.
A. Anspruch des H gegen J auf Übergabe und Übereignung der Lokomotive aus § 433 I 1 BGB

*Ein Anspruch des J gegen den H auf Übergabe der Lokomotive aus § 433 I 1 BGB setzt voraus, daß ein **Kaufvertrag** über die Lokomotive zustandegekommen ist. Zwar war den beiden Beteiligten klar, daß eine mechanische Spielzeuglokomotive Fabrikat Märklin Baujahr ca. 1930 gegen € 650,- verkauft werden sollte. Ob sie darüber aber rechtsverbindliche Willenserklärungen abgegeben haben, ist zweifelhaft. Ein **Angebot** im Sinne der §§ 145 ff. BGB kann in dem J am 4.12. zugegangenen Schreiben des H gelegen haben. Darin nennt H Kaufpreis und Sache mit der erforderlichen Bestimmtheit. Nicht zuletzt aus der Befristung des Angebots bis zum 10.12. ist erkennbar, daß er auch den nötigen Rechtsbindungswillen hatte. Das Antwortschreiben des J stellt trotz seines knappen Wortlauts eine **Annahmeerklärung** dar, da es geeignet ist, den Vertrag mit dem von J gewünschten Inhalt zustandezubringen. Allerdings muß das Angebot **zum Zeitpunkt des Zugangs** der Annahme **noch Bestand gehabt haben**; die Antwort des J muß also innerhalb der von H nach § 148 BGB gesetzten **Annahmefrist** wirksam geworden sein. Dies erfordert den Zugang bei J, § 130 I 1 BGB. Fraglich ist somit, wann das Antwortschreiben des J dem H zugegangen ist. Unter **Zugang** versteht man das Hineingelangen der Erklärung in die Herrschaftssphäre des Empfängers sowie dessen Möglichkeit, auf zumutbare Weise von der Erklärung Kenntnis zu nehmen. Mit dem Einwerfen des Bogens in den Briefkasten des H ist die Erklärung in seinen Herrschaftsbereich gelangt. Jedoch wird man nicht erwarten können, daß er seinen Briefkasten abends noch einmal leert. Die Möglichkeit zumutbarer Kenntnisnahme hatte H also erst im Laufe des folgenden Tags zu einer Zeit, zu der er die eingegangene Post aus dem Briefkasten nahm. Damit ist ihm das Schreiben des J erst am 11.12., also **nach Fristablauf, zugegangen**. Sein Angebot war zu dieser Zeit schon erloschen.*
*Nach § 150 I BGB stellt die verspätete Annahme einen **neuen Antrag** auf Vertragsschluß dar. Diesen müßte H **angenommen** haben. H hat indessen **geschwiegen**. Darin liegt im nichtkaufmännischen Rechtsverkehr nur ausnahmsweise eine Willenserklärung. Da nichts über die Geschäftsbeziehung der Parteien bekannt ist, kann das Schreiben des H nicht als Willenserklärung angesehen werden. Somit liegen keine übereinstimmenden Willenserklärungen vor und es ist kein Kaufvertrag zustande gekommen.*
Für einen Anspruch des J auf Übereignung der Lokomotive fehlt es also am Kaufvertrag.

B. Anspruch des J gegen H auf Schadensersatz in Höhe von € 150,- aus §§ 280 I, III, 283 BGB
*Ein Schadensersatzanspruch wegen Unmöglichkeit der Leistung nach §§ 280 I, III, 283 BGB setzt das Bestehen eines **Schuldverhältnisses** voraus. Als solches kommt hier nur ein **Kaufvertrag** in Betracht. Ein Kaufvertrag ist aber, wie soeben festgestellt, gerade **nicht zustandegekommen**.*

Ergebnis: *J kann weder Vertragserfüllung noch Schadensersatz von H verlangen.*

Ergänzende Hinweise:
- Beim Vergleichen mit der Klausurbearbeitung hinten S.178 achten Sie bitte darauf, daß dort noch die vor dem 1.1.2002 einschlägigen Normen zitiert sind. Inhaltlich hat sich fast nichts geändert; Anspruchsgrundlage für den Schadensersatzanspruch in Teil b) war früher § 325 I BGB a.F. statt jetzt §§ 280 I, III, 283 BGB.
- Etliche Bearbeiter haben das Zugangsproblem übersehen und das Zustandekommen eines Vertrags angenommen. Das kostete bei der Benotung Punkte, weil die Entscheidung über den Zugangszeitpunkt (offenkundig) fallentscheidend war.
- Vertretbar ist auch, den Zugang des Schreibens des H zum 10.12. zu bejahen, weil H dem J eine Frist bis zum 10.12. gesetzt hatte und daher mit dem Eintreffen von Willenserklärungen bis zum Ablauf dieses Tags (dann bis 24.00 h) rechnen mußte. Dafür läßt sich § 188 I BGB heranziehen, der allerdings als Auslegungsregel nur vorbehaltlich eines abweichenden Parteiwillens gilt. Dieser ließe sich (§§ 133, 157 BGB) dem Schreiben des J entnehmen. Wer die Erklärung des J auslegt und dabei auf den objektivierten Empfängerhorizont abstellt, kann auch zu dem Ergebnis kommen, daß mit dem 10.12. der volle 10.12. gemeint war („Fristen können bis zum Schluß genutzt werden"), da es J freigestanden hätte zu schreiben „10.12., 18.00 h", wenn er sich der Mühe nicht mehr aussetzen wollte, abends den Posteingang zu kontrollieren. Wer diese Frage ausführlicher diskutierte als im vorstehenden Vorschlag, bekam zusätzliche Punkte.

Aufgabe 7.
zu a):
-1- Anspruch des M gegen F auf Herausgabe der restlichen Briefmarken nach § 985 BGB
M kann gegen F einen Anspruch auf Herausgabe der noch bei F vorhandenen Marken aus § 985 BGB haben.
*F ist deren **Besitzer** (§ 854 I BGB), weil er die tatsächliche Herrschaft über die Marken ausübt.*
*M ist weiterhin **Eigentümer** der Briefmarken; er hat sein ursprünglich bestehendes Eigentum nicht durch Übereignung nach § 929 S.1 BGB an F verloren. Zwar hat er F die Marken übergeben, doch konnte er sich nicht wirksam mit ihm über den Eigentumsübergang einigen. Dem steht § 108 I BGB entgegen. Dessen Anwendbarkeit ergibt sich aus der **beschränkten Geschäftsfähigkeit** des 13jährigen M (§§ 2, 106 BGB) und dem Umstand, daß die Übereignung der Marken für ihn **nicht lediglich einen rechtlichen Vorteil** darstellt (§ 107 BGB). In einem Eigentumsverlust liegt ein rechtlicher Nachteil. Das Geschäft ist nicht durch die **Zustimmung** der Eltern als gesetzliche Vertreter (§§ 1626, 1629 BGB) wirksam. Für eine **Einwilligung** (§ 183 BGB) fehlt es an Hinweisen, eine nachträgliche **Genehmigung***

(§ 184 BGB) haben die Eltern gerade nicht erklärt, sondern im Gegenteil verweigert.
Ein **Recht zum Besitz** (§ 986 I 1 BGB) steht F **nicht** zu: Ein solches Recht könnte allenfalls der Kaufvertrag (§ 433 BGB) begründen. Dieser ist aber aus den gleichen Gründen unwirksam wie die Übereignung seitens des M: Der Kaufvertrag bringt nämlich für M rechtliche Nachteile in Gestalt der Pflicht zur Erfüllung mit sich; mangels Zustimmung der Eltern ist er daher ebenfalls unwirksam.

-2- Anspruch des M gegen F auf Herausgabe der restlichen Briefmarken nach § 812 I 1 Fall 1 BGB
Daneben hat M gegen F auch einen Anspruch aus § 812 I 1 Fall 1 BGB. F hat den Besitz an den Marken **erlangt**. Dies geschah durch eine bewußte und gewollte Mehrung seines Vermögens seitens M, also durch **Leistung**. Wie soeben festgestellt, **fehlt hierfür der rechtliche Grund**, da der Kaufvertrag, den die Parteien schließen wollten, wegen der beschränkten Geschäftsfähigkeit des M unwirksam ist.

zu b)
Anspruch des M gegen F auf Zahlung von € 200,- aus § 816 I 1 BGB
Wegen der bereits verkauften Marken könnte M von F die Herausgabe des erzielten Erlöses nach § 816 I 1 BGB verlangen.
Die an D erfolgte Übereignung der einzelnen Marken stellt eine **Verfügung** im Sinne dieser Vorschrift dar: Sie ist ein Rechtsgeschäft, das auf den Bestand des Eigentumsrechts unmittelbar einwirkte, weil Eigentümer der Marken dadurch D wurde.
Die Verfügung traf ein **Nichtberechtigter**: F war weder selbst Eigentümer noch von M zur Verfügung über das Eigentum ermächtigt (§ 185 BGB).
Sie war **dem Berechtigten gegenüber wirksam**. D hat gutgläubig Eigentum an den Marken erworben (§§ 929 S.1, 932 BGB); das fehlende Eigentum des F wird durch den guten Glauben des D ersetzt. Die übrigen Voraussetzungen des Eigentumerwerbstatbestands nach § 929 S.1 (Einigung und Übergabe) sind gegeben.
F muß also die als Gegenleistung erlangten € 200,- an M zahlen.

Ein **Anspruch aus § 823 I BGB** wegen Verletzung des Eigentums ist begründet, ergibt aber nur **Schadensersatz in Höhe von € 100,-**.

zu c)
Anspruch des F gegen M auf Zahlung von € 500,- aus § 812 I 1 Fall 1 BGB
Zwar hat F dem Grunde nach einen Anspruch auf Rückzahlung des Kaufpreises gegen M, da dieser die € 500,- **durch Leistung** des F **ohne rechtlichen Grund erlangt** hat.
Problematisch ist aber, ob sich M, der das Geld nicht mehr hat, auf den **Wegfall der Bereicherung** nach § 818 III BGB berufen kann. Er hat für die Spende keine Gegenleistung erhalten und damit keine Aufwendungen er-

spart, weil er ohne den Verkaufserlös eine Spende nicht getätigt hätte. Daher ist seine Bereicherung ersatzlos weggefallen. M muß nicht € 500,- an F zahlen.

Ergänzende Hinweise:
- Anspruchsberechtigt ist nur M, nicht dessen Eltern - diese können allenfalls als Vermögenssorgeberechtigte nach §§ 1626 I, 1629 BGB seine Rechte stellvertretend für ihn geltend machen. Das haben viele Bearbeiter übersehen, die den Eltern selbst einen Anspruch zusprechen wollten.
- Die Bearbeitung arbeitet stilistisch weitgehend im Urteilsstil, der zuerst das Ergebnis und dann die Begründung dafür präsentiert, wodurch eine gewisse Kürze möglich ist. In einer universitären Klausur im Fach Rechtswissenschaft müßte sie in den Gutachtenstil übertragen werden.

Aufgabe 8.
a) Anspruch des T gegen F auf Zahlung von € 1650,- aus § 433 II BGB
*Einzige Anspruchsvoraussetzung ist das **Bestehen eines Kaufvertrags**, § 433 BGB. Ein solcher kam zustande, als T und F sich telefonisch über die Übereignung der Skizze „Drei blaue Pferde" von Picasso gegen Zahlung von € 1.650,- einigten. Die Zusendung des Katalogs war dagegen noch kein verbindliches Angebot des T, sondern nur eine Aufforderung, Angebote abzugeben (invitatio ad offerendum).*
*Allerdings kann die Zahlungspflicht der F nach **§ 326 I Hs. 1 BGB entfallen** sein. Bei dem Kaufvertrag handelt es sich um einen **gegenseitigen Vertrag**. Die Erfüllung der T aus § 433 I 1 BGB treffenden Pflicht zur Übereignung und Übergabe des Bilds ist mit dessen Zerstörung im Sinn des § 275 I **unmöglich** geworden; die Unmöglichkeit trat erst beim Versand, also nach Vertragsschluß und damit **nachträglich** ein. F als Empfängerin hat sie nicht zu **vertreten** (§ 326 II BGB); ein Fahrlässigkeitsvorwurf nach § 276 II BGB kann allenfalls T treffen. T hat aber eine geeignete Transportverpackung und einen im allgemeinen verläßlichen Transporteur gewählt. Ein Außerachtlassen der beim Versand von Bildern erforderlichen Sorgfalt ist darin nicht zu erkennen.*
Da vertraglich nicht vereinbart war, daß T das Bild nach Hannover bringen sollte („Bringschuld"), war auch die Post nicht seine Erfüllungsgehilfin (§ 278 Fall 2 BGB), so daß deren Verschulden ihm nicht zugerechnet werden kann. Damit entfiele die Zahlungspflicht der F nach § 326 I Hs. 1 BGB.
*Etwas anderes gilt aber, wenn wegen des Eingreifens einer Ausnahmevorschrift § 326 BGB verdrängt wird. Hierfür kommt **§ 447 I 1 BGB** in Frage. Dessen Anwendung ist nicht nach § 474 II BGB ausgeschlossen, da es sich nicht um einen Verbrauchsgüterkauf (§ 474 BGB) handelt: F ist als Kunsthändlerin keine Verbraucherin im Sinne von § 13 BGB, da sie in Ausübung ihrer gewerblichen Tätigkeit handelt. Der Tatbestand des § 447 I 1 BGB ist erfüllt: T hat auf Verlangen der F das Bild nach einem anderen Ort (Hannover) als dem Erfüllungsort (Frankfurt am Main) verschickt. Er hat das Bild ordnungsgemäß verpackt der Transportperson übergeben, wodurch die Gefahr, bei zufälligem Untergang trotzdem den Kaufpreis zahlen zu müssen,*

auf F überging, so daß diese trotz der Unmöglichkeit der Erfüllung Hauptleistungspflicht des T nicht von ihrer Pflicht aus § 433 II BGB frei geworden ist.
Ergebnis: F muß € 1.650,- an T zahlen.

b) Anspruch des T gegen F auf Zahlung von € 1650,- aus § 433 II BGB
Am vorstehenden Ergebnis könnte sich wegen des **Gattungsschuldcharakters** der von T übernommenen Leistungspflicht etwas ändern. Jedoch hat sich spätestens mit der Verpackung, Adressierung an F und Abgabe an die Post die Gattungsschuld zur Stückschuld **konkretisiert**, weil T das seinerseits zur Leistung Erforderliche getan hat (§ 243 II BGB).
Es bleibt also beim obigen Ergebnis.

Ergänzende Hinweise:
- Der Umfang dieses Bearbeitungsvorschlags gibt in etwa dasjenige wieder, was in der Klausur erwartet und in gut bewerteten Arbeiten geleistet wurde.
- Viele Bearbeiter erkannten das Problem („Gefahrtragung beim Versendungskauf"), lösten die Aufgabe jedoch zu zielstrebig, indem sie sofort knapp § 447 BGB diskutierten, aber § 326 BGB, zu dem § 447 BGB eine Ausnahme darstellt, mit keinem Wort erwähnten.
- Problematisieren konnte man, wenn man in Teil b) § 243 II BGB übersehen hatte, immerhin noch die Frage, ob bei einem Marktpreis von € 6.000,- gegenüber € 1.650,- die Leistung wirtschaftlich unmöglich geworden war. Das wäre aber im Ergebnis eher zu verneinen.

Aufgabe 9.
1. Einen <u>vertraglichen Schadensersatzanspruch gegen A</u> hat T nicht, da sie mit A nicht in vertraglicher Beziehung stand.

*2. Ein <u>deliktischer Anspruch</u> der T gegen A kann sich aus § 823 I BGB ergeben. A hat den Wagen der T zwar nicht aktiv handelnd beschädigt, er hat es aber unterlassen, einen bereits entstandenen Schaden zu beheben, obwohl er hierzu arbeitsvertraglich verpflichtet war. Dieses Unterlassen führte zu einem Unfall und damit zu einem **Vermögensschaden** der T, die die Ersatzansprüche der Beteiligten beglichen hat. A handelte **rechtswidrig**, da für sein Verhalten kein Rechtfertigungsgrund erkennbar ist, und **schuldhaft**, indem er die bei der Inspektion eines Kfz erforderliche Sorgfalt außer Acht ließ. Wäre er nicht in Gedanken schon im Feierabend gewesen, hätte er das Leck an der Bremsleitung entdeckt und repariert. Die dafür nötige Aufmerksamkeit kann der Rechtsverkehr von einem Kraftfahrzeug-Mechaniker erwarten.
Er ist daher aus § 823 I BGB gegenüber T ersatzpflichtig.*

*3. <u>Gegenüber Z</u> kann T zudem einen <u>vertraglichen Ersatzanspruch</u> haben. Sie hat mit Z einen **Werkvertrag** geschlossen, dessen Gegenstand die Inspektion und nötigenfalls Reparatur seines Wagens war. Diesen Vertrag hat Z zwar rechtzeitig, aber schlecht erfüllt, so daß ein Anspruch aus § 280 I BGB in Betracht kommt. Ob man von der Verletzung einer Nebenpflicht oder - naheliegender - von der Schlechterfüllung der Hauptpflicht zu Untersuchung und Reparatur ausgeht, ist im Ergebnis belanglos. Jedenfalls hat Z seine **Pflicht nicht oder schlecht erfüllt**. Ein **Verschuldensvorwurf** trifft*

ihn jedoch nicht, da er A mit der Durchführung beauftragt hat. Allerdings wird ihm nach § 278 BGB das Verschulden des A (§ 276 II BGB) zugerechnet, da A mit Z´s Wissen und Wollen bei der Vertragserfüllung gegenüber T tätig wurde, also sein **Erfüllungsgehilfe** war.
Z schuldet also A Ersatz ihres Schadens aus § 280 I BGB.

4. Weiter kann Z auch aus § 831 I 1 BGB für das Verhalten des A haften müssen. Wie oben festgestellt, hat A die T tatbestandsmäßig und rechtswidrig im Sinne des § 823 I BGB geschädigt. Er war abhängig von den Weisungen des Z und von diesem mit der Inspektion beauftragt, also auch **Verrichtungsgehilfe** des Z. Den Schaden hat er **in Ausführung** seiner Verrichtung verursacht. Das **Verschulden** des Z hieran wird nach § 831 I 1 BGB **vermutet**; den ihm obliegenden **Entlastungsbeweis** nach § 831 I 2 BGB hat er nicht geführt.
Z haftet gegenüber T also auch nach § 831 I 1 BGB.

Ergänzende Hinweise:
- Nicht einschlägig war – obwohl es sich hier um eine Nebenpflichtverletzung handelte - § 282 BGB; T verlangt nämlich nicht Schadensersatz statt der Leistung, sondern Schadensersatz „neben" der Leistung.
- Diskutabel war bei 3. auch § 635 BGB als Anspruchsgrundlage.

Aufgabe 10.

a) G kann von B nicht sofort Zahlung verlangen. Zunächst scheitert ein solcher Anspruch daran, daß es an einem **wirksamen Bürgschaftsvertrag fehlt**. Nach § 766 S.1 BGB muß nämlich die **Bürgschaftserklärung schriftlich** abgegeben werden, wenn der Bürge nicht Kaufmann im Sinne des § 350 HGB ist. Da dies hier nicht der Fall war, ist die Bürgschaft (§ 765 I BGB) nach § 125 S.1 BGB **nichtig**. Selbst wenn dem nicht so wäre, müßte G zuerst den S als Hauptschuldner in Anspruch nehmen; tut er dies nicht, kann B dem Zahlungsverlangen des G die **Einrede der Vorausklage** entgegensetzen (§ 771 BGB).

b) Die ursprüngliche **Nichtigkeit** des Bürgschaftsvertrags ist jetzt durch die Zahlung seitens B **geheilt**, § 766 S.2 BGB. Der Vertrag begegnet im übrigen keinen Bedenken: G (vertreten durch seinen Verkaufsleiter, § 164 III BGB) und B haben sich wirksam über das Einstehenmüssen des B für die kaufvertragliche Schuld des S geeinigt. Die **Hauptschuld** des S ergibt sich aus § 433 II BGB.
Mit der Zahlung des B **geht** nach der gesetzlichen Anordnung in § 774 BGB der **Kaufpreiszahlungsanspruch** des G gegen S auf B **über**, so daß jetzt aus §§ 433 II BGB B von S Zahlung verlangen kann. Die gleiche Folge ergibt sich aus dem zwischen B und S bestehenden **Auftragsverhältnis** nach § 662 ff. BGB. B durfte die Zahlung an G nach den Umständen für erforderlich halten und kann daher Ersatz dieser Aufwendung von S nach § 670 BGB verlangen.

Bearbeitungsvorschläge

Ergänzende Hinweise:
- Die dargestellte Begründung ist ziemlich knapp, erwähnt aber alle wichtigen Gesichtspunkte. Versuchen Sie übungshalber einmal, die Bearbeitung in den Gutachtenstil zu übertragen.
- Bei diesem Fall galt es zu beachten, daß in beiden Teilen der Aufgabe zwei verschiedene Argumente die Entscheidung stützen, die zwar bereits für sich genommen zur Begründung des Ergebnisses genügen, in der Klausur aber sicherheitshalber nebeneinander zu nennen waren.

Aufgabe 11.

a) *L kann von K € 250.000,- fordern, da der* **kaufvertragliche Anspruch** *(§ 433 II BGB) auf Zahlung dieses Betrags zwischen T und K* **entstanden** *ist, als sie sich über die Lieferung einer bestimmten Menge Rohre gegen Zahlung von € 250.000,- einigten. Dieser Anspruch ist sodann gleich auf L* **übergegangen***, weil er sich mit T schon vorher über eine* **Abtretung** *(§ 398 BGB) geeinigt hatte, von der gerade die Ansprüche aus dem Weiterverkauf der Rohre erfaßt sein sollten. Bedenken hinsichtlich der* **Bestimmtheit** *des abgetretenen Anspruchs bestehen nicht, weil zwischen L und T klar war, daß sämtliche Zahlungsansprüche aus dem Verkauf der Rohre, die aus dem von L gelieferten Stahl produziert wurden, abgetreten sein sollten. Unter solchen Umständen ist auch die Abtretung einer noch nicht bestehenden Forderung möglich.*
L kann also Zahlung von K fordern.

b) *Die Herausgabe der Rohre von T kann L nach § 985 BGB nur verlangen, wenn er deren* **Eigentümer** *ist. Indessen hat T durch* **Verarbeitung** *des Rohstahls zu Rohren Eigentum an den Rohren als neuen Sachen erworben, § 950 I 1 BGB. Ohne nähere Hinweise kann nicht davon ausgegangen werden, daß zwischen T und L eine Verarbeitungsklausel vereinbart wurde.*

Ergänzende Hinweise:
- Dies ist wiederum eine kurze Bearbeitung, die dem Leser die Möglichkeit gibt, in einem kurzen, aber dichten Text alle wichtigen Stichworte abzuhaken.
- Man konnte angesichts der konkreten Zahlen zu dem Ergebnis kommen, daß die Abtretung wegen Übersicherung sittenwidrig (§ 138 I BGB) und damit nichtig war. Etliche Bearbeiter haben die Vereinbarung einer Verarbeitungsklausel unterstellt. Das ist insofern richtig, als dies üblicherweise geschieht, wenn absehbar ist, daß das Material weiterverarbeitet werden soll. Klausurtaktisch ist es unklug, weil man auf diesem Weg die Aufgabe leicht in einer andere als die beabsichtigte Richtung interpretiert.

Aufgabe 12.

<u>a) Anspruch der M gegen A auf Rückzahlung der € 1.000,-</u>
<u>aa) Anspruch aus § 985 BGB</u>
Ein Anspruch aus § 985 scheitert daran, daß die **konkreten Geldscheine nicht mehr auffindbar** *sein werden; nur auf diese ist aber der Anspruch aus § 985 BGB gerichtet.*

bb) Anspruch aus § 812 I 1 Fall 1 BGB
M kann aber einen Anspruch auf Zahlung von € 1.000,- (in beliebigen Scheinen) aus § 812 I 1 Fall 1 BGB haben. A hat **Besitz** an Geldscheinen im Wert von € 1.000,- **erlangt**. Dies geschah durch bewußtes und zweckgerichtetes Verhalten - also durch **Leistung** - der M. Dafür bestand aber **kein rechtlicher Grund**: Der **Kaufvertrag** (§ 433 BGB), der einen Rechtsgrund darstellen könnte, war wegen der **Minderjährigkeit** (§§ 2, 106 BGB) der M **unwirksam**. Da M durch diesen Vertrag nach § 433 II BGB zur Kaufpreiszahlung verpflichtet worden wäre, hätte sie **nicht lediglich einen rechtlichen Vorteil** (§ 107 BGB) daraus gehabt. Wegen der **fehlenden Zustimmung** ihrer Eltern als gesetzliche Vertreter (§§ 1626, 1629 BGB) ist der Kaufvertrag zunächst schwebend, dann endgültig unwirksam (§ 108 I BGB). Daran ändert auch nichts die Bestimmung in § 110 BGB: Eine **Einwilligung** (§ 183 BGB) ergibt sich hieraus nur, wenn die **geschuldete Leistung** mit dem Taschengeld **vollständig bewirkt** wird. Eine vollständige Leistungsbewirkung hat aber nicht stattgefunden, solange T nur einen Teil des Kaufpreises bezahlt hat. Da § 110 BGB nicht eingreift, kann M Rückzahlung der € 1.000,- von A verlangen.

b) Anspruch des A gegen M auf Rückgabe der Stereoanlage
aa) Anspruch aus § 985 BGB
Ein Herausgabeanspruch aus § 985 BGB scheitert am **fehlenden Eigentum** des A: Die Übereignung der Anlage an M nach § 929 S.1 BGB war wirksam, da hierdurch M nur einen rechtlichen Vorteil - nämlich das Eigentum - erlangte (§ 107 BGB).

bb) Anspruch aus § 812 I 1 Fall 1 BGB
Für die Übertragung des Eigentums **fehlte** es aber mangels wirksamen Kaufvertrags am **Rechtsgrund**. M hat durch zweckgerichtetes Verhalten des A, also dessen **Leistung**, Eigentum an der Stereoanlage **erlangt**.
Anspruchsgegnerin ist M, nicht ihre Eltern. Diese sind aber - auch prozessual - zur Vertretung der M berechtigt.
Für eine mögliche **Verschlechterung** der Anlage durch Abnutzung haftet M nur unter den Voraussetzungen der §§ 819 I, 818 IV BGB. Für die Rechtshängigkeit des Anspruchs gibt der Sachverhalt nichts her. Die verschärfte Haftung nach § 819 trifft Minderjährige nicht, wenn nicht gleichzeitig ihre Eltern bösgläubig werden. Ansprüche aus den § 987 f. BGB scheitern am Eigentumserwerb der M.

Ergänzende Hinweise:
- Zur Frage des Ersatzes für die Abnutzung der Stereoanlage waren alle möglichen Argumentationen zulässig.
- Einen Anspruch der M aus § 985 zu diskutieren war nicht nötig.

Aufgabe 13.

a) Anspruch der H gegen S auf Zahlung von € 38.000,- aus § 433 II BGB

Ein Kaufpreiszahlungsanspruch der H gegen S setzt das Bestehen eines **Kaufvertrags** zwischen ihnen voraus. Indem sich D und A über des pinken Porsches gegen Bezahlung von € 26.500,- einigten, **kam ein Kaufvertrag zustande** (§ 433 BGB). Problematisch ist aber, ob dadurch H und S berechtigt und verpflichtet wurden. Dies bestimmt sich nach den Regeln über die **Stellvertretung** in §§ 164 ff. BGB. Die **Willenserklärung** des D ist **im Namen** der H abgegeben worden. Sie war von der **Vertretungsmacht** des Geschäftsführers umfaßt (§ 35 I GmbHG). A, der dieses Angebot annahm, handelte ebenfalls in fremdem Namen, da er das Geschäft für S abschließen wollte. Allerdings kann er seine **Vertretungsmacht überschritten** haben. Der **Umfang** seiner Vollmacht bestimmt sich mangels anderer Anhaltspunkte nach den **Weisungen, die S ihm im Rahmen seines Auftragsverhältnisses** erteilt hatte (Argument aus § 168 S. 1 BGB). Zu Geschäften über mehr als € 25.000,- war A danach **nicht bevollmächtigt**. Deswegen ist S aus der Erklärung des A nicht selbst verpflichtet. H kann den Kaufpreis nicht von S fordern.

b) Anspruch H gegen A auf Zahlung von € 38.000,- aus § 179 I BGB

Für einen Anspruch der H gegen A aus § 179 I BGB muß D einen Vertrag **als Vertreter ohne Vertretungsmacht** geschlossen haben. Dies ist, wie soeben festgestellt, der Fall. Die **Genehmigung** des S, die den Vertrag nach § 177 I BGB wirksam werden lassen könnte, ist **nicht erteilt** worden: S ist mit dem von A ausgesuchten Wagen gerade nicht einverstanden. Daher haftet A auf den Kaufpreis. Eine **Beschränkung der Haftung** nach § 179 II oder III BGB findet nicht statt, da A vom Fehlen seiner Vertretungsmacht wußte, H (vertreten durch D) dagegen nicht.

Ergänzende Hinweise:
- Beim Erfordernis der Erklärung in fremdem Namen kann man auch argumentieren, dies sei hier entbehrlich, da es sich um ein Geschäft mit der Unternehmensinhaberin, also der H, handelt.
- Kenntnis des § 35 GmbHG wurde von den Bearbeitern nicht erwartet; eine ungefähre Vorstellung von der Vertretungsmacht des GmbH-Geschäftsführers war aber willkommen.

Aufgabe 14.

a) Ansprüche der Geschädigten gegen L
aa) Ersatzanspruch des H gegen L aus § 823 I BGB

Da es zwischen H und L an einer vertraglichen Verbindung fehlt, kommt als Anspruchsgrundlage nur § 823 I BGB in Frage. H hat eine **Körperverletzung** erlitten. Diese wurde durch das Verhalten des L, der die Ziegel vom Gerüst stieß, verursacht. L's Tun war **rechtswidrig**. Er handelte auch **schuldhaft**: Wer auf einem Gerüst steht, muß vorsichtig sein, besonders, wenn er sich neben einem Stapel von Ziegeln bewegt. Da L nicht vorsichtig war, ließ er die im Verkehr erforderliche Sorgfalt außer Acht und handelte

fahrlässig im Sinne des § 276 II BGB. Bei H ist infolge der Verletzung ein **Schaden** entstanden, weil er ärztlich behandelt werden mußte.
Ergebnis: Die hierfür entstandenen **Kosten** kann er von L ersetzt verlangen. Außerdem kann er wegen seiner Körperverletzung nach §§ 823 I, 253 II BGB ein angemessenes **Schmerzensgeld** von L fordern.

bb) Ersatzanspruch des M gegen L aus § 823 I BGB in Verbindung mit § 253 II BGB
Für M gilt das gleiche wie für H: Vertragliche Ansprüche gibt es nicht; aber er hat einen Ersatzanspruch aus §§ 823 I, 253 II BGB.

cc) Ersatzanspruch des P gegen L aus § 823 I in Verbindung mit § 253 II BGB
Auch für P gilt das gleiche wie für H und L: Vertragliche Ansprüche bestehen nicht; er hat aber einen Ersatzanspruch aus §§ 823 I, 253 II BGB.

b) Ansprüche der Geschädigten gegen S
aa) Anspruch des H gegen S aus § 280 I BGB
Für einen Anspruch aus § 280 I BGB muß zwischen H und S ein Schuldverhältnis bestehen. H und S haben einen **Werkvertrag** (§ 631 BGB) abgeschlossen, indem sie sich über die Durchführung von Ausbesserungsarbeiten am Dach von H´s Haus gegen Bezahlung geeinigt haben. Damit besteht ein **Schuldverhältnis**, dessen Verletzung Schadensersatzpflichten begründen kann. Weder ist die Erfüllung der Pflichten des H unmöglich geworden noch hat er sie zu spät erfüllt; auch Gewährleistung für Mängel kommt nicht in Frage. H treffen aus dem Vertrag **Nebenpflichten** (§ 241 II BGB) dahingehend, daß er bei Ausführung der Arbeiten nicht seinen Vertragspartner an dessen Rechtsgütern verletzen darf. Genau dies hat aber - wie bereits festgestellt - L fahrlässig getan. Dieses schuldhafte Verhalten des L muß sich S wie eigenes Verhalten **zurechnen** lassen (§ 278 Fall 2 BGB), wenn L sein **Erfüllungsgehilfe** war. Das ist anzunehmen, da S den L zur Erfüllung seiner ihn aus dem Werkvertrag mit H treffenden Pflichten einsetzte.
Zum Schaden und dessen Ersatz gilt das oben Gesagte.

bb) Anspruch des H gegen S aus § 831 I 1 BGB
Daneben kann H gegen S einen Anspruch aus § 831 I 1 BGB haben. Daß L selbst den Tatbestand des § 823 I BGB rechtswidrig verwirklicht hat, wurde bereits festgestellt. Er war **Verrichtungsgehilfe** des S, weil er abhängig von dessen Weisungen seine Tätigkeit ausführte. Auf dem Gerüst bewegte er sich **in Ausführung seiner Verrichtung**. Das **Verschulden des S** bei Auswahl, Anleitung bzw. Überwachung des L wird vermutet, bis S den Beweis des Gegenteils erbringt (§ 831 I 2 BGB). Hierfür fehlt es vorliegend an Anhaltspunkten.
Ergebnis: H hat also gegen S einen Schadensersatzanspruch, der auch die Zahlung von Schmerzensgeld (§ 253 II BGB) umfaßt.

cc) Anspruch des M gegen S aus § 280 I BGB

Auch wenn M selbst mit S keinen Vertrag geschlossen hat, kann er doch aus dem Werkvertrag zwischen H und S Schadensersatz nach § 280 I BGB verlangen, wenn dieser Vertrag **Schutzwirkung zu seinen Gunsten** entfaltet, § 311 III BGB. Voraussetzung hierfür ist zunächst, daß M in **gleicher Weise den Gefahren** der Vertragsdurchführung **ausgesetzt** ist wie H. Als Mieter und Hausbewohner ist dies der Fall, wie sich gezeigt hat. Weiter muß M in einem gewissen **Näheverhältnis** zum eigentlichen Vertragspartner H stehen, das letzteren verpflichtet, die Interessen des M zu berücksichtigen. Gerade für Mieter im Verhältnis zum Vermieter ist dies anerkannt. Dies muß wiederum auch dem S **erkennbar** sein. Das ist anzunehmen, sofern S wissen kann, daß in dem Haus auch Mieter wohnen.
Ergebnis: Daher kann S im gleichen Maße wie H selbst aus dem Vertrag Ersatz verlangen.

dd) Anspruch des M gegen S aus § 831 I 1 BGB

Für den Ersatzanspruch des M gegen S aus § 831 I 1 gilt das oben bei bb) Gesagte.

ee) Anspruch des P gegen S aus positiver Forderungsverletzung des Werkvertrags

Ein **vertraglicher Schadensersatzanspruch** gegen S **scheitert** daran, daß P als zufällig vorbeikommender Passant in keinem (jedenfalls keinem dem S erkennbaren) Näheverhältnis zu H steht, das es rechtfertigen würde, die Schutzwirkung des Werkvertrags auf ihn zu erstrecken.

ff) Anspruch des P gegen S aus § 831 I 1 BGB

Für den Ersatzanspruch des P gegen H aus § 831 I 1 gilt das oben bei bb) Gesagte.

Ergänzende Hinweise:
- Die Aufgabe liegt hinsichtlich Umfang der Bearbeitung und einzelner Schwierigkeiten eher am oberen Rand der hier gegebenen Beispiele.
- Vor dem 1.8.2002 konnte Ersatz für immaterielle Schäden („Schmerzensgeld") wegen § 253 BGB a.F. nur bei deliktischer Schädigung (nicht aber wegen Vertragsverletzungen) verlangt werden, § 847 I BGB a.F. Daher war es nach altem Recht besonders wichtig, bei der Bearbeitung die Ansprüche aus Vertragsverletzung und die aus unerlaubter Handlung zu trennen.
- Die Regeln über den Vertrag mit Schutzwirkung für Dritte gehören nicht zum „BGB-Minimalprogramm".
- Eine gute Bearbeitung sollte nach den verschiedenen Anspruchstellern und darüber hinaus nach vertraglichen Haftungsnormen und solchen aus unerlaubter Handlung trennen.
- Viele Bearbeiter konnten nicht zwischen Erfüllungsgehilfen und Verrichtungsgehilfen unterscheiden; in diesen Fällen gehen die vertraglichen und deliktischen Anspruchsprüfungen oft ineinander über oder durcheinander.
- Nicht gefragt war nach Ersatzansprüchen des M gegen H, die sich aus der Verletzung einer mietvertraglichen Nebenpflicht herleiten ließen.

Aufgabe 15.

a) Anspruch des G gegen B auf Zahlung von € 27.000,- aus § 765 I BGB
Für einen solchen Anspruch muß sich B wirksam für die Schuld des S **verbürgt** haben. Dazu wiederum muß diese **Schuld** überhaupt **bestehen**. Dies ist vorliegend unproblematisch: S schuldet G aus § 488 I 2 BGB die Rückzahlung der Darlehenssumme von € 27.000,-. Mit der von G verlangten - und daher gewiß auch angenommenen - Erklärung, er werde für diese Verbindlichkeit einstehen, hat sich B gegenüber G **verbürgt**. Die erforderliche **Schriftform** der Bürgschaftserklärung (§ 766 S.1 BGB) ist eingehalten.
Da allerdings keine der in § 773 I BGB geregelten Ausnahmen vorliegt, kann B die **Einrede der Vorausklage** (§ 771 BGB) erheben, also die Zahlung an G verweigern, solange dieser nicht gegen S die Zwangsvollstreckung erfolglos versucht hat.

b) Kann B sich auf den dem S eingeräumten Zahlungsaufschub berufen, wenn er von G in Anspruch genommen wird?
Aus § 768 I 1 BGB ergibt sich, daß der Bürge - hier: B - sich gegenüber der Inanspruchnahme durch den Gläubiger - hier: G - auf die **Einreden** berufen kann, die dem Hauptschuldner - hier: S - zustehen. Der S von G gewährte **Zahlungsaufschub** begründet für B bei sofortiger Inanspruchnahme durch G ebenfalls die Einrede der Stundung.
Ergebnis: Solange also S berechtigt ist, die Leistung zeitweilig zu verweigern, ist es auch B.

c) Anspruch des B gegen S auf Zahlung von € 27.000,-
aa) Anspruch aus § 774 I 1 BGB
Da B die Forderung des G gegen S aus § 488 I 2 BGB in vollem Umfang **beglichen** hat, **geht** der **Anspruch** aus dem Darlehensvertrag aufgrund des § 774 I BGB auf ihn **über**.
Ergebnis: Er kann also von S Zahlung verlangen.

bb) Anspruch aus § 670 BGB
Daneben wird man mangels entgegenstehender Hinweise davon ausgehen können, daß es sich bei der Übernahme der Bürgschaft **nicht nur** um eine **Gefälligkeit** unter Freunden handelte (dagegen spricht schon das finanzielle Volumen der Darlehensforderung), sondern vielmehr um ein **Auftragsverhältnis** im Sinne des § 662 BGB. Weil B die Zahlung für **erforderlich** halten durfte, um seinen Pflichten aus dem mit S bestehenden Auftragsverhältnis nachzukommen, kann er von S nach § 670 BGB **Ersatz seiner** damit verbundenen **Aufwendungen**, also Rückzahlung der € 27.000,-, verlangen.

Ergänzende Hinweise:
- Akzeptabel war es auch, mit § 773 I Nr. 4 BGB in Teil a) der Aufgabe zu einem anderen Ergebnis zu kommen.

Bearbeitungsvorschläge 67

- Die Aufgabe ist auch ohne vertiefte Kenntnisse im Recht der Bürgschaft zu bearbeiten, wenn man die gesetzlichen Vorschriften liest. Wissen muß man allerdings, daß zwischen Bürge und Hauptschuldner im allgemeinen ein Auftragsverhältnis besteht.
- In Teil b) war keine vollständige Anspruchsprüfung erforderlich, weil die Frage schon unterstellte, daß die Voraussetzungen einer Inspruchnahme durch G vorlagen.

Aufgabe 16.
<u>a) Anspruch des S gegen A auf Kaufpreisrückzahlung gegen Rücknahme des Geräts aus §§ 434, 437, 346 BGB</u>
Das **Gewährleistungsrecht** der §§ 434 ff. BGB findet Anwendung, da es sich bei dem zwischen S und A geschlossenen Vertrag um einen **Kaufvertrag** (§ 433 BGB) handelt. Nach § 437 BGB muß die verkaufte Sache **mangelhaft** gewesen sein. Unter Mangel versteht man eine negative Abweichung der Ist-Beschaffenheit von der Soll-Beschaffenheit. Letztere bestimmt sich hier mangels besonderer Vereinbarungen (§ 434 I BGB) nach dem üblichen Gebrauch eines Akkuladegeräts (§ 434 I Nr. 2 BGB). Dieser besteht im Aufladen von Akkus. Da das verkaufte Gerät Akkus nicht auflädt, sondern zerstört, ist es zum üblichen Gebrauch eines Ladegeräts nicht zu verwenden. Dieser Fehler muß bereits **bei Gefahrübergang** vorgelegen haben. Bei der Übergabe an S - damit findet der Gefahrübergang nach § 446 I BGB statt - war das Gerät schon falsch verkabelt und damit fehlerhaft. Von diesem Fehler hatte S **keine Kenntnis** (§ 442 BGB). Er hat den **Rücktritt** vom Vertrag **erklärt** (§§ 437, 349 BGB). Anspruch auf Kaufpreisrückzahlung hat er aber nur, wenn er zunächst dem A die Nacherfüllung ermöglicht und ihm hierfür eine Frist nach § 323 I BGB setzt. Da A durch Lieferung eines fehlerfreien Ladegeräts (§ 439 I BGB) leicht nacherfüllen kann, ist kein Grund ersichtlich, warum die Fristsetzung ausnahmsweise entbehrlich sein sollte (§§ 323 II, 440 BGB).
Erst nach fruchtlosem Fristablauf kann also S von A den Kaufpreis zurückerstattet verlangen.

<u>b) Anspruch des S gegen A auf € 20,- Schadensersatz aus § 280 I BGB</u>
Der an den Akkus des S entstandene Schaden wird vom Sachmangelgewährleistungsrecht der §§ 434 ff. BGB nicht erfaßt. Ein Schadensersatzanspruch des S kann sich aber aus den **allgemeinen Vorschriften** ergeben. Ein **Schuldverhältnis** besteht in Gestalt des Kaufvertrags, § 433 BGB. Daraus ergibt sich unter anderem die **Pflicht**, eine mangelfreie Sache zu übergeben und übereignen (§ 433 I 2 BGB) sowie nicht durch Lieferung mangelhafter Gegenstände das Eigentum des Vertragspartners an anderen Gütern zu schädigen. Diese hat A vorliegend verletzt, da das von ihm verkaufte Ladegerät die Akkus zerstört hat. Sein dahingehendes **Verschulden** wird bis zum Beweis des Gegenteils **vermutet**, § 280 I 2 BGB.
Ergebnis: A schuldet S also € 20,- aus § 280 I BGB, da der Wert der zerstörten Akkus sich auf € 20,- belief.

Aufgabe 17.

a) *Anspruch des P gegen S auf Zahlung von € 50.000,-*
aa) *Anspruch aus § 823 I BGB*
Voraussetzung für einen Ersatzanspruch aus § 823 I BGB ist die **Verletzung eines Rechtsguts** des P. Von den im Text der Norm genannten Rechtsgütern ist keines berührt; es kommt aber eine Verletzung des **allgemeinen Persönlichkeitsrechts** als „**sonstiges Recht**" in Betracht. Dieses stellt ein absolutes, also gegenüber jedermann geschütztes Recht vergleichbar dem Eigentum dar. Als Teil des Persönlichkeitsrechts ist auch der Geltungsanspruch der Person in der Öffentlichkeit geschützt. Dieser ist tangiert, wenn ohne Einverständnis des Abgebildeten eine Fotografie für kommerzielle Zwecke verwendet wird, weil mit der Bereitstellung des Fotos immer auch eine gewisse Identifikation mit dem beworbenen Gegenstand assoziiert wird. Vorliegend wollte P aber nicht für Motorroller werben, jedenfalls nicht in der Weise, wie das tatsächlich geschah. Mangels Einverständnis des P war die Verwendung seines Fotos **rechtswidrig**. S handelte dabei vorsätzlich, da § 22 KUG bestimmt, daß Bildnisse nur mit der Zustimmung des Abgebildeten zur Schau gestellt werden dürfen und deshalb erst recht nur mit einer entsprechenden Einwilligung für Werbezwecke benutzt werden dürfen. Selbst wenn S hierüber im Zweifel war, ist ihm doch vorzuwerfen, daß er nicht rechtlichen Rat eingeholt hat. Der dem P dadurch entstandene **Schaden** liegt in dem ihm entgangenen Gewinn (§ 252 BGB). Dieser berechnet sich nach der üblicherweise für derartige Veröffentlichungen bezahlten Vergütung, hier € 50.000,-.
Ergebnis: P hat einen Ersatzanspruch aus § 823 I BGB gegen S.

bb) *Anspruch aus § 812 I 1 Fall 2 BGB*
Daneben ergibt sich ein Anspruch auf Zahlung von € 50.000,- auch aus § 812 I 1 Fall 2 BGB, da S **ohne rechtlichen Grund** - insbesondere ohne einen Vertrag, der ihm dies gestattet hätte - **auf sonstige Weise** („*durch Eingriff*") einen Vorteil **auf Kosten des P** - in dessen Persönlichkeitsrecht eingegriffen wurde - **erlangt hat**.

b) *Anspruch des P gegen S auf Zahlung eines angemessenen Schmerzensgelds aus §§ 823 I, 253 II BGB*
Im Fall **schwerwiegender Persönlichkeitsverletzungen** gesteht die Rechtsprechung - entgegen dem Wortlaut des § 253 II BGB - dem Verletzten ein Schmerzensgeld zu. Für eine schwerwiegende Verletzung spricht, daß S aus Gewinnerzielungsabsicht gehandelt hat, daß eine Werbeanzeige häufig eine Vielzahl von Menschen erreicht und daß die Verwendung des Bilds und die damit erzielte Wirkung nur schwer oder gar nicht rückgängig zu machen ist. Zudem ist eine Wiedergutmachung nicht durch Widerruf, Gegendarstellung oder Entschuldigung zu erreichen, so daß ein Schmerzensgeld zugesprochen werden kann.

Bearbeitungsvorschläge

Ergänzende Hinweise:
- Die Höhe des Schmerzensgelds war nicht zu problematisieren.
- Der Anspruch aus Eingriffskondiktion (§ 812 I 1 Fall 2 BGB) wurde von den Bearbeitern der Klausur nicht erwartet. Kenntnis und Anwendung des Kunsturhebergesetzes können nur von Rechtsstudenten verlangt werden. (Die Klausurbearbeiter haben aber auch die dortige Wertung aus klarem Menschenverstand ganz ähnlich getroffen.)
- Daß der Gesetzgeber 2002 das allgemeine Persönlichkeitsrecht nicht in den Kreis der von § 253 II BGB erfaßten Güter aufgenommen hat, soll nichts daran ändern, daß auch hier ein immaterieller Schadensersatz möglich ist.

Aufgabe 18.

a) Anspruch des F gegen L auf Zahlung von € 85,- aus § 651 a I 2 BGB
*Zur Zahlung des Entgelts für Beförderung, Bewirtung etc. bei dem Ausflug ist L nur verpflichtet, wenn er hierüber mit F einen **Vertrag** geschlossen hat. Dies ist der Fall, da er das verbindliche Angebot des F durch seine Unterschrift auf der Teilnehmerliste angenommen hat. Auch die Auslegung seiner Erklärung führt nicht zu einem anderen Ergebnis: Stellt man mit §§ 133, 157 BGB auf den objektivierten Empfängerhorizont ab, so wird klar, daß F auch bei Anstrengung aller seiner Erkenntnismöglichkeiten die Unterschrift des L nur dahin deuten konnte, dieser wolle die angebotenen Leistungen gegen Zahlung von € 85,- in Anspruch nehmen.*
*Der Vertrag kann aber durch **Anfechtung** von Anfang an **nichtig** sein, § 142 I BGB. Ein **Anfechtungsgrund** kann in einem Irrtum des L liegen: Dieser wollte nicht sein Einverständnis mit einem Reisevertrag, sondern nur seine Genesungswünsche zum Ausdruck bringen, als er die Liste unterschrieb. Das Erklärte und das tatsächlich Gewollte fallen also auseinander, so daß eine Irrtumsanfechtung nach § 119 I Fall 2 BGB wegen **Erklärungsirrtums** möglich ist, da nicht anzunehmen ist, daß L bei Kenntnis der Sachlage diese Erklärung ebenfalls abgegeben haben würde. Seine Äußerung, er sehe sich an seine Unterschrift nicht gebunden, ist als **Anfechtungserklärung** im Sinne des § 143 I BGB auszulegen (§§ 133, 157 BGB), auch wenn sie nicht ausdrücklich als solche bezeichnet ist. Diese erfolgte innerhalb der **Anfechtungsfrist** des § 121 BGB, denn L äußerte sich in dem Augenblick, in dem er von seinem Irrtum erfuhr, also unverzüglich.*
***Ergebnis**: F kann von L nicht nach § 651 a I 2 BGB Zahlung des Reisepreises verlangen.*

b) Anspruch des F gegen L auf Zahlung von € 85,- aus § 122 I BGB
*Als Anfechtender schuldet aber L dem F **Schadensersatz** aus § 122 I BGB. Für einen **Ausschluß** dieses Anspruchs nach § 122 II BGB ist nichts erkennbar: F wußte nichts vom Irrtum des L und befand sich auch nicht fahrlässig in Unkenntnis dessen. Der Schadensersatz erstreckt sich aber nur auf die **Kosten des Mittagessens**, da auch ohne die irrtümliche Erklärung des L der F einen Bus gestellt hätte, einen Fahrer hätte bezahlen müssen usw.*
***Ergebnis**: F hat gegen L nur Anspruch auf einen Teil der € 85,- aus § 122 I BGB.*

Ergänzende Hinweise:
- Beim letzten Ergebnis kann man offenlassen, welchen Teil der Vergütung F von L fordern kann, weil der Sachverhalt keine näheren Angabe zu den Preisen für die einzelnen Leistungsteile enthält (und Spekulationen hierüber unnötig sind).

Aufgabe 19.
a) Anspruch des G gegen S auf Schadensersatz in Höhe von € 1.000,- täglich aus §§ 286 I, 280 I, II BGB
Ein Schuldverhältnis zwischen S und G besteht in Gestalt des Kaufvertrags, § 433 BGB. Verletzt S eine ihm daraus erwachsende Pflicht durch zu späte Erfüllung, kann er nach § 286 BGB Ersatz des entstehenden Schadens verlangen, § 280 II BGB.
*S muß gegenüber G mit der Erfüllung einer Leistungspflicht in **Verzug** sein, § 286 I BGB. Verzug bedeutet schuldhafte Nichtleistung trotz Fälligkeit und Mahnung. Die Leistungspflicht des S ergibt sich aus dem Kaufvertrag (§ 433 BGB) über Ziegelsteine, den er mit G geschlossen hatte und aus dem er zur Übergabe und Übereignung von 38.280 Steinen des Typs R4b verpflichtet ist. Diese Pflicht hat er **nicht erfüllt**, ohne daß ihm dies unmöglich gewesen wäre. Als **Fälligkeitstermin** hatten die Beteiligten den 4.7. vereinbart (§ 271 BGB); dieser ist verstrichen. Eine **Mahnung**, also eine bestimmte Leistungsaufforderung des G, ist vorliegend **entbehrlich** nach § 286 II Nr. 1 BGB, da die Leistungszeit nach dem Kalender bestimmt ist. Das **Verschulden** des S wird nach § 286 IV BGB vermutet. Er ist also im Verzug; dadurch ist bei G ein **Schaden** (§ 286 I BGB) entstanden, der in dessen sich täglich seit dem 1.10. um € 1.000,- erhöhender Vertragsstrafeverpflichtung gegenüber B besteht.*
Ergebnis: *Diesen Schaden kann G von S ersetzt verlangen.*

b) Rücktrittsrecht des G gegenüber S nach § 323 I BGB
*Das Rücktrittsrecht, das G interessiert, ist in § 323 I BGB geregelt. Bei dem Kaufvertrag handelt es sich um einen **gegenseitigen Vertrag**. Daß S in Verzug ist und somit eine ihm obliegende Leistung nicht erbringt, wurde soeben unter a) festgestellt. Weitere Voraussetzung für den Rücktritt ist die **Fristsetzung zur Leistung**. Zurücktreten kann danach G erst, wenn er S eine angemessene Frist zur Leistungsbewirkung gesetzt hat, die mit der Ankündigung verbunden ist, nach dem Fristablauf werde er die Annahme der Ziegel ablehnen. Zudem muß die Frist ergebnislos verstrichen sein. Diese Fristsetzung ist **nicht entbehrlich** nach § 323 II BGB, da hier für einen Wegfall des Interesses des G an den Ziegeln (Nr. 3), eine Fixschuldvereinbarung (Nr. 2) oder eine Leistungsverweigerung des S (Nr. 1) nichts erkennbar ist.*
Ergebnis: *G kann noch nicht vom Vertrag zurücktreten.*

Ergänzende Hinweise:
- Ob und wann eine Vertragsstrafenvereinbarung wie die in der Aufgabe erwähnte wirksam ist, ist ein fieses Problem, das nicht zum Standardwissen gehört. Die Klausurbearbeiterinnen durften ohne weiteres von der Wirksamkeit ausgehen.

Aufgabe 20.
Anspruch des S gegen B auf Ersatz der verletzungsbedingten Kosten aus § 280 I BGB
Zwischen S und B muß ein **Schuldverhältnis** bestehen. Ein solches ist in Form eines Werkvertrags (§§ 631 ff. BGB) entstanden: B und S waren sich über den zu erreichenden Erfolg - die Beförderung des S von Frankfurt am Main nach Frankfurt an der Oder mit der Bahn - und den dafür zu entrichtenden Preis - € 110 - einig.
Eine Pflichtverletzung der B kann in der **Schlechterfüllung einer vertraglichen Nebenpflicht** bestehen. Man wird annehmen können, daß das Beförderungsunternehmen nicht nur zur Beförderung selbst verpflichtet ist, sondern auch dazu, den gefahrlosen Zugang zum und Abgang vom Transportmittel sicherzustellen. Wenn B Bahnhöfe unterhält, hat sie zu gewährleisten, daß für die Sicherheit der dortigen Verkehrsflächen gesorgt wird. Bei Eisregen, Schneefall und Kombinationen daraus bedeutet dies, daß B Mitarbeiter zum Eiskratzen, Schneeräumen oder Streuen einsetzen muß. Zumindest muß B sich regelmäßig von der ungefährlichen Benutzbarkeit der Bahnsteige überzeugen und, wenn eine sofortige Gefahrenbeseitigung nicht möglich ist, Reisende auf die Gefahr aufmerksam machen. Vorliegend hat sie nichts dergleichen getan. Dies ist eine Pflichtverletzung und rechtfertigt den **Vorwurf fahrlässigen Verhaltens** iSv § 276 II BGB, zumal die für ein Eisenbahnunternehmen erforderliche Sorgfalt im Umgang mit den Reisenden insofern leicht erkennbar ist. Das schuldhafte Unterlassen ihrer Angestellten oder Arbeiter auf dem Bahnhof Frankfurt an der Oder ist B nach § 278 Fall 2 BGB zuzurechnen, da es sich um ihre **Erfüllungsgehilfen** handelt: Die Bahnmitarbeiter auf dem betreffenden Bahnhof werden von B zur Erfüllung ihrer vertraglichen Pflichten gegenüber S eingesetzt und sind daher ihre Erfüllungsgehilfen.
S ist durch das Unterlassen der B ein - hier nicht näher dargelegter - **Schaden** entstanden.
Diesen hat B nach § 280 I BGB zu ersetzen. Allerdings kann sich B auf **Verjährung** berufen (§ 214 I BGB): Die dreijährige (§ 195 BGB) Verjährungsfrist ist fünf Jahre nach dem Geschehen schon abgelaufen – wenn man davon ausgeht, daß S sowohl die anspruchsbegründenden Umstände als auch die Person des Schuldners (B) sofort kannte (§ 199 I Nr. 2 BGB), so daß die Verjährungsfrist am Ende des Jahres zu laufen begann, in dem der Unfall geschah.

Anspruch des S gegen B auf Ersatz der verletzungsbedingten Kosten sowie der immateriellen Schäden aus §§ 823 I, 253 II BGB
Daneben hat B den S an seiner **Gesundheit verletzt**, indem sie es unterließ, den Bahnsteig zu räumen, so daß S zu Fall kam. Sie traf eine dahingehende **Verkehrssicherungspflicht**, da sie eine Verkehrsfläche dem Publikum zur Verfügung gestellt hat. Die **Verletzung** geschah **rechtswidrig**

und **schuldhaft** (s.o.). Auf dieser Pflichtverletzung beruhte ursächlich die Gesundheitsverletzung des S, die wiederum zu einem **Schaden** in Form der Heilungskosten etc. führte. Dazu kommt ein immaterieller Schaden (der durch Leistung eines „Schmerzensgelds" ausgeglichen werden kann), weil eine solche Verletzung und der Aufwand bei der Heilung regelmäßig eine nennenswerte Beeinträchtigung der Lebensqualität des Verletzten mit sich bringen, § 253 II BGB.
Allerdings sind auch die Ersatzansprüche aus unerlaubter Handlung der **Verjährungseinrede** (§ 214 I BGB) der B ausgesetzt, da die Verletzung bereits vor mehr als vier Jahren stattgefunden hat und S auch so lange von der Person des Ersatzpflichtigen Kenntnis hatte, § 199 I Nr. 2 BGB.
Ergebnis: Die Ansprüche des S gegen B aus unerlaubter Handlung sind verjährungsbedingt ebenfalls nicht durchsetzbar.

Ergänzende Hinweise:
- Die Ansprüche aus Vertragsverletzung und unerlaubter Handlung unterlagen vor dem 1.1.2002 verschiedenen Verjährungsfristen (§ 196 BGB a.F. einerseits, § 852 BGB a.F. andererseits), zudem unterschieden sie sich bis zum 1.8.2002 hinsichtlich der Möglichkeit, Schmerzensgeld zu fordern (die nach § 847 I BGB a.F. nur für die deliktischen Ansprüche bestand, für solche aus Vertrag nach § 253 BGB a.F. gerade nicht)

Aufgabe 21.
a) Rücktrittsrecht des I vom Vertrag mit H nach §§ 449 II, 323 I BGB
Es handelt sich bei dem Vertrag über den Pkw um einen **Kaufvertrag** (§ 433 BGB) über eine **bewegliche Sache**, so daß § 449 BGB wegen des Rücktrittsrechts auf § 323 I BGB verweist. Zurücktreten kann I nach § 323 I BGB, wenn H seine Kaufpreiszahlungspflicht trotz **Fristsetzung** nicht erfüllt. Zunächst muß also I dem H eine angemessene Frist zur Zahlung setzen, für die mangels anderer Hinweise zwei Wochen ausreichen dürften. Dies ist **nicht entbehrlich**, weil keiner der in § 323 II BGB genannten Fälle vorliegt: Weder verweigert H die Erfüllung seiner Zahlungspflicht (§ 323 II Nr. 1 BGB) noch liegt ein Fixgeschäft vor (§ 323 II Nr. 2 BGB); für letzteres hätten die Parteien ausdrücklich eine Abrede treffen müssen, die über die Bestimmung des Leistungszeitpunkts hinaus erkennen läßt, daß die pünktliche Leistung von besonderer Bedeutung für das Geschäft ist.
Bleibt die Zahlung der (bereits fälligen, § 271 BGB) Raten aus, kann I durch Erklärung gegenüber H vom Kauf zurücktreten, sobald eine angemessene (etwa 14tägige) Frist fruchtlos abgelaufen ist.

b) Herausgabeanspruch des I gegen H aus § 985 BGB
I kann die Rückgabe des Wagens fordern, wenn H nur dessen **Besitzer**, er selbst aber noch dessen Eigentümer ist. H hat die tatsächliche Herrschaft an dem Wagen, ist also dessen Besitzer (§ 854 I BGB). I muß noch **Eigentümer** sein. Sein Eigentum kann er durch Übertragung an H nach § 929 S.1 BGB **verloren** haben. Dazu muß neben der **Übergabe** des Fahrzeugs an H zwischen I und H **Einigkeit** über den Eigentumsübergang bestanden haben. Die darauf gerichteten Willenserklärungen beider Beteiligter waren - das ist

der Auslegungsregel in § 449 I BGB zu entnehmen - **aufschiebend bedingt** (§ 158 I BGB) an die vollständige Bewirkung der von H übernommenen Pflicht zur Kaufpreiszahlung (§ 433 II BGB) geknüpft. Da diese Bedingung **noch nicht eingetreten** ist, ist die Übereignung noch nicht wirksam. I ist noch Eigentümer des Wagens. Indessen kann H ihm gegenüber ein **Recht zum Besitz** (§ 986 I 1 BGB) an dem Fahrzeug haben. Dies kann sich aus dem Inhalt des **Kaufvertrags** ergeben: Der Verkäufer muß nach § 433 I 1 BGB dem Käufer unter anderem den Besitz - und damit die Nutzungsmöglichkeit - verschaffen. Tritt aber nun I berechtigterweise von dem Kaufvertrag zurück, so entfällt das daraus erwachsende Recht des H zum Besitz.
Ergebnis: I kann, wenn er von dem Vertrag zurücktritt, auch Rückgabe des Fahrzeugs verlangen.

Ergänzende Hinweise:
- In diesem Fall greifen die gegenüber § 323 I BGB erhöhten Voraussetzungen des Rücktrittsrechts nach § 498 I BGB (vor dem 1.1.2002: die Regeln des VerbrKrG, insbesondere §§ 12, 13) nicht ein, da es sich um einen Kredit für das bereits ausgeübte (Personenbeförderungs-)Gewerbe des H handelt, auf den nach § 501 BGB § 498 BGB nicht entsprechend anzuwenden ist.
- Anders als vor dem 1.1.2002 kommt es nicht mehr darauf an, daß der Käufer mit der Zahlung in Verzug gekommen ist (§ 455 I BGB a.F.).
- Bei der Entbehrlichkeit der Fristsetzung ließe sich vielleicht auch das Gegenteil vertreten, etwa mit Blick auf § 323 II Nr. 3 BGB. Hierzu bedarf es aber guter Argumente.
- Ein Anspruch auf Rückgabe nach Kündigung ergibt sich ebenfalls aus § 812 I 1 Fall 1 BGB, da der Rechtsgrund für die Besitzübertragung an H jetzt entfallen ist.

Aufgabe 22.
a) Anspruch des E gegen B auf Herausgabe des Bilds aus § 985 BGB
Zunächst muß E **Eigentümer** des Bilds sein. Sein ursprünglich bestehendes Eigentum hat er durch den Diebstahl **nicht verloren**; dieser brachte nur einen Verlust des Besitzes mit sich. Er kann sein Eigentum aber verloren haben, als K das Bild von M verkauft und **übereignet** erhielt. Für einen Eigentumserwerb des K nach § 929 S.1 BGB fehlt es aber an der **Eigentümerstellung** des Veräußerers M. Diese kann, da Einigung und Übergabe vorlagen, ersetzt werden durch **den guten Glauben** des Erwerbers an die Eigentümerstellung des Übertragenden, § 932 I BGB. Schon der gute Glaube des K ist angesichts des niedrigen Preises zweifelhaft (vgl. § 932 II BGB); hierauf kommt es aber wegen § 935 BGB nicht an. Gutgläubiger Erwerb **gestohlener Sachen** ist nach dieser Norm nicht möglich. Aus diesem Grund kann auch der sicherlich gutgläubige Kunsthändler B von K kein Eigentum an dem Gemälde erwerben, obwohl die Voraussetzungen der §§ 929 S.1, 932 BGB im übrigen gegeben sind. Mangels anderweitigen Eigentumserwerbs ist also immer noch E Eigentümer.
B ist dagegen **Besitzer**, weil er die tatsächliche Herrschaft über das Bild ausübt (§ 854 I BGB).
Ein **Recht zum Besitz** (§ 986 I 1 BGB) hat er gegenüber E **nicht**. Der Kaufvertrag mit H mag ihn diesem gegenüber zum Besitz berechtigen; das gilt aber nicht im Verhältnis zu E.

Ergebnis: *E hat also einen Anspruch gegen B auf Herausgabe des Bilds aus § 985 BGB.*

b) Anspruch des E gegen B auf Herausgabe des Bilds aus § 812 I 1 Fall 2 BGB
*Daneben kommt ein Anspruch aus § 812 I 1 Fall 1 BGB in Betracht. Ob B das Gemälde durch Leistung (nämlich Übereignung seitens H) oder durch Eingriff („auf sonstige Weise", nämlich durch Diebstahl seitens des M) erlangt hat, kann offenbleiben. Jedenfalls fehlt ein **rechtlicher Grund** hierfür. Im **Ergebnis** ist der Anspruch zu bejahen.*

Ergänzende Hinweise:
- Nicht selten wurde § 935 BGB übersehen. Wer keine Bedenken hinsichtlich des guten Glaubens des B hatte, kam damit zum falschen Ergebnis.
- Die Aufgabe bot die Möglichkeiten, entweder mit einer knappen Argumentation (kein Eigentumsverlust des E wegen § 935 BGB) auf das richtige Ergebnis zuzusteuern oder die verschiedenen Ansätze für einen Eigentumsverlust – vorzugsweise in zeitlicher Reihenfolge - nacheinander zu erörtern und zu verneinen. Im letzteren Fall konnte die Bearbeiterin inhaltliches Wissen und einen gelungenen Aufbau ihrer Überlegungen präsentieren.

Aufgabe 23.
Anspruch der N gegen K auf Begleichung der Forderungen, §§ 433 II, 398 BGB
*Es ist davon auszugehen, daß zwischen V und K Forderungen (etwa aus Kaufverträgen über die Produkte des V, § 433 II BGB) wirksam **entstanden** sind. Diese müssen nun auf N **übergegangen** sein. Die dafür erforderliche vertragliche **Einigung** über den Forderungsübergang lag in der **Vereinbarung eine verlängerten Eigentumsvorbehalts**: Dieser umfaßt nicht nur den Aufschub des Eigentumsübergangs bis zur vollständigen Kaufpreiszahlung, sondern insbesondere auch die Abtretung der aus dem Verkauf der Vorbehaltsware entstehenden Forderungen. Problematisch ist aber, daß zum Zeitpunkt der Forderungsabtretung des V an N (1989) die betreffenden Forderungen möglicherweise nicht mehr V zustanden. Hier kommt insbesondere in Betracht, daß die Forderungen des V bereits 1988 im Rahmen der mit H vereinbarten Globalzession auf letztere übergegangen sein könnten. Nach dem **Prioritätsprinzip**, demzufolge von mehreren Abtretungen nur die erste wirksam ist, kann N leer ausgegangen sein, da nur Forderungen abgetreten werden können, deren Gläubiger der Abtretende auch wirklich ist. Es kommt also darauf an, ob H bereits 1988 die Forderung des V gegen K abgetreten erhielt. Dem steht nicht entgegen, daß die Globalzession von 1988 sich auch auf zukünftige Forderungen bezieht: Solange eine Forderung hinreichend bestimmt bezeichnet ist, kann sie auch schon vor ihrer Entstehung abgetreten werden. Da es sich vorliegend um eine **Globalzession**, also um die Abtretung aller Forderungen handelte, stellt die Bestimmtheit der von der Abtretung erfaßten Forderungen kein Problem dar: Es ist klar, daß die Forderung V-K von der Abtretung an H erfaßt sein sollte. Bedenklich ist diese Abtretung aber unter dem Gesichtspunkt der **Sitten-**

widrigkeit, § 138 I BGB. Die Abtretung sämtlicher Forderungen schränkt die wirtschaftliche Bewegungsfreiheit des Abtretenden erheblich ein, da ihm die Forderungen anderweitig als Sicherungsmittel nicht mehr zur Verfügung stehen. Will er - wie hier - bei einem Lieferanten Kredit erhalten, ist er gezwungen, diesen über das Bestehen von zur Sicherung geeigneten Forderungen zu täuschen. Ließe man also wirklich nach dem Prioritätsprinzip die erste Abtretung an die Bank vorgehen, so müßte V gegenüber seinem Warenkreditgeber *„vertragsbrüchig"* werden. Mit diesem Argument wird die Wirksamkeit der ersten Abtretung nach § 138 I BGB verneint. Da die Forderung V-K nicht 1988 an H übertragen wurde, konnte sie N 1989 erwerben. *Ergebnis*: N kann daher jetzt Zahlung von K verlangen.

Ergänzende Hinweise:
- Das Problem des Aufeinandertreffens von verlängertem Eigentumsvorbehalt und Globalzession liegt jenseits des „BGB-Standardprogramms", stellt aber eine wichtige praktische Anwendungssituation des § 138 BGB dar.
- In der Klausur wurde lediglich erwartet, daß die Bearbeiter das Problem identifizierten oder die beteiligten Interessen beschrieben und einen Entscheidungsvorschlag formulierten.

Aufgabe 24.
Anspruch des L gegen V auf Rückzahlung der € 875,- aus §§ 434 I, 437, 440, 346 I BGB
L und V haben einen **Kaufvertrag** (§ 433 BGB) abgeschlossen. Der verkaufte Rasenmäher hatte einen **Fehler** (§ 434 I BGB), da er wegen des Kurzschlusses, der auf der werksseitig falschen Verkabelung beruhte, nicht funktionierte. Dieser Fehler haftete dem Rasenmäher schon bei der Übergabe an L, also **bei Gefahrübergang** nach § 446 I 1 BGB, an. Die Anwendung der danach einschlägigen Gewährleistungsregeln der §§ 434 ff. BGB kann aber durch abweichende vertragliche Vereinbarung zwischen L und V ausgeschlossen sein. Das hängt davon ab, ob die Bestimmung in Nr. 3 der Verkaufsbedingungen Vertragsbestandteil geworden und ob sie gegenüber L wirksam ist. Beides bestimmt sich nach §§ 305 ff. BGB. Die Verkaufsbedingungen der V sind für eine Vielzahl von Fällen - nämlich alle Verkaufsgeschäfte in seinem Unternehmen - vorformuliert und werden L von V gestellt, ohne daß darüber verhandelt werden könnte; sie sind also **allgemeine Geschäftsbedingungen** im Sinne des § 305 I 1 AGBG. Das AGBG findet auf das zwischen L und V geschlossene Geschäft Anwendung nach § 310 BGB, da es sich bei L nicht um einen Unternehmer (§ 14 BGB) handelt und der Kauf auch keiner der dort geregelten Ausnahmematerien zugehört. Gemäß § 305 II AGBG müssen für die Einbeziehung der Verkaufsbedingungen in den Vertrag mehrere Voraussetzungen erfüllt sein: Dem **Hinweiserfordernis** des § 305 II Nr. 1 BGB ist Genüge getan, weil V im täglichen Massengeschäft nicht ständig ausdrücklich auf die Geltung seiner AGBen hinweisen kann, diese aber deutlich sichtbar am Ort des Vertragsschlusses – hier: der Kasse – ausgehängt hat. Dadurch hatte L die **Möglichkeit, auf zumutbare Weise** vom Text der Bedingungen **Kenntnis zu nehmen** (§ 305 II Nr. 2 BGB). Für § 305 II Nr. 2 BGB reicht es aus, daß

die Vertragsbedingungen vor Vertragsschluß hätte lesen können. Als mit ihrer **Geltung einverstanden** (§ 305 II AGBG am Ende) erklärte sich L, als er ohne weiteres den Vertrag abschloß. Nr. 3 der Verkaufsbedingungen ist also Vertragsbestandteil geworden; offen ist aber noch, ob diese Klausel auch **wirksam vereinbart** werden kann. Das bestimmt sich nach §§ 307 ff. BGB. **Bedenken** ergeben sich hier zwar nicht aus § 309 Nr. 8 a) aa) BGB, denn es handelt sich nicht um einen vollständigen Ausschluß der Gewährleistung oder eine Verweisung auf Dritte, aber aus *§ 309 Nr. 8 b) bb) BGB*. Der Rasenmäher ist eine **neu hergestellte Sache** iSv. § 309 Nr. 8 BGB, für die V mit der Klausel in Nr. 3 ihrer Verkaufsbedingungen die Gewährleistung auf Nachbesserungsansprüche beschränken wollte. Eben dies soll aber § 309 Nr. 8 b bb)) BGB verhindern. Eine Beschränkung der Gewährleistung auf die bloße Nachbesserung ist unwirksam, wenn nicht in der jeweiligen Klausel dem Vertragspartner ausdrücklich das Recht vorbehalten wird, im Falle des Scheiterns der Nachbesserung Minderung zu verlangen oder vom Vertrag zurückzutreten. Genau das hat aber V nicht getan, so daß die Bestimmung in Nr. 3 des Vertrags unwirksam ist. Nach § 306 II BGB treten an die Stelle der Klausel in Nr. 3 die gesetzlichen Bestimmungen, also hier das Sachmangelgewährleistungsrecht der §§ 434 ff. BGB. Danach kann aber L vom Kauf erst zurücktreten, wenn V die Möglichkeit der **Nacherfüllung** (§ 439 BGB) gehabt hat. Vorliegend war L mit der Nacherfüllung durch Reparatur einverstanden; diese ist nach § 440 S. 2 BGB erst gescheitert, wenn der zweite Reparaturversuch fehlgeschlagen ist. Etwas Abweichendes ist weder vereinbart noch aus den Umständen des Geschäfts ersichtlich, so daß L sich einen weiteren Reparaturversuch gefallen lassen muß.
Ergebnis: Danach kann L gegenüber V noch nicht vom Vertrag zurücktreten. Erst nach Fehlschlagen des zweiten Reparaturversuchs kann er von V Rücknahme der Kaufsache und Kaufpreisrückzahlung verlangen.

Aufgabe 25.
<u>Anspruch des B gegen C auf Zahlung von € 44,- aus § 433 II BGB</u>
B kann von C nach § 433 II BGB Zahlung des Preises von € 44,- verlangen, wenn zwischen beiden ein wirksamer **Kaufvertrag** zustandegekommen ist. Dazu sind zwei hinsichtlich Kaufsache und Kaufpreis übereinstimmende Willenserklärungen erforderlich. Ein **Angebot** liegt in dem Schreiben des B vom Januar, in dem das Buch und der Preis genannt werden. Problematisch ist aber, ob C dieses Angebot **angenommen** hat. Er hat das Buch nur in die Ecke gelegt. Hierin liegt weder eine ausdrückliche Willenserklärung noch läßt sich aus den äußeren Umständen herleiten, daß C das Buch kaufen will. Daß er es ohne Widerspruch in die Ecke stellt, genügt nicht den Anforderungen an eine schlüssige Willenserklärung. Allenfalls kann seinem **Schweigen** Erklärungsbedeutung zukommen. Da die Beteiligten nicht erkennbar Kaufleute sind, ist dies aber nur anzunehmen, wenn vorher eine **dahingehende Übereinkunft** getroffen worden ist. Dies mag zwar zu Zeiten der Mitgliedschaft des C im Buchclub der Fall gewesen sein. Nach seinem

Austritt kann eine solche Vereinbarung aber keine Geltung mehr beanspruchen. Der Vertrag, aus dem sich die Pflichten und Rechte des Buchclub-Mitglieds ergeben, ist durch den Austritt des B beendet worden.
Ergebnis: Damit fehlt es an der Annahme durch C; ein Vertrag ist nicht zustandegekommen, so daß B auch nicht die Bezahlung verlangen kann. Da es an einem Kaufvertrag fehlt, kann B von C nicht die Zahlung des Kaufpreises verlangen. Zu dem selben Ergebnis kommt man auch nach **§ 241 a BGB**. Die Norm schließt jeden Anspruch eines Unternehmers (§ 14 BGB) aus, sofern dieser an den Empfänger unbestellt Waren versendet. Selbst wenn man das Zustandekommen eines Vertrags bejaht hätte, würde C daraus nicht zur Zahlung verpflichtet. § 241 a I BGB schließt zudem auch alle etwaigen Ansprüche aus § 812 BGB oder dem Eigentümer-Besitzer-Verhältnis (§ 987 ff BGB.) aus.

Ergänzende Hinweise:
- Da nur nach der Kaufpreiszahlungspflicht gefragt war, war nicht zu erörtern, ob und gegebenenfalls wie lange C das Buch aufbewahren muß, ob er es auch hätte wegwerfen können, ob er es zurücksenden oder wenigstens B benachrichtigen muß usw.

Aufgabe 26.
<u>a) Anspruch des U gegen D auf Herausgabe des Lkws aus § 985 BGB</u>
D ist unmittelbarer **Besitzer** des Lkw, § 854 I BGB. U muß aber für den Anspruch aus § 985 **Eigentümer** sein. Sein ursprüngliches **Eigentum** kann er durch Übereignung an B **verloren** haben. Er **einigte** sich mit B über den Eigentumsübergang zwecks Kreditsicherung, § 929 S.1 BGB. Eine tatsächliche **Übergabe** im Sinne der Verschaffung unmittelbaren Besitzes unterblieb jedoch. Damit kann ein Eigentumsübergang nur unter den Voraussetzungen des § 930 BGB erfolgt sein. Es kommt also darauf an, ob zwischen B und U ein **Besitzmittlungsverhältnis** (§ 868 BGB) vereinbart wurde. Ein solches ist anzunehmen, wenn U der B gegenüber auf Zeit zum Besitz berechtigt und umgekehrt ihr zur Obhut und sorgfältigen Behandlung des Lkw verpflichtet sein sollte. Das zwischen U und B vereinbarte Rechtsverhältnis wird wegen der Pflicht zur unentgeltlichen Gebrauchsüberlassung als Leihe zu betrachten sein. Daraus ist U verpflichtet, den Lkw sorgfältig zu behandeln, darf ihn aber gleichzeitig besitzen und benutzen, solange der Kredit läuft. Durch die Vereinbarung des Besitzkonstituts wird gemäß § 930 die Übergabe ersetzt, so daß B Eigentum erworben hat.
Ergebnis: U kann als Nichteigentümer den Lkw nicht von D herausverlangen.

<u>b) Anspruch der B gegen D auf Herausgabe des Lkw aus § 985 BGB</u>
Da - wie soeben festgestellt - jetzt B Eigentümerin ist und D als Dieb nicht zum Besitz berechtigt ist, hat B einen Herausgabeanspruch, der allerdings auf **Herausgabe an U** gerichtet ist. Da ihm gegenüber allerdings U vertraglich zum Besitz berechtigt ist, kann B nur Herausgabe an diese verlangen.

Ergänzende Hinweise:
- Ansprüche des U gegen D aus Besitzstörung (§ 861 BGB), ungerechtfertigter Bereicherung (§ 812 BGB) oder unerlaubter Handlung (§ 823 I BGB) waren nicht dringend nötig, wurden aber zusätzlich honoriert. Im Ergebnis stehen U diese Ansprüche zu.

Aufgabe 27.
Anspruch des N gegen W auf Zahlung von € 12.000,- aus § 488 I 2 BGB
N und W waren sich über die essentialia negotii eines **Darlehensvertrags** - nämlich zeitweilige Überlassung der Darlehensvaluta gegen Zinszahlung iHv. 5 % p.a. - **einig**. Der Gebrauch des Worts „Leihe" ist unschädlich, denn die unzutreffende Bezeichnung seitens der Vertragsparteien beeinträchtigt nicht die Wirksamkeit des Vertrags (falsa demonstratio non nocet). Geld kann man nur verleihen, wenn exakt die verliehenen Geldstücke oder Scheine zurückgegeben werden sollen. Hier kam es den Parteien allerdings nur auf die Rückzahlung eines Geldbetrags in gleicher Höhe an; darin liegt ein Darlehen nach § 488 BGB. Der Auszahlungsanspruch besteht nur, wenn der Vertrag nicht wegen **Anfechtung** der Erklärung des W wieder **weggefallen** ist (§ 142 I BGB). Dazu muß ein **Anfechtungsgrund** vorliegen; hierfür kommt ein **Irrtum** iSv. § 119 BGB in Betracht. **Hinsichtlich des Zinssatzes** liegt kein Auseinanderfallen von Wille und Erklärung des W vor (§ 119 I BGB); möglich ist aber ein **Eigenschaftsirrtum** nach § 119 II BGB. Dann muß sich W über einen der wertbildenden Faktoren für die von ihm zu erbringenden Leistungen geirrt haben. Der übliche Zinssatz für ein Darlehen ist aber keiner der wertbildenden Faktoren, sondern als Marktpreis für die Darlehensgewährung das Ergebnis der Bewertung dieser Faktoren. Ein Irrtum hierüber berechtigt nicht zur Anfechtung. Es kann indessen die **Vermögenslosigkeit** des N ein verkehrswesentliches Merkmal seiner Person iSv. § 119 II BGB gewesen sein. Bei einem Darlehensvertrag ist dies anzunehmen, da sowohl der Vertragsabschluß überhaupt als auch die Höhe der Zinsen als Ausgleich für das Ausfallrisiko regelmäßig von der Bonität des Schuldners (Kreditnehmers) abhängen werden. Es ist davon auszugehen, daß W den Vertrag nicht oder zumindest nicht mit diesem Inhalt abgeschlossen **haben würde**, hätte er von der finanziellen Situation des N gewußt. W hat gegenüber N die Anfechtung **erklärt** (§ 143 I BGB), auch wenn er den Ausdruck „Anfechtung" nicht gebraucht haben sollte; es genügt (§§ 133, 157 BGB), wenn er mit der Auszahlungsverweigerung erkennen ließ, daß er den Vertrag für nicht bindend halte. Die Erklärung erfolgte umgehend, also ohne schuldhaftes Zögern iSv. § 121 BGB, und war somit **fristgerecht**. Eine **außerordentliche Kündigung** des Darlehensvertrags nach **§ 490 I BGB** kommt nicht in Betracht, da die Vermögenslosigkeit des N nicht erst nach Vertragsschluß eingetreten ist, sondern bereits vorher bestand und der Vertrag infolge der Anfechtung von Anfang an unwirksam ist (§ 142 I BGB).
Ergebnis: N kann von W nicht Auszahlung der Darlehenssumme von € 12.000,- verlangen.

Bearbeitungsvorschläge

Ergänzende Hinweise:
- Viele Bearbeiter wollten den Fall über § 490 BGB entscheiden. Übersehen wurde dabei, daß die Vorschrift sowohl einen wirksamen Vertrag als auch eine erst nach Vertragsschluß eintretende Vermögensverschlechterung voraussetzt.
- Diskutabel wäre auch das Leistungsverweigerungsrecht aus § 321 BGB gewesen, das aber mangels eines gegenseitigen Vertrags nicht eingreift. Kein Prüfungsstoff waren die Regeln über den Wegfall der Geschäftsgrundlage (§ 313 BGB), an die in einer solchen Situation ebenfalls zu denken ist.

Aufgabe 28.
Anspruch des B gegen S auf Zahlung von € 2.550,- aus § 433 II BGB
Ein Kaufpreiszahlungsanspruch des B gegen S setzt einen **Kaufvertrag** voraus. Dieser kommt durch zwei **übereinstimmende Willenserklärungen**, Angebot und Annahme, zustande, die sich wenigstens hinsichtlich der Kaufsache und des Kaufpreises decken müssen. Während des gesamten Verhandlungslaufs besteht Einigkeit über die **Kaufsache** (1.000 l Reinigungsflüssigkeit); problematisch ist aber, ob die Parteien sich über den **Preis** geeinigt haben. Die Erklärung des B, er gewähre einen Rabatt, so daß nur € 2.150,- zu zahlen seien, erfolgte mündlich unter Anwesenden und wurde **unwirksam**, da sie von S nicht sofort angenommen wurde (**§ 147 I 1 BGB**). Auch wenn man den „Messerabatt" dahingehend versteht, der Preis gelte während der gesamten Messezeit, kommt man zu keinem anderen Ergebnis. Das **Schreiben des S** fünf Tage nach Messeende nannte keinen Preis; durch die Bezugnahme auf den vereinbarten Preis war aber für B erkennbar (§§ 133, 157 BGB), daß S für € 2.150,- kaufen wollte. Zwar wollte S mit diesem Schreiben seine Annahme erklären; jedoch war dies wegen des vorherigen Erlöschens des Angebots nicht mehr möglich. Die verspätete Annahme stellt allerdings nach **§ 150 I BGB ein neues Angebot** dar. Das Absenden der Ware und der Versand einer Rechnung sind ohne weiteres als **schlüssige** (konkludente) **Annahmeerklärung** zu werten. Da aber das Angebot des S bei Auslegung nach dem objektivierten Empfängerhorizont, also gemessen am Verständnis eines vernünftigen Dritten in der Lage des B, auf € 2.150,- lautete, während die Annahme des B ausdrücklich zu € 2.550,- erklärt wurde, fehlt es an der für einen Kaufvertrag erforderlichen **Einigung** über den Kaufpreis. Auch wenn man in der Rechnung über € 2.550,- wiederum eine **abändernde Annahme** und damit ein neuerliches Angebot (**§ 150 II BGB**) sieht, hat S dieses doch nicht angenommen - im Gegenteil, er hat protestiert.
Ergebnis: Mangels eines Kaufvertrags kann B von S nicht Zahlung von € 2.550,- verlangen.

Ergänzende Hinweise:
- Nach § 812 I 1 Fall 1 BGB kann B immerhin Rückgabe der Ware verlangen, wonach hier allerdings nicht gefragt war.
- Etliche Bearbeiter übersahen das Erfordernis einer Auslegung der Erklärung, die keine Angabe zum Preis enthielt, nach dem objektivierten Empfängerhorizont. Sie gelangten daher meist zur Annahme eines Vertragsabschlusses.

- Man könnte überlegen, ob der „Messerabatt" so auszulegen ist, daß der Preis nicht nur während der Messe gilt, sondern für alle Kunden, die während der Messe Interesse zeigen (zumindest für deren erste Bestellung nach Messeende). Das wäre in der Klausur gut vertretbar, überzeugt aber letztendlich wohl nicht: Im allgemeinen dienen Messerabatte dazu, die Ausstellungsstücke zu veräußern, um diese nicht später wieder ins Lager zurückbefördern zu müssen.
- Vertretbar ist es auch, den „vereinbarten Preis" so zu verstehen, daß nicht der Messepreis, sondern der (nach Messeende wieder geltende) Listenpreis gemeint ist. Dagegen spricht aber, daß dieser wohl zwischen S und B nicht vereinbart war (wenn er überhaupt erwähnt wurde, was wahrscheinlich ist, aber aus dem Sachverhalt nicht hervorgeht). Daß S nicht zu € 2.550,- kaufen wollte, wird schon daraus klar, daß er später protestiert. Auch wird B nicht ohne weiteres vom höheren Preis ausgehen können, wenn S sich den Kauf selbst zum niedrigeren Preis noch überlegen wollte. Nimmt man gleichwohl an, B dürfe bei objektivierender Auslegung das neue Angebot des S so verstehen, kommt man zum Vertragsschluß zu € 2.550,- und damit zum Bestehen eines Zahlungsanspruchs.

Aufgabe 29.
*Ein Unterlassungsanspruch des R gegen G kann aus § 1004 BGB bestehen. Die Norm wird entgegen ihrem auf Eigentumsstörungen beschränkten Wortlaut auch angewendet, wenn sonstige **absolute Rechtsgüter** eines Einzelnen beeinträchtigt werden und diese Beeinträchtigung durch Unterlassung beseitigt werden soll (quasi-negatorischer Anspruch). Grundsätzlich kann R daher nach § 1004 Unterlassung von G verlangen, wenn diese in die durch § 823 I BGB geschützten Rechtsgüter des R eingegriffen hat. Als verletztes Rechtsgut kommt hier zunächst das allgemeine Persönlichkeitsrecht des R in Betracht. Das **allgemeine Persönlichkeitsrecht** des Einzelnen umfaßt dessen gegen jedermann gerichteten Anspruch auf Achtung seiner Menschenwürde und Entfaltung seiner individuellen Persönlichkeit. Ein **Eingriff** in dieses Persönlichkeitsrecht ist insbesondere gegeben, wenn der Betroffene ungerechtfertigt in der Möglichkeit seiner Selbstdarstellung und Selbstverwirklichung eingeschränkt wird. Ein solcher Eingriff ist durch den Bericht der G gegeben. Die Veröffentlichung der Information, daß R für Mitglieder einer gesellschaftlich geächteten Sekte gearbeitet hat, ist geeignet, bei einer Vielzahl von Personen die Vorstellung hervorzurufen, R sei selbst ein Mitglied dieser Sekte. Gerade wegen des Ansinnens, vor Personen wie R zu warnen, wird dessen Möglichkeit, seine Wahrnehmung in der Gesellschaft selbst zu bestimmen, nachhaltig beeinträchtigt. Zu einer derartigen Warnung besteht jedenfalls solange kein Anlaß, als G nicht beweisen kann, daß R aufgrund der ehemaligen Tätigkeit für die Sektenmitglieder ein bestimmtes gesellschaftlich unerwünschtes Verhalten zur Last gelegt werden kann. Allein daß R als Rechtsanwalt für Sektenmitglieder tätig wird, rechtfertigt nicht, ihn als Handlanger der Sekte zu bezeichnen. Dies ergibt sich unschwer aus einem Vergleich mit anderen Lebenssituationen. Vertritt ein Rechtsanwalt einen Mandanten, der sich strafbar gemacht hat, so wird er durch diese erwünschte Tätigkeit ebensowenig zum Handlanger einer Straftat, wie der R durch sein anwaltliches Handeln Handlanger einer Sekte wird. Der Eingriff der G in das Persönlichkeitsrecht des R wiegt um so schwerer, als R bereits vor zwei Jahren die Annahme der betroffenen Mandate eingestellt hat, weshalb die Darstellung der G auch noch aktuell unrichtig ist. Da*

Bearbeitungsvorschläge 81

G kein anerkennenswertes Interesse an dem Eingriff hat, ist die Verletzung des allgemeinen Persönlichkeitsrechts des R auch **rechtswidrig**. Weil die weitere Verbreitung des Buchs der G zu befürchten ist, besteht auch die von § 1004 geforderte **Gefahr künftiger Beeinträchtigungen** des R.
Ergebnis: R kann von G nach §§ 1004, 823 I BGB Unterlassung der ihn verletzenden Behauptung und damit auch Einstellung der Verbreitung des Buchs der G verlangen.

Ergänzende Hinweise:
- Wie meist bei Aufgaben, deren Schwerpunkt in der „richtigen" Argumentation bei Wertungsfragen liegt, ist hier auch ein anderes Ergebnis zulässig.

Aufgabe 30.
Anspruch des M gegen V auf Zahlung von € 480,- aus §§ 346 I, 326 I, IV BGB
Zur Rückgewähr der empfangenen Leistung ist V nach § 346 I BGB verpflichtet, wenn M ihm die vertragliche geschuldete Zahlung erbracht hat, ohne dazu verpflichtet gewesen zu sein, § 326 I, IV BGB.
Zunächst war M zur Mietzinszahlung verpflichtet. Mit der Einigung über die zu überlassende Sache (den Oldtimer P 911 des V) und die dafür zu entrichtende Summe (€ 480,- für eine Woche) haben M und V einen **Mietvertrag geschlossen**, § 535 BGB. Unter den Voraussetzungen des § 326 I 1 BGB entfällt aber der Anspruch des V auf den Mietzins, wenn er selbst nicht leisten kann. Dazu muß die Erfüllung einer dem V obliegenden vertraglichen Leistungspflicht **unmöglich** geworden sein, § 275 BGB. Das ist anzunehmen, da V nicht mehr im Besitz des Wagens ist, diesen also auch nicht zeitweilig an M übertragen kann. Die Unmöglichkeit ist erst nach Vertragsschluß durch den Diebstahl eingetreten. Sie ist also eine **nachträgliche**.
Nach § 326 II BGB darf nicht M den Unmöglichkeitseintritt zu vertreten haben. Da ein unbekannter Dritter den Wagen gestohlen hat, kann zwar V ein Fahrlässigkeitsvorwurf wegen unzureichender Sicherung gegen Diebstahl treffen, nicht aber M, der darauf keinen Einfluß hatte.
Ergebnis: Da M den Eintritt der Unmöglichkeit nicht zu vertreten hat, wird er von seiner Leistungspflicht nach § 326 I 1 BGB frei. Die schon gezahlten € 480,- kann er nach § 346 zurückverlangen.

Zugleich kann er auch **Schadensersatz** von V fordern, § 325 BGB. Da ihm kaum ein berechenbarer Schaden entstanden sein wird, wird er die Geschäftsbeziehung zu V aber nicht mit einem Schadensersatzverlangen belasten.

Ergänzende Hinweise:
- Beachten Sie beim Vergleich mit der Bearbeitung unten S.178, daß diese noch die vor dem 1.1.2002 geltenden Normen zitiert.
- Ein ersetzbarer Schaden wäre etwa eine von V gezahlte Versicherungsprämie für einen kostbaren P911. Diese könnte M von V nach §§ 280 I, III, 283 BGB ersetzt verlangen.

Aufgabe 31.

<u>a)</u>
<u>-1- Anspruch des P gegen K auf Herausgabe der Uhr § 985 BGB</u>
P kann nach § 985 BGB die Rückgabe der Uhr verlangen, wenn er trotz der zwischenzeitlichen Übereignung noch deren Eigentümer ist. Von seinem **ursprünglichen Eigentum** an der Uhr ist auszugehen. Er kann es aber **verloren** haben, wenn es G an K übertragen hat (§ 929 S.1 BGB). Zwar waren sich G und K über den Eigentumsübergang in dem Zeitpunkt einig, in dem auch der Besitz von G auf K überging. G war aber nicht Eigentümer der Uhr, da die Wegnahme bei P allein keinen Eigentums-, sondern nur einen Besitzwechsel bewirkte. Als Nichteigentümer kann er nur nach **§§ 929 S.1, 932** BGB wirksam über die Uhr verfügen. Der Eigentumserwerb des K scheitert aber aus zwei Gründen: Weder ist er gutgläubig im Sinne von § 932 II BGB, da der ungewöhnliche Verkaufsort und der auffallend niedrige Preis für eine derartige Uhr ihn mißtrauisch hätten machen müssen, noch ist ein gutgläubiger Erwerb bei **gestohlenen Sachen** überhaupt möglich (§ 935 BGB). Nach wie vor ist also P Eigentümer der Uhr.
K ist lediglich deren **Besitzer** (§ 854 I BGB).
Er hat aber **kein Recht zum Besitz** gegenüber P (§ 986 I 1 BGB): Weder kann er dem eine vertragliche Vereinbarung entgegenhalten, die ihn zum Besitz berechtigt (etwa Miete oder Leihe), noch kann er P eine lückenlose Kette schuldrechtlicher Besitzrecht K-G-P (wie etwa bei einer Untervermietung) behaupten. Selbst wenn er aufgrund des Kaufs gegenüber G zum Besitz berechtigt ist, ist dieser als Dieb oder Hehler doch nicht gegenüber P berechtigt.
Ergebnis: P verlangt zu Recht die Herausgabe der Uhr von K.

-2- Für einen <u>Ersatzanspruch des K gegen P wegen des aufgewendeten Kaufpreises</u> fehlt es an einer Grundlage: Eine vertragliche Verbindung gibt es nicht, und das Gesetz sieht einen solchen Ausgleich nicht vor.

<u>b) Anspruch des P gegen A auf Herausgabe der Uhr</u>
Auch A kann nach dem oben Gesagten nicht gutgläubig Eigentum erwerben, da es sich nach wie vor um eine **gestohlene Sache** handelt (§ 935 BGB). Es nützt ihm also nicht, daß er sich in gutem Glauben an die Eigentümerstellung des K befunden hat.
Ergebnis: Der Anspruch besteht also ebenso wie der unter a) -1- diskutierte.

Ergänzende Hinweise:
- Bei der Erörterung von § 935 BGB sieht man, daß es mit geringem Aufwand möglich ist, zwei Argumente zu präsentieren anstatt nur eins – und so alle Punkte abzuholen, die es hier vielleicht abzuholen gibt.

Bearbeitungsvorschläge 83

Aufgabe 32.
Anspruch der E gegen R auf Zahlung von € 9.900,- aus §§ 280 I, 311 II, 241 II BGB
E kann gegen R Anspruch auf Ersatz des ihr entstandenen Schadens haben.
Zwar wurde hier kein Vertrag geschlossen (§ 311 I BGB); gleichwohl kann ein **Schuldverhältnis** entstanden sein (§ 311 II BGB), aus dem sich eine Pflicht ergeben kann, die R verletzt hat, so daß er E auf Schadensersatz haftet.
Zwar haben keine **Vertragsverhandlungen** stattgefunden (§ 311 II Nr. 1 BGB), aber E hatte einen **Vertrag angebahnt** (§ 311 II Nr. 2 BGB) und R die Möglichkeit zur Einwirkung auf ihre Rechtsgüter gewährt, indem sie sein Ladengeschäft in Kaufabsicht betrat und sich mit den schon ausgesuchten Waren zur Kasse begab, wo voraussichtlich ein Vertragsabschluß zustandegekommen wäre.
Dadurch hatte R gegenüber E besondere **Sorgfaltspflichten** (§ 241 II BGB), die ihm auferlegten, jede vermeidbare Verletzung potentieller Käufer zu verhindern. Durch das Liegenlassen der Bananenschale, die erkennbar unfallträchtig war, hat er diese Pflicht **verletzt**. Dies geschah **fahrlässig** (§ 276 II BGB), da bei Beachtung der beim Reinigen eines Verkaufsraums erforderlichen Sorgfalt eine herumliegende Bananenschale weder übersehen noch in einem dem öffentlichen Verkehr zugänglichen Bereich einfach liegen bleiben darf. R und/oder sein Personal (dessen Fehlverhalten ihm nach § 278 Fall 2 BGB zugerechnet wird, da es sich bei seinen Angestellten um Erfüllungsgehilfen handelt) haben also schuldhaft gehandelt. Der daraus entstandene **Schaden** beläuft sich auf € 9.900,-, da ohne das Fehlverhalten des R oder seiner Leute E keine Heilungskosten hätte aufwenden müssen und auch keinen immateriellen Schaden (§ 253 II BGB) erlitten hätte.
Indes ist der Anspruch **verjährt**, weil vier Jahre nach dem Geschehen die dreijährige Verjährungsfrist des § 195 BGB, die mit dem Jahresende beginnt (§ 199 I BGB), schon abgelaufen ist.
Ergebnis Die Klage der E gegen R wird aus §§ 280 I, 311, 241 II BGB erfolgreich sein, sofern nicht R die Einrede der Verjährung erhebt (§ 214 I BGB).

Anspruch der E gegen R auf Zahlung von € 9.900,- aus §§ 823 I 1, 253 II BGB
Ein Schadensersatzanspruch der E aus unerlaubter Handlung besteht, ist aber ebenfalls bereits **verjährt**, §§ 195, 199 I, 214 I BGB: E hat seit vier Jahren Kenntnis vom Schaden und der Person des Ersatzverpflichteten.

Ergänzende Hinweise:
- Nach der „alten" Rechtslage bezog die Aufgabe ihre Schwierigkeit hauptsächlich daraus, daß man für die richtige Bearbeitung die Voraussetzungen und Folgen der gesetzlich nicht geregelten Figur „Verschulden bei Vertragsschluß / culpa in contrahendo" kennen mußte. Zugleich zeigt die Aufgabe die früher unterschiedlichen Verjährungsfristen für Ansprüche aus Delikt und Ver-

trag/Vertragsanbahnung sowie das „alte" Regel-Ausnahme-Verhältnis von § 253 BGB und § 847 I BGB, wonach nur Ansprüche aus Delikt ein Schmerzensgeld umfassen konnten, nicht aber solche aus Vertrag/Vertragsanbahnung. Mit der Einebnung dieser Unterschiede 2002 ist die hier vorgeschlagene Bearbeitung etwas weniger spektakulär geworden.
- Die Verjährung des Anspruchs ist hier nur ganz oberflächlich festgestellt; bei schulmäßiger Prüfung hätte darauf mehr Mühe und Platz verwendet werden müssen.
- § 282 BGB ist entgegen dem ersten Anschein nicht einschlägig: E verlangt nicht Schadensersatz statt der Leistung, sondern „neben" der Leistung.
- *OLG Karlsruhe* MDR 2005, 92 f.: Kontrolle alle 15 Minuten in einem 660 m^2 großen Ladengeschäft mit Obst- und Gemüseabteilung

Aufgabe 33.
a)
Anspruch des H gegen K auf Rückgabe der Kopierer nach § 985 BGB
Da H mit K in keiner vertraglichen Verbindung steht, kommt nur ein Anspruch aus der Eigentümerstellung (§ 985 BGB) in Frage.
Zwar hat K die unmittelbare Sachherrschaft und damit **Besitz** an den Geräten (§ 854 I BGB), ob aber H noch **Eigentümer** ist, ist zweifelhaft. Sein ursprüngliches Eigentum ist zwar nicht durch **Einigung und Übergabe** nach § 929 S.1 BGB auf L übergegangen, da die dazu erforderliche Einigung gemäß § 449 I BGB durch die - noch nicht erfolgte - vollständige Kaufpreiszahlung **aufschiebend bedingt** war (§ 158 I BGB). Vor Eintritt der Bedingung lag das Eigentum nach wie vor bei H. K kann aber von L Eigentum nach **§§ 929 S.1, 932 BGB** erworben haben (mit der Folge des Eigentumsverlusts bei H). K und L haben sich geeinigt, die Geräte wurden übergeben. Die fehlende Eigentümerstellung des L wird durch den guten Glauben des K an das Eigentum des L „ausgeglichen", § 932 I BGB. Eine Ausnahme von § 932 BGB nach **§ 935 BGB** liegt nicht vor: H hat die Geräte freiwillig weggegeben.
Ergebnis: Da H nicht mehr Eigentümer ist, kann er von K nicht die Rückgabe der Geräte verlangen.

b)
Anspruch des H gegen K auf Rückgabe der Kopierer nach § 985 BGB
Auch bei Vereinbarung eines verlängerten Eigentumsvorbehalts hat H keinen Anspruch auf Rückgabe, weil er nach der Konstruktion des verlängerten Eigentumsvorbehalts L gerade **ermächtigt** (§ 185 I BGB), das Eigentum auf seinen Kunden K zu übertragen.

Anspruch des H gegen K auf Zahlung des Kaufpreisrests aus §§ 433 II, 398 BGB
H kann aber Zahlung des zwischen L und K vereinbarten Preises von € 29.000,- verlangen. Dazu muß er Inhaber der ursprünglich zwischen L und K begründeten Kaufpreisforderung geworden sein. Eine Forderungsübertragung kann als Teil des verlängerten Eigentumsvorbehalts erfolgt sein.

Bearbeitungsvorschläge

L und K haben sich wirksam über einen Kaufvertrag geeinigt, indem sie Kaufsache (zehn Fotokopierer der Marke H) und Kaufpreis (€ 29.000,-) bestimmt haben. Eine **Forderung** aus § 433 II BGB ist damit **entstanden**.
Diese **Forderung** muß nun nach § 398 BGB auf H **übergegangen** sein. Da H und L sich durch Vereinbarung eines verlängerten Eigentumsvorbehalts über den Forderungsübergang **geeinigt** haben, ist dies der Fall, denn dem verlängerten Eigentumsvorbehalt liegt zugrunde, daß der Erwerber den Veräußerer den aus dem Verkauf der Sache entstehenden Zahlungsanspruch im Voraus abtritt. Auch wenn diese Einigung schon vor Entstehung der abzutretenden Forderung stattfand, ist die abgetretene Forderung doch spätestens mit dem Zeitpunkt ihrer Entstehung (also bei Abschluß des Kaufvertrags zwischen L und K) genau **bestimmbar**: Es stehen Schuldner (K), Gläubiger (L), Rechtsgrund (Kaufvertrag) und Anspruchsinhalt (Zahlung von € 29.000,-) fest.
Ergebnis: H ist also jetzt Inhaber der Kaufpreisforderung gegen K und kann von diesem Zahlung verlangen.

Ergänzende Hinweise:
- Ohne wenigstens ungefähre Kenntnis der rechtlichen Konstruktion des verlängerten Eigentumsvorbehalts wurde die Bearbeitung des zuletzt geprüften Anspruchs schwierig. Da sich im Gesetz dazu keine Vorschriften finden, gehört das Thema zum auswendig zu lernenden Wissen.

Aufgabe 34.
<u>Anspruch des F gegen V auf Ersatz der Heilungskosten aus §§ 280 I, 241 II BGB</u>
Im Kartenvorverkaufsgeschäft ist ein **Werkvertrag** zwischen F und V, letzterer dabei vertreten durch den Inhaber oder einen Angestellten des Vorverkaufsgeschäfts, zustandegekommen: Die Parteien einigten sich über das zu erstellende Werk - Aufführung eines Autorennspektakels - und den (hier nicht genannten) dafür zu entrichtenden Werklohn, § 631 BGB.
V kann nun eine der ihn aus diesem Vertrag treffenden Pflichten **schlecht erfüllt** haben, so daß er nach § 280 I BGB haftet. V als Veranstalter traf neben der Hauptpflicht zur Veranstaltung des Rennens die (Neben-)Pflicht, für die Sicherheit der Zuschauer zu sorgen. Besonders gilt dies an einer unfallverdächtigen Kurve. Ein nach einem Zusammenstoß umherfliegendes Autoteil ist auch nicht so ungewöhnlich, daß damit nicht mehr gerechnet werden müßte. Indem V es unterließ, taugliche Auffangeinrichtungen anzubringen, hat er seine **Pflicht verletzt**. **Fahrlässig** iSv § 276 II BGB geschah das, weil er jedenfalls für die betreffende Kurve wußte, daß an dieser Stelle Unfälle zu erwarten waren. Die Sorgfalt eines ordentlichen Autorennveranstalters hätte hier ein vorsorgliches Tätigwerden verlangt. - Daß der Unfall unmittelbar von den Rennfahrern verursacht wurde, ändert nichts an der Ersatzpflicht des V: Hätte er pflichtgemäß gehandelt, wäre der Schaden bei F nicht entstanden. – Es ist nicht zu erkennen, daß die Installation einer Sicherung (oder die Sperrung der gefährdeten Stelle für Zuschauer) dem V unzumutbar gewesen wären.

Ausgeschlossen sein kann der Ersatzanspruch allenfalls nach Nr. 4 der Veranstaltungsbedingungen des V. Dazu müssen diese zunächst **Bestandteil des Werkvertrags** geworden sein. Das bestimmt sich nach § 305 II BGB, da es sich bei der Klausel um eine allgemeine Geschäftsbedingung im Sinne von § 305 I BGB handelt. Die Bestimmung ist nämlich für eine Vielzahl gleichartiger Verträge **vorformuliert** und konnte von F nicht individuell ausgehandelt werden. Sie wurde Vertragsbestandteil, nachdem F die Möglichkeit hatte, den Text im Vorverkaufsladen zu lesen, und sodann mit V den Vertrag schloß, indem sie eine dahingehende Erklärung abgab.
Zweifel bestehen allerdings an der **Wirksamkeit** einer solchen Vereinbarung. Diese bemißt sich nach §§ 307 ff. BGB. § 309 Nr. 7 b) BGB erklärt Bestimmungen für unwirksam, in denen die Haftung des Verwenders für grobe Fahrlässigkeit und Vorsatz ausgeschlossen wird. Nach Nr. 4 seiner AGB will V nur für vorsätzlich angerichtete Schäden haften. Diese Klausel widerspricht § 309 Nr. 7 b) BGB und ist daher insgesamt unwirksam (§ 306 II BGB). An ihre Stelle tritt die gesetzliche Regel, hier also die des § 276 I BGB, derzufolge V auch für einfach fahrlässiges Verhalten haftet. Eine „geltungserhaltende Reduktion" der unwirksamen Bestimmung auf das gesetzliche gerade noch zulässige Maß kann wegen § 306 II BGB (anders § 139 BGB) nicht stattfinden.
Ergebnis: Es bleibt also bei der Haftung des V aus § 280 I BGB.

<u>Anspruch des F gegen V auf Ersatz der Heilungskosten aus § 823 I BGB</u>
F ist an seinen in § 823 I BGB genannten **Rechtsgütern** Körper und / oder Gesundheit **verletzt** worden. Ein eine solche Verletzung **rechtfertigendes Einverständnis** hat er **nicht** geäußert (weder durch Teilnahme an der Veranstaltung noch durch vertragliche Erklärung in AGB, s.o.). Das Unterlassen geeigneter Schutzmaßnahmen begründet eine **fahrlässige** Verletzung von Verkehrssicherungspflichten des V, da dieser ein erkennbar gefährliches Spektakel veranstaltete (§ 276 II BGB).
Hierdurch ist F **geschädigt** worden, da er Kosten für seine Heilung aufzuwenden hatte. Deren Ersatz kann er nach § 823 I BGB verlangen (daneben eventuell ein angemessenes Schmerzensgeld nach § 253 II BGB).

Ergänzende Hinweise:
- Bis zum 1.1.2002 ergab sich die Schadensersatzpflicht desjenigen, der eine vertragliche Nebenpflicht verletzte, meist aus positiver Forderungsverletzung. Diese gesetzlich nicht geregelte Rechtsfigur zu kennen war neben der Erörterung der AGB-Probleme Teil der Aufgabe.
- Die Unwirksamkeit der Bestimmung in Nr. 4 der Geschäftsbedingungen des V ließe sich auch aus § 309 Nr. 7 a) BGB ableiten, da die Bestimmung Schadensersatzansprüche wegen der Verletzung von Leben, Körper und Gesundheit bei normal fahrlässigem Verhalten ausschließt.

Aufgabe 35.
<u>a) Besteht noch ein Anspruch des V auf die übrigen Kaufpreisraten aus § 433 II BGB?</u>

*Ein **Kaufvertrag** über den Wagen ist mit der Einigung zwischen V und K über Kaufgegenstand und Kaufpreis **zustandegekommen**, § 433 BGB.*
*Die Pflicht zur Kaufpreiszahlung kann aber nach § 326 I 1 BGB **weggefallen** sein. Es liegt mit der Pflicht zur Übereignung und Übergabe des Fahrzeugs aus § 433 I 1 BGB eine im **Gegenseitigkeitsverhältnis** stehende Pflicht vor. Deren Erfüllung ist **unmöglich**, weil der zu übereignende Gegenstand nicht mehr existiert, was bei einer (nach § 243 II BGB) zur Stückschuld konkretisierten Gattungsschuld die Unmöglichkeit (§ 275 I BGB) der Übereignung begründet. Damit kann die vertraglich geschuldete Übereignung an K nicht mehr erfolgen; diese hat wegen des **Eigentumsvorbehalts** auch noch nicht stattgefunden. Nach § 449 I BGB gilt nämlich die Übereignungserklärung des V iSv. § 929 S.1 BGB als unter der aufschiebenden Bedingung (§ 158 I BGB) der vollständigen Kaufpreiszahlung abgegeben. Diese Bedingung ist nach einem Jahr noch nicht eingetreten, da von den geschuldeten € 33.600,- erst € 29.000,- beglichen sind. Also ist das Eigentum noch nicht an K gefallen, so daß V seine Pflicht aus § 433 I BGB noch nicht erfüllt hatte. Weder V noch S, den an dem Unfall kein Verschulden trifft, haben sie zu vertreten (§ 326 II BGB), so daß § 326 I 1 BGB Anwendung findet. Eine Ausnahme von § 326 I BGB gilt aber nach § 446 I BGB, wenn die verkaufte Sache bereits vor der Übereignung an den Käufer übergeben wurde. Die **Besitzübertragung** hat gleich nach dem Vertragsschluß stattgefunden, weil K den Wagen bereits nutzen wollte. Damit ist die **Gefahr** des Untergangs der Kaufsache **auf K übergegangen**, so daß er weiterhin bezahlen muß (immer wenn die Monatsraten fällig sind), ohne noch einen Vorteil von dem Wagen zu haben.*
***Ergebnis**: V kann von K die Zahlung der verbliebenen drei Raten nach § 433 II BGB verlangen.*

<u>b) Herausgabeanspruch des V gegen K aus § 985 BGB</u>
*Um den Wagen von K verlangen zu können, muß V noch **Eigentümer** sein. Wie unter a) dargelegt, wird wegen des vereinbarten Eigentumsvorbehalts K erst mit vollständiger Zahlung des Kaufpreises Eigentümer. Hieran fehlt es nach einem halben Jahr Ratenzahlung noch. Ein **Eigentumsverlust** des V nach § 929 S.1 BGB hat also nicht stattgefunden, V ist noch Eigentümer. K dagegen ist (unmittelbarer) **Besitzer** nach § 854 I BGB.*
*Ein **Recht zum Besitz** (§ 986 I 1 BGB) gegenüber V kann ihm allenfalls aus dem Kaufvertrag zustehen. Wenn V von diesem **zurücktritt**, entfällt das Besitzrecht. Ein Rücktrittsrecht ergibt sich aus § 323 I BGB, wenn K die ihn treffende **Pflicht** zur Kaufpreiszahlung **nicht erfüllt**. Die Kaufpreiszahlungspflicht (§ 433 II BGB) für die letzten Monate hat K nicht mehr erfüllt. Die **Fälligkeit** der jeweiligen Monatsraten trat kraft vertraglicher Vereinbarung (§ 271 I BGB) am Ersten eines jeden Monats ein. Eine **Fristsetzung** (§ 323 I BGB) seitens V ist nicht erfolgt, konnte aber wegen der kalendermäßigen Bestimmung der Fälligkeit unterbleiben (§ 323 II Nr. 2 BGB). V kann den Rücktritt vom Kaufvertrag erklären (§ 349 BGB). Tut er dies, kann er anschließend die Herausgabe des Wagens verlangen.*

Ergänzende Hinweise:
- Entgegen dem ersten Eindruck läßt sich die Fallfrage zu a) nach dem Muster „Wer will was von wem auf welcher Anspruchsgrundlage?" formulieren – und dann ganz schematisch beantworten.

Aufgabe 36.
Anspruch des H gegen M auf Zahlung von Schadensersatz aus §§ 280 I, 311 II, 241 II BGB
Da H und M dahingehend übereinstimmten, daß mit dem Telefonat das Rennrad noch nicht verkauft sein sollte, kommt eine Haftung wegen der Verletzung vertraglicher Pflichten seitens M nicht in Betracht. Möglich ist aber ein Schadensersatzanspruch des H wegen der Verletzung von Sorgfaltspflichten aus einem vertragsähnlichen Rechtsverhältnis (§ 311 II BGB). Durch die telefonische Verabredung des Besichtigungstermins ist zwischen M und H ein **vorvertragliches Verhältnis** entstanden, das einen möglichen Kauf vorbereiten sollte (also gerade die Vertragsanbahnung zum Gegenstand hatte). Hieraus hatte M zwar nicht grundsätzlich und umfassend, aber doch im konkreten Fall wegen ihrer dahingehenden Zusicherung die Pflicht, die Vermögensinteressen (§ 241 II BGB) des H nicht dadurch zu beeinträchtigen, daß sie ihn zur sinnlosen Aufwendung von Anreisekosten veranlaßte. M hätte also entweder das Fahrrad nicht anderweitig verkaufen dürfen oder zumindest H von der nunmehr zwecklosen Anreise abhalten müssen, weil damit offenkundig eine Beeinträchtigung der Vermögenslage des H verbunden war, die dieser nur auf sich nehmen wollte, wenn er die Möglichkeit zum Erwerb des ihn interessierenden Fahrrads hatte. Diese **Pflicht** hat sie **verletzt**. Daß sie eine solche Pflicht traf, muß ihr ohne weiteres erkennbar gewesen sein, zumal sie selbst versprochen hatte, das Rad bis zum Abend nicht zu verkaufen. Sie handelte also wenigstens fahrlässig und damit **schuldhaft** (§ 276 II BGB).
Der bei H entstandene **Schaden** beläuft sich zumindest auf die nutzlos aufgewendeten Anreisekosten (€ 35,-). Nimmt man an, daß er anderswo entweder für ein gleichartiges Fahrrad € 850,- zahlen muß oder das Fahrrad, hätte er es bei M gekauft, für € 850,- anderweitig hätte veräußern können, kommt ein darüber hinausgehender Schaden (§ 249 S.1 BGB) in Betracht. Will man aber H diesen entgangenen Gewinn zubilligen (§ 252 BGB), so kann er nicht neben den € 50,- noch Ersatz der Anreisekosten verlangen.
Ergebnis: H kann von M Zahlung von € 35,- (gegebenenfalls auch von € 50,-) verlangen.

Ergänzende Hinweise:
- Die Haftung der M wurde vor dem 1.1.2002 aus der Figur des Verschuldens bei Vertragsschluß (cic) hergeleitet. Diese wies als Besonderheit eine Beschränkung des Ersatzanspruchs auf den Vertrauensschaden auf, d.h. den Betrag, den H im Vertrauen auf die Wirksamkeit (oder das Zustandekommen) des Vertrags aufwendete, während das Erfüllungsinteresse (also etwa der entgangene Gewinn aus der geplanten Weiterveräußerung) gerade nicht ersetzt wurde. Diese Beschränkung ist in § 280 I BGB nicht mehr enthalten, so daß die hier dargestellte Entscheidung sich aus dem Gesetz ergibt, aber eben von der früheren Rechtslage abweicht.

Aufgabe 37.
a) Anspruch des P gegen E auf Zahlung von Schadensersatz aus §§ 280 I, 283 S.1 BGB
P könnte von E monatlich € 100,- Schadensersatz aus §§ 280 I, 283 S.1 BGB verlangen. Dazu muß ein **Schuldverhältnis** zwischen ihnen bestehen. Mit der Einigung über den zu überlassenden Gegenstand (das Ladengeschäft im Haus des E) und den dafür geschuldeten Zins (€ 1.200,- monatlich) haben P und E einen Mietvertrag im Sinne von §§ 535 ff. BGB, also ein Schuldverhältnis, geschlossen. Weiter muß E die Erfüllung einer ihn hieraus treffenden Leistungspflicht unmöglich geworden sein, § 275 BGB. E kann P die vermieteten Räume jedenfalls auf die für die Wiederinstandsetzung erforderliche Zeit nicht überlassen. Die darin liegende **Unmöglichkeit** ist zwar vor Mietbeginn, aber nach Vertragsschluß, also **nachträglich** eingetreten. Haften muß E dafür aber nur, wenn er die Unmöglichkeit der Erfüllung zu vertreten hat, § 280 I 2 BGB. Das bestimmt sich nach § 276 BGB, so daß E wenigstens fahrlässig gehandelt haben muß. Für ein Außerachtlassen der bei der Sicherung seines Hauses gegen Brandgefahren erforderlichen Sorgfalt fehlt es hier an Anhaltspunkten; es kommt also nur die Zurechnung eines fremden Verschuldens nach § 278 BGB in Frage. Indessen bedient sich E nicht seines Nachbarn N zur Erfüllung seiner Pflichten gegenüber P. Eine Zurechnung entfällt also, die Unmöglichkeit ist weder von P noch von E zu vertreten, so daß zwar E nicht die Mietzinszahlung von P, dieser aber auch keinen Schadensersatz von E verlangen kann.

b) Anspruch des P gegen E auf Zahlung von Schadensersatz aus §§ 280 I, 283 S.1 BGB
Es gilt das soeben Gesagte. Etwas anderes kann aber hinsichtlich der **Verschuldenszurechnung** nach § 278 BGB gelten. H kann nämlich Erfüllungsgehilfe des E sein. Er wird mit Wissen und Wollen des E in dessen Pflichtenkreis tätig, indem er das Ladengeschäft in den Zustand zu versetzen hilft, den E dem P vertraglich versprochen hat. Die – hier nicht näher benannte – Ungeschicklichkeit des H rechtfertigt einen **Fahrlässigkeitsvorwurf**, der E im Verhältnis zu P zugerechnet wird.
Ergebnis: E schuldet dem P Ersatz des eingetretenen **Schadens**.

Aufgabe 38.
a) Anspruch des S (vertreten durch seine Eltern) gegen P auf Rückzahlung von € 1.400,- aus § 812 I 1 Fall 1 BGB
S kann einen Rückzahlungsanspruch gegen P haben, den seine **Eltern** stellvertretend für ihn geltend machen können (letzteres ergibt sich aus dem Recht der Eltern zur Vermögenssorge, § 1626 I 2 a.E. BGB).
Dazu muß P **etwas erlangt** haben. Hier hat er zumindest Besitz an den Geldscheinen und -münzen erlangt, mit denen S das Moped bezahlt hat. Diese sind durch bewußte und zweckgerichtete Vermögensmehrung seitens

S, also **durch Leistung** iSv. § 812 I 1 BGB, an ihn gelangt. Fraglich ist, ob dies **ohne rechtlichen Grund** geschehen ist. Einen Rechtsgrund für die Zahlung kann ein wirksamer Kaufvertrag darstellen. Zwar haben sich P und S über die dafür erforderlichen Fragen (Kaufpreis und Kaufgegenstand) geeinigt, doch kann die Willenserklärung des S schwebend **unwirksam** sein, § 108 I BGB. S ist nämlich **minderjährig**, § 2 BGB; da er schon über sieben Jahre alt ist (§ 106 BGB), finden auf seine Rechtsgeschäfte die §§ 107 ff. BGB Anwendung. Die Unwirksamkeit nach § 108 BGB tritt nur ein, wenn es sich um ein Geschäft handelt, aus dem er **nicht lediglich einen rechtlichen Vorteil** zieht. Der Kaufvertrag verpflichtet ihn aber gemäß § 433 II BGB zur Kaufpreiszahlung, so daß ihm ein rechtlicher Nachteil entsteht. Folglich kommt es für die Wirksamkeit auf das **Einverständnis** seiner gesetzlichen Vertreter (hier: der Eltern) an. Diese haben zwar durch **Überlassung von Mitteln** zur freien Verfügung (§ 110 BGB) ihre Einwilligung (§ 183 BGB) erklärt, doch war diese mit einer **Einschränkung** versehen. Da ein Moped ein motorisiertes Zweirad ist, war der konkrete Kauf nicht von der elterlichen Einwilligung erfaßt. Eine nachträgliche **Genehmigung** haben sie gerade nicht erklärt. Vielmehr haben sie sie durch das Verlangen nach Rückgängigmachung des Geschäfts die Genehmigung klar (wenigstens schlüssig) verweigert. Also war der Kaufvertrag endgültig unwirksam, so daß es am rechtlichen Grund für die Leistung fehlte.
Ergebnis: P muß nach § 812 I 1 Fall 1 BGB die € 1.400,- an S zurückzahlen.

<u>b) Anspruch des S gegen T auf Rückgabe des Rads aus § 985 BGB</u>
S kann (wiederum vertreten durch seine Eltern) von T Rückgabe des Fahrrads verlangen, wenn er noch dessen Eigentümer und T unberechtigter Besitzer ist.
Zuerst muß S überhaupt **selbst Eigentum** erworben haben. Er hat das Fahrrad von Z (in Erfüllung eines Kaufvertrags) übereignet bekommen, § 929 S.1 BGB. Seine zur Übereignung erforderliche Willenserklärung ist ohne Zustimmung seiner Eltern wirksam, da er durch diese Erklärung nur einen rechtlichen Vorteil (§ 107 BGB), nämlich das Eigentum am Fahrrad erwirbt. Dieses darf er nicht durch **Übereignung an T** verloren haben. Die nach § 929 S.1 BGB erforderliche **Einigung** über den Eigentumsübergang könnte unwirksam sein, wenn die darauf gerichtete Erklärung des S unwirksam war. Das kann sich wegen seiner **beschränkten Geschäftsfähigkeit** (§§ 2, 106 BGB) aus § 108 I BGB ergeben. Nach § 107 BGB hat S nämlich aus der Übereignung nicht nur einen **rechtlichen Vorteil**, da er das Eigentum verliert. Die zur Vermeidung der schwebenden Unwirksamkeit nach § 108 I BGB erforderliche **Einwilligung** der Eltern kann nun in der Überlassung von Mitteln („Taschengeld", § 110 BGB) gelegen haben. Als solche Mittel kommen auch andere **Vermögensgegenstände** als Geld in Betracht. Das Fahrrad, das S bei dem Tauschhandel einsetzte, ist ihm zwar nicht unmittelbar von den Eltern überlassen worden, wurde aber von seinem **Taschengeld** gekauft. Also wird man § 110 BGB auch darauf anwenden kön-

nen. Um aber dem **Zweck der Minderjährigenschutzvorschriften** zu entsprechen, muß der für das Taschengeld geltende Vorbehalt der Eltern auch für die Vermögensgegenstände gelten, die vom Taschengeld erworben und dann zum Tausch eingesetzt werden. Andernfalls wäre es für S leicht möglich, jede Einschränkung mit geringem Aufwand zu umgehen. Also fehlt es für das Tauschgeschäft des S an der erforderlichen Einwilligung der Eltern, da diese eine nachträgliche **Genehmigung verweigert** haben.
Ergebnis: S kann nach § 985 BGB sein Rad zurückverlangen (und muß das Moped nach § 812 I 1 Fall 1 BGB ebenfalls zurückgeben).

Ergänzende Hinweise:
- Bei der Argumentation zum Zweck der §§ 104 ff. BGB ist mit guten Gründen auch anderes vertretbar.

Aufgabe 39.
a) Zahlungspflicht des S aus § 433 II BGB
Zwischen S und G ist ein **Kaufvertrag** über die Waschmaschine geschlossen worden. Dieser begründet zunächst eine **Zahlungspflicht** über die volle Kaufsumme (§ 433 II BGB). Allerdings kann die **Unmöglichkeit** der Erfüllung dieser Pflicht ihren Fortfall bewirken (§ 275 I BGB). Bei **Gattungsschulden** – und eine solche liegt bei einer Geldzahlungspflicht vor, da der Leistungsgegenstand „Geld" nach allgemeinen Merkmalen bestimmt ist – muß jedoch nach **§ 276 I 1 BGB** der Schuldner für die Unmöglichkeit auch ohne Vorsatz oder Fahrlässigkeit einstehen; er muß sich also um anderes Geld kümmern, mit dem er seine Zahlungspflicht erfüllen kann. Auf eine Konkretisierung im Sinne von § 243 II BGB kann er sich wegen der Besonderheit des Leistungsgegenstands „Geld" nicht berufen.
Ergebnis: Der Einwand des S geht also fehl; er muß zahlen.

b) Anspruch des S gegen U auf Rückgabe der Geldscheine aus § 985 BGB
Zwar ist ein Eigentumsherausgabeanspruch nach § 985 auch bei Geld ausnahmsweise denkbar, wenn die konkreten Scheine – etwa anhand der Nummern – identifizierbar sind. Den unmittelbaren **Besitzer** U (§ 854 I BGB) kann S nur in Anspruch nehmen, wenn er selbst noch **Eigentümer** ist. S kann aber das Eigentum an den Scheinen in dem Augenblick **verloren** haben, in dem W es auf U übertrug. Die nach § 929 S.1 BGB erforderliche Übergabe hat stattgefunden, gleichfalls waren sich W und U über den Eigentumsübergang **einig**. Allerdings war D nicht der Eigentümer und auch nicht von S zur Eigentumsübertragung ermächtigt (§ 185 I BGB). Nach § 932 BGB kann aber trotzdem U Eigentum erworben haben, wenn er **in gutem Glauben** an die Eigentümereigenschaft des W war. Hieran zu zweifeln hatte er keinen Anlaß (Geld stinkt nicht). Zwar handelte es sich um **gestohlene Gegenstände**, so daß nach § 935 I BGB ein gutgläubiger Erwerb gerade nicht möglich sein sollte, doch gilt unter anderem für **Geld** eine **Ausnahme** von dieser Regel, § 935 II BGB.

Ergebnis: *U ist Eigentümer geworden, so daß S nicht nach § 985 BGB Rückgabe der Scheine verlangen kann.*

Ergänzende Hinweise:
- Auch ein anderweitiger Ersatzanspruch ist nicht ersichtlich: Weder stehen U und S in Vertragsbeziehungen noch hat U eine unerlaubte Handlung begangen (§§ 823 ff. BGB) noch kann die Übertragung des Gelds mangels Rechtsgrunds nach § 812 I 1 Fall 1 BGB rückgängig gemacht werden.
- Der Maßstab des Vertretenmüssens bei Gattungsschulden bestimmte sich bis zum 1.1.2002 nach § 279 BGB a.f. Ob die Vorschrift auf Geldschulden anzuwenden sei, war streitig. Auch unter Geltung von § 276 I BGB n.F. kann man die Haftung aus allgemeinen Grundsätzen oder aus dem Gesetz ableiten.

Aufgabe 40.
Anspruch des A gegen Z auf Zahlung von € 120,- aus 816 I 1 BGB

Da A und Z nicht in vertraglichen Beziehungen stehen, kann sich ein Ersatzanspruch zunächst aus einer ungerechtfertigten Bereicherung des Z ergeben. Hier geht der speziellere § 816 I 1 BGB dem ebenfalls denkbaren Anspruch aus § 812 I 1 Fall 2 BGB (wegen des Eingriffs in eine fremde Rechtsposition) vor.

*Zunächst muß eine **Verfügung** über einen Gegenstand des A getroffen worden sein. Die Übereignung des Buchs im Antiquariat durch Z verändert die Eigentumslage an demselben und stellt daher eine Verfügung dar. Diese hat Z als **Nichtberechtigter** getroffen, denn er war nicht der Eigentümer und auch nicht vom Eigentümer A zur Veräußerung ermächtigt (§ 185 I BGB) worden. Die **Wirksamkeit gegenüber dem** (eigentlichen) **Berechtigten** (also dem Eigentümer A) ergibt sich aus § 932 BGB, der den Eigentumsübergang auf den gutgläubigen Erwerber anordnet. Durch den Erwerb des Antiquars wird A aus seiner Eigentumsposition verdrängt. Die Verfügung des Z erfolgt **entgeltlich**, da er das Buch gegen Zahlung von € 120,- übereignet.*

Nach dem Wortlaut des § 816 I 1 BGB hat Z das durch die Verfügung Erlangte, also die vollen € 120,-, herauszugeben.

Ergebnis: *A kann von Z € 120,- nach § 816 I 1 BGB verlangen.*

Ergänzende Hinweise:
- Eine Erörterung der Vorschriften über den Fund (§§ 965 ff BGB) erübrigte sich, weil sich daraus allenfalls eine Ablieferungspflicht des Z begründet, er aber nicht zum Verfügungsberechtigten oder Eigentümer des Buchs wird.
- Bei der Frage der Wirksamkeit der Verfügung des Z gegenüber A hätte man auch § 935 BGB anwenden können. Da A den Besitz an dem Buch ohne seinen Willen verloren hat, ist ein gutgläubiger Erwerb durch das Antiquariat eigentlich ausgeschlossen. Indessen liegt in der Geltendmachung des Anspruchs auf das Erlangte zugleich eine Genehmigung (§ 184 BGB) der unberechtigten Verfügung des Z, wodurch diese gegenüber A wirksam wird.
- Neben § 816 I BGB kommt als Anspruchsgrundlage auch § 823 I BGB in Betracht, der allerdings nur Schadensersatz gewährt, so daß A von Z so nur € 80,- verlangen kann. Der Anspruch wäre zu bejahen, denn Z wenigstens fahrlässig (eher: vorsätzlich) gehandelt, als er ein wertvolles Buch an einen Dritten übereignete und so dem A dauerhaft den Besitz entzog. Er hätte wissen müssen, daß niemand ein wertvolles Buch in der Bahn liegen läßt, um das Eigentum aufzugeben.

Aufgabe 41.
Anspruch des F gegen B auf Zahlung von € 3.000,- aus § 765 I BGB
*Ein Zahlungsanspruch aus dem Bürgschaftsvertrag setzt zunächst das **Bestehen einer Hauptverbindlichkeit** voraus, für die sich B verbürgt haben kann. Diese liegt in der Verpflichtung zur Darlehensrückzahlung, die A gegenüber B aus § 488 I 2 BGB trifft. A hat sich nämlich durch Abschluß eines Darlehensvertrags (also durch Einigung über Rückzahlungszeitpunkt und – summe) zur Zahlung von € 3.000,- verpflichtet.*
*Für diese Verbindlichkeit des A muß sich B **wirksam verbürgt** haben. Sie muß sich also mit F über ihre Einstandspflicht im Fall der Nichtzahlung seitens B geeinigt haben. Dies ist geschehen, als B erklärte, sie wolle für den Betrag von € 3.000,- geradestehen (§§ 133, 157 BGB) und F dies akzeptierte. Die Erklärung der B bedarf nach § 766 S.1 BGB der **Schriftform**; diese Form ist gewahrt.*
*Die „**Einrede der Vorausklage**" (§ 771 BGB, also den Einwand, F müsse zunächst erfolglos A in Anspruch nehmen) kann B dem F nicht entgegensetzen, da sie durch die **selbstschuldnerische** Bürgschaftsübernahme hierauf verzichtet hat (§ 773 I Nr. 1 BGB).*
*Sie kann aber F alle **Einreden** entgegensetzen, die auch A zustehen (§ 768 I 1 BGB). Dazu gehört auch die Vereinbarung eines **Zahlungsaufschubs** („Stundung").*
***Ergebnis**: Auch B muß erst in drei Monaten zahlen, dann aber ohne F auf eine vorherige Anspruchsdurchsetzung gegen A verweisen zu können.*

Ergänzende Hinweise:
- Der vorstehende Bearbeitungsvorschlag konnte recht knapp ausfallen, weil das Problem der Aufgabe hauptsächlich darin lag, die richtigen Vorschriften zu finden und zu zitieren (die im Unterricht nur ganz oberflächlich besprochen worden waren).

Aufgabe 42.
a) Wirksamkeit der Übereignung
*W kann das Eigentum am Lkw wirksam auf N übertragen haben, §§ 929, 931 BGB. Dazu müssen sich beide über den Übergang des Eigentums vertraglich **geeinigt** haben (§ 929 S.1 BGB). Dies ist mangels anderweitiger Hinweise anzunehmen. Da bei einer Sicherungsübereignung üblicherweise der übertragene Gegenstand im Besitz der Übereignenden bleibt (hier also S den Lkw nach seiner Vereinbarung mit W weiterhin nutzen konnte), kann aber W an N nicht den **unmittelbaren Besitz** (§ 854 I BGB) übergeben, wie das § 929 S.1 BGB erfordert. Die Übereignung ist trotzdem wirksam, wenn die Voraussetzungen des § 931 BGB vorliegen. Danach muß W ihren **Herausgabeanspruch** an N **übertragen** haben. Dies geschieht mittels einer **Abtretung**, § 398 BGB. Die dafür erforderliche Einigung über den Forderungsübergang darf vermutet werden. Auch ist die abgetretene Forderung nach Schuldner, Gläubiger und Entstehungsgrund hinlänglich **bestimmt**.*

Eine Forderung, die abgetreten werden soll, muß aber überhaupt **existieren**. *Hier ergibt sich der Anspruch der W gegen S auf Herausgabe des Lkw aus dem* **Sicherungsvertrag**, *in welchem regelmäßig vereinbart wird, daß nach Eintritt des Sicherungsfalls der Sicherungsnehmer (die Bank) berechtigt ist, das Sicherungsgut (den Lkw) vom Sicherungsgeber (dem S) herauszuverlangen und zu verwerten (also z.B. zu verkaufen). Da S bei Fälligkeit die Kreditsumme nicht zurückzahlen kann, ist der Sicherungsfall eingetreten, so daß W einen vertraglichen Herausgabeanspruch auf den Lkw hat, den sie an N abtreten kann. Also ist die Übereignung wirksam.*

b) N hat einen **Kaufvertrag** *über den Lkw mit W geschlossen, aus dem sie zur Zahlung des Kaufpreises* **an W** *verpflichtet ist (§ 433 II BGB).*

c) S kann von W verlangen, daß sie den bei einem Verkauf des Lkw erzielten die Darlehenssumme (zuzüglich der durch den Verkauf entstehenden Kosten) übersteigenden Betrag an S zahlt. Dies läßt sich entweder aus dem **Sicherungsvertrag** *begründen, der zwischen S und W geschlossen wurde, oder aus* **§ 812 I BGB**: *S hat dann ohne rechtlichen Grund auf Kosten des S einen Betrag erhalten, auf den sie aus dem Darlehen keinen Anspruch hat (§ 812 I 1 Fall 2 BGB).*

Aufgabe 43.
<u>Anspruch des H gegen K auf Zahlung von € 12.000,- aus § 433 II BGB</u>
Einen Kaufpreiszahlungsanspruch gegen K hat H, wenn zwischen ihnen ein wirksamer **Kaufvertrag** *besteht, § 433 BGB. Einigkeit über den Kaufgegenstand und den Preis wurde erzielt. Die dazu führenden Willenserklärungen haben aber H und N abgegeben, nicht von H und K. Eine vertragliche Pflicht des K ist nur anzunehmen, wenn die Erklärung des N, 4.000 qm „Erika 443" kaufen zu wollen, Rechtswirkungen für und gegen K entfaltet. Dies ist der Fall, wenn die Voraussetzungen des § 164 I BGB gegeben sind, so daß N´s Erklärung K zugerechnet werden kann. N muß also K wirksam* **vertreten** *haben. Dies setzt zunächst nach § 164 I BGB eine* **eigene Erklärung** *des N voraus; eine solche liegt vor. Diese muß* **im Namen des K** *abgegeben worden sein. Auch wenn aus dem Sachverhalt nicht klar hervorgeht, ob N ausdrücklich gesagt hat, er kaufe im Namen des K, war doch für H aus den Umständen (zumindest dem vorherigen Brief des K, möglicherweise auch aus früheren Einkäufen des N) erkennbar, daß das Geschäft für K abgeschlossen werden sollte. Damit ist dem Offenkundigkeitserfordernis genügt (§ 164 I 2 BGB). Darüber hinaus muß N* **im Rahmen seiner Vertretungsmacht** *gehandelt haben. Diese ergibt sich aus der Vollmachterteilung seitens K. Die Vollmacht ist durch Erklärung des K gegenüber H (§ 167 I Fall 2 BGB) uneingeschränkt erteilt (jedenfalls für den Einkauf von Teppichen). Eine nach außen wirksame Einschränkung kann nur in der gleichen Form stattfinden wie die Vollmachterteilung (Rechtsgedanke der §§ 171 II, 172 II BGB). Die Anweisung an N, bestimmte Typen von Teppichen nicht*

mehr zu kaufen, ist also nur im Innenverhältnis zwischen K und N bindend, ändert aber nichts an der nach außen bestehenden Rechtsmacht des N, sämtliche Teppich-Kaufgeschäfte zu tätigen. Also hat N im Rahmen seiner Vertretungsmacht gehandelt und dadurch den K zur Zahlung verpflichtet.
Ergebnis: H kann von K Zahlung der € 12.000,- verlangen.

<u>Anspruch des H gegen N auf Zahlung von € 12.000,- aus § 179 I BGB</u>
Ein gegen N gerichteter Anspruch des H auf Zahlung der Kaufsumme wegen vollmachtlosen Vertreterhandelns scheitert, wie eben festgestellt, daran, daß N innerhalb seiner Vertretungsmacht handelte.

Ergänzende Hinweise:
- Ob sich N also durch einen Verstoß gegen seinen Arbeitsvertrag, dessen Inhalt sich unter anderem durch die Anweisungen des K bestimmt, gegenüber K ersatzpflichtig macht, tut bei der Frage der Wirksamkeit des nach außen getätigten Geschäfts nichts zur Sache.
- Wer oben das Problem nicht gesehen hat, wird beim Anspruch aus § 179 I BGB zu einem anderen Ergebnis kommen können.

Aufgabe 44.
a)
<u>Anspruch des F gegen L auf Ersatz der Reparaturkosten aus § 823 I BGB</u>
Für einen Schadensersatzanspruch des F gegen L aus § 823 I BGB muß L zumindest fahrlässig handelnd widerrechtlich das Eigentum des F verletzt haben.
Mit der erheblichen Beschädigung am Wagen des F ist das Auto in seiner Substanz beeinträchtigt und damit F´s **Eigentum** daran **verletzt**. Mangels Einverständnisses des F oder eines sonstigen Rechtfertigungsgrunds geschah dies **widerrechtlich**.
L ist **fahrlässiges Verhalten** vorzuwerfen (§ 276 II BGB), da er gegen die im Straßenverkehr geltenden Sorgfaltsstandards verstieß, indem er seine Aufmerksamkeit dem Autoradio zuwandte, während er auf eine Ampel zufuhr. Eine Ampel darf man nicht übersehen. Also darf man auch nicht im Auto herumwursteln, wenn man auf eine Ampel zufährt, da dann die naheliegende Gefahr besteht, die Lichtzeichen der Ampel zu mißachten und dadurch Unfälle zu verursachen.
Damit hat L schuldhaft einen **Schaden** in Höhe der zur Reparatur des Wagens erforderlichen Kosten verursacht, zu dessen Ersatz er nach § 823 I BGB verpflichtet ist.

<u>Anspruch des F gegen S auf Ersatz der Reparaturkosten aus § 831 I 1 BGB</u>
Neben L kann gegenüber F auch S haften, wenn die Voraussetzungen des § 831 I 1 BGB vorliegen.
Die **rechtswidrige Eigentumsverletzung** im Sinne der § 823 I BGB durch L ist bereits festgestellt. Diese muß L als **Verrichtungsgehilfe** des S bewirkt haben. L ist als Angestellter des S an dessen Weisungen gebunden; seine Tätigkeit als Fahrer ist ihm von S übertragen worden. Also ist er Verrichtungsgehilfe. Der Unfall ist **in Ausführung seiner Verrichtung**, nämlich

*bei der Durchführung einer ihm aufgetragenen Auslieferungsfahrt geschehen. Das für eine Haftung des S erforderliche **Verschulden** des S (und dessen Ursächlichkeit für den Schadenseintritt) wird nach § 831 I 1 BGB vermutet, solange S nicht das Gegenteil vortragen und gegebenenfalls beweisen kann.*
Ergebnis: *Also haftet neben L auch S auf Ersatz des entstandenen Schadens.*

b)
*In der Fallvariante ändert sich nur etwas an der Schadensersatzpflicht des S. Kann dieser nämlich den Beweis führen, daß er L ohne Verstoß gegen die bei solchen Tätigkeiten erforderliche Sorgfalt ausgesucht, angeleitet, überwacht und mit Arbeitsmitteln ausgestattet hat (§ 831 I 2 BGB – sog. **Exkulpation**), so entfällt seine Haftung. So liegen die Dinge hier, da S alles getan hat, was von einem sorgfältigen Speditionsunternehmer verlangt werden kann, um Unfälle durch seine Fahrer zu verhindern.*
Ergebnis: *S haftet also nicht nach § 831 I 1 BGB, wohl aber L nach § 823 I BGB.*

Ergänzende Hinweise:
- Neben die hier erörterten Ansprüche treten bei Straßenverkehrsunfällen regelmäßig solche aus dem Straßenverkehrsgesetz (§§ 7, 18 StVG). Diese sind praktisch wichtig (weil verschuldensunabhängig), waren aber nach der Fallfrage ausnahmsweise nicht zu prüfen.
- Das schuldhafte Verhalten läßt sich auch aus dem Verstoß gegen § 37 II Nr.1 StVO ableiten, dessen Kenntnis aber kein Prüfungswissen ist (in der BGB-Klausur, anders bei der Führerscheinprüfung).

Aufgabe 45.
Anspruch des K gegen H auf Rückzahlung von € 122,- aus §§ 434, 437, 346 S.1 BGB
K kann gegen H einen Anspruch auf Kaufpreisrückzahlung wegen eines Sachmangels nach Rücktritt vom Vertrag haben. Dieser ist nach § 346 BGB auf Rückgewähr der ausgetauschten Leistungen, hier also auf Rückzahlung des Gelds, gerichtet.
Ein Kaufvertrag zwischen K und H liegt vor, da K und H, der stellvertretend für H handelte (§§ 164 I BGB, 56 HGB), sich einigten, daß acht Liter des genau bestimmten Schmierstoffs für € 122,- verkauft werden sollten. Daher findet das Kauf-Sachmangelgewährleistungsrecht der §§ 434 ff. BGB Anwendung.
*Mangelhaft ist die verkaufte Sache auch, wenn sie zwar ihrem allgemeinen Einsatzzweck dienen kann, aber für die vertraglich vereinbarte Verwendung nicht tauglich ist (§ 434 I 1 BGB). Die Eignung oder Verwendbarkeit des Schmierstoffs für einen bestimmten Typ von Maschinen / Lagern ist eine **Eigenschaft** (nämlich ein dauerhaftes Merkmal der Sache, das für ihren vertraglich festgelegten Gebrauch von Bedeutung ist). **Eine Beschaffenheitsvereinbarung über diese Eigenschaft** haben die Parteien getroffen, als B als Stellvertreter des H erklärt hat, das Schmiermittel sei für die bei K einge-*

setzten Maschinen verwendbar. Damit war das Schmiermittel **fehlerhaft** im Sinne von § 434 BGB, da es für die vertraglich zugrundegelegte Verwendung (Schmierung bestimmter Lagertypen) nicht geeignet war. Dies war bereits zum Zeitpunkt des **Gefahrübergangs** (nach § 446 BGB die Übergabe der Kaufsache) der Fall, weil das Schmiermittel dauerhaft für seinen Bestimmungszweck ungeeignet war. Da aber der Rücktritt nach § 437 BGB erst zulässig ist, wenn der Verkäufer Gelegenheit zur Nacherfüllung hatte, muß zunächst K dem H eine Frist setzen, innerhalb derer H das „richtige" Schmiermittel liefern kann (eine Nachbesserung dürfte hier ausscheiden).
Ergebnis: K kann erst nach fruchtlosem Ablauf einer angemessen Frist zur Nacherfüllung den Rücktritt erklären und so sein Geld zurückverlangen.

<u>Anspruch des K gegen H auf Zahlung von € 5.640,- Schadensersatz aus § 280 I BGB</u>
Ersatz für die beschädigten Maschinen kann K von H nach § 280 I BGB verlangen. Ein **Schuldverhältnis** zwischen K und H besteht in Gestalt des Kaufvertrags, § 433 BGB. Daraus trifft H die **Pflicht**, eine mangelfreie Sache zu übergeben und übereignen (§ 433 I 2 BGB) und die Rechtsgüter des K nicht zu schädigen, also z.B. dem K kein Schmiermittel zu verkaufen, das zum Heißlaufen von dessen Maschinen führen wird. Eben dies hat aber H getan; das schuldhafte Verhalten des B wird ihm nach § 278 Fall 2 BGB **zugerechnet**. B seinerseits hat **fahrlässig** und damit schuldhaft im Sinne von § 276 II gehandelt, indem er bei der Prüfung der Einsetzbarkeit des Schmiermittels für K's Zwecke unsorgfältig arbeitete: Daß er mit dem Finger in die falsche Spalte der Tabelle geriet, mag zwar verständlich sein, darf aber bei ordnungsgemäßem Vorgehen nicht vorkommen und rechtfertigt so den Vorwurf des Außerachtlassens der objektiv erforderlichen Sorgfalt.
Also kann K von H Ersatz für die Beschädigung seiner Maschinen verlangen.

Aufgabe 46.
Voraussetzung für einen Kaufpreiszahlungsanspruch des F gegen R ist der Abschluß eines wirksamen **Kaufvertrags**. Ein solcher ist mit der verbindlichen Einigung über den Kaufgegenstand (einen Staubsauger Modell Dn 7272) und den Kaufpreis (€ 750,-) **zustandegekommen**. Indessen war an diesem Abschluß R als nunmehr auf Zahlung in Anspruch Genommener nicht beteiligt. Er ist aus dem Vertrag nur verpflichtet, wenn ihm das Handeln des A nach den Regeln über die Stellvertretung beim Abschluß von Rechtsgeschäften (§§ 164 ff. BGB) **zugerechnet** werden kann. Voraussetzung für eine solche Zurechnung ist zunächst, daß A eine **eigene Willenserklärung** abgegeben hat, § 164 I BGB. Dies ist in dem Augenblick der Fall, als er F gegenüber erklärte, er wolle den Staubsauger kaufen. Weiter muß er dabei **in fremdem Namen** gehandelt haben. Ob er R als seinen angeblichen Auftraggeber dabei ausdrücklich genannt hat oder den Eindruck einer Auftragserteilung durch Vorlage des Schreibens erweckt, ist egal: Es ergibt

sich für F zumindest aus den Umständen (§ 164 I 2 BGB) des Geschäftsabschlusses, daß A im Namen des R handeln will. R ist an die Erklärung des A aber nur gebunden, wenn dieser **im Rahmen der ihm eingeräumten Vertretungsmacht** gehandelt hat. Eine ausdrückliche oder schlüssig erklärte **Vollmachterteilung** durch R lag weder im Verhältnis zu A noch im Verhältnis zu F vor. R selbst hatte keine Vollmacht erteilen wollen. Es ist auch keine in diese Richtung deutbares Verhalten seinerseits ersichtlich. Er muß sich aber das Verhalten des A zurechnen lassen, wenn er in vorwerfbarer Weise den **Anschein** gesetzt hat, A sei sein Vertreter. Dies ergibt sich hier daraus, daß er **Blankounterschriften** auf Geschäftspapier gesetzt hat, das A ohne weiteres zugänglich war. Die Gefahr eines Mißbrauchs solcher Blankounterschriften liegt derart auf der Hand, daß R mit einem ungewollten Ausfüllen durch Unbefugte rechnen hätte müssen. Wenn er trotzdem die Bögen offen herumliegen ließ, anstatt sie etwa in einem Schrank zu verschließen, muß er sich behandeln lassen, als habe er A tatsächlich bevollmächtigt. F seinerseits bedarf auch eines solchen Schutzes, da er keinen Anlaß hatte, an der Ordnungsmäßigkeit der ihm vorgelegten Vollmacht zu zweifeln.

Zwar enthält das von A aufgesetzte Schreiben nicht das Wort „Vollmacht", doch ist dessen Text nach § 133, 157 BGB auszulegen. F durfte aus der (angeblichen) Beauftragung des A auf die Erteilung der zur Auftragsausführung erforderlichen Vollmacht schließen.

Ergebnis: Also wirkt die Erklärung des A für und gegen R, der deswegen zur Kaufpreiszahlung gegenüber F verpflichtet ist.

Ein Anspruch des F auf Kaufpreiszahlung gegen A besteht dagegen nicht. A ist nicht aus dem Kaufvertrag zur Zahlung verpflichtet, weil seine Erklärung nach § 164 I BGB nur gegen R, nicht aber gegen ihn selbst wirkt. Eine eigene Verpflichtung kann sich zwar aus § 179 I BGB ergeben; dafür muß aber A vollmachtloser Vertreter sein, was gerade nicht der Fall ist.

<u>b) Anspruch des R gegen A auf Schadensersatz in Höhe von € 750,- aus § 280 I BGB</u>
Für einen Schadensersatzanspruch des R gegen A aus § 290 I BGB muß zunächst zwischen beiden ein **Schuldverhältnis** bestehen. Ob A und R einen Dienstvertrag (§§ 611 ff. BGB) oder einen Werkvertrag (§§ 631 ff. BGB) geschlossen haben, läßt sich dem Sachverhalt nicht klar entnehmen. In beiden Fällen besteht aber ein (vertragliches) Schuldverhältnis (§ 311 I BGB). Aus diesem Schuldverhältnis trifft A nicht nur die **Pflicht**, regelmäßig das Büro des R zu reinigen, sondern auch die Pflicht (§ 241 II BGB), das Vermögen des R nicht unnötig zu beeinträchtigen. Diese Pflicht hat er **verletzt**, indem er ohne Einverständnis des R einen Vertrag mit F abschloß, aus dem R nach dem oben Gesagten wirksam zur Zahlung von € 750,- verpflichtet wurde. Die Pflichtverletzung muß er zu **vertreten** haben, § 280 I 2 BGB. A hat nach § 276 I vorsätzliches und fahrlässiges Handeln zu vertreten. Das Vorgehen des A geschah wissentlich und willentlich; insbesondere wollte er, daß R mit seinem

Vermögen für das von ihm abgeschlossene Geschäft einstehen müsse (wobei er gehofft haben mag, daß R sich letztendlich einverstanden erklären möge). Er hat also **vorsätzlich** gehandelt und daher seine Pflichtverletzung zu vertreten. Durch diese ist R ein **Schaden** entstanden: Seine Vermögenslage ist nach Zahlung der € 750,- schlechter als ohne die Zahlung; ohne das pflichtwidrige Verhalten des A wäre er aber zur Zahlung gegenüber F nicht verpflichtet, § 249 S.1 BGB. Zwar ist er im Gegenzug Eigentümer eines funktionierenden Staubsaugers geworden. Diesen wollte er aber nicht haben, so daß der Staubsauger sich nicht schadensmindernd auswirkt.

Ergebnis: R kann von A nach § 280 I BGB € 750,- als Schadensersatz fordern (muß ihm dann aber im Gegenzug den Staubsauger übergeben und übereignen).

Aufgabe 47.
Anspruch des F gegen M auf Rückgabe der Farbe aus § 812 I 1 Fall 1 BGB
Voraussetzung für einen Anspruch auf Rückgabe nach § 812 I 1 Fall 1 BGB ist, daß **M etwas erlangt** hat. In Erfüllung der vertraglichen Pflichten (nach § 433 I BGB: Übertragung von Besitz und Eigentum an der Kaufsache) des F hat M ihr nach § 929 S.1 BGB das **Eigentum** an dem betreffenden Eimer Farbe übertragen. M hat also das Eigentum an dem Eimer (zumindest aber den unmittelbaren Besitz, § 854 I BGB) erlangt.
Dies muß sie **durch Leistung** des F erlangt haben. F hat, handelnd durch seinen Angestellten A, der als sein rechtsgeschäftlicher Stellvertreter tätig wird, bewußt und zielgerichtet das Vermögen der M um das Eigentum an dem Farbeimer vermehrt.
Für diese Leistung darf es **keinen Rechtsgrund** geben. Zwar kann zunächst ein **Kaufvertrag** zwischen M und F bestanden haben, nachdem sich M und A über den Kaufpreis von € 120,- und den Kaufgegenstand (50kg-Eimer eines bestimmten Farbtyps und -tons) einig waren. Dieser kann aber durch **Anfechtung** des F wieder entfallen sein, so daß von Anfang an für die Eigentumsübertragung kein rechtlicher Grund bestand (§ 142 I BGB). Voraussetzung für eine wirksame Anfechtung ist das Vorliegen eines **Anfechtungsgrunds**; dieser kann hier in einem **Irrtum** des A liegen (daß es nur auf die Erklärung und den Willen des Vertreters ankommt, folgt aus § 166 I BGB), dessen Willenserklärung dem F nach § 164 I BGB zugerechnet wird. Für einen **Irrtum** iSv § 119 I BGB müssen Wille und Erklärung des A auseinanderfallen.
In Betracht kommt ein **Erklärungsirrtum**, bei dem das Gewollte nicht mit dem tatsächlich Erklärten übereinstimmt. Grundsätzlich ist davon auszugehen, daß A im Rahmen seiner Tätigkeit für F den Willen hat, Kaufverträge zu den jeweils gültigen Preisen in den Preislisten der F abzugeben. Entnimmt er diesen Preislisten infolge eines Versehens einen „falschen" Preis, und nennt diesen dem Käufer, so ist diese Situation der Abweichung vom Gewollten und Erklärten gleichzusetzen. Die Nennung des Preises in

Höhe von € 120,- entsprach somit nicht dem eigentlich gewollten Verkaufspreis von € 250,-. Somit liegt ein Erklärungsirrtum vor; F hat also einen Anfechtungsgrund.
Eine **Anfechtungserklärung** (§ 143 I BGB) hat F selbst abgegeben; zumindest ist das seinem Verlangen nach Rückgängigmachung des Vertrags im Wege der Auslegung (§§ 133, 157 BGB) zu entnehmen.
Diese ist auch ohne schuldhaftes Zögern, also unverzüglich nach Entdeckung des Irrtums durch F, erfolgt. Sie war also **fristgemäß** iSv § 121 BGB.
Hat danach F wirksam angefochten, so fehlt es am Rechtsgrund für die Übereignung der Farbe.
Ergebnis: Er kann die Farbe nach § 812 I 1 Fall 1 BGB von M zurückübereignet verlangen.

<u>Anspruch der M auf Zahlung von € 120,- gegen F aus § 812 I 1 Fall 1 BGB</u>
Mit der Anfechtung des F ist der gesamte Vertrag unwirksam geworden, womit zugleich auch der **Rechtsgrund** für die Zahlung der € 120,- **entfiel**.
Ergebnis: M kann Rückzahlung des Kaufpreises nach § 812 I 1 Fall 1 BGB verlangen.

<u>Anspruch der M gegen F auf Zahlung von € 100,- Schadensersatz aus § 122 BGB</u>
Zwar hat F den Vertrag mit M wirksam **angefochten**. Doch gewährt § 122 BGB nur den **Ersatz des negativen Interesses**, also desjenigen Vermögensschadens, der sich ergibt, wenn man den tatsächlichen Verlauf mit einer hypothetischen Situation vergleicht, in der der Geschädigte nie von dem angefochtenen Geschäft gehört hätte. Daher ist der **M kein ersatzfähiger Schaden entstanden**: Hätte sie nie mit F einen Vertrag geschlossen, hätte sie die Farbe bei dessen Mitbewerber zu € 220,- kaufen müssen.
Ergebnis: Ein Schadensersatzanspruch aus § 122 BGB besteht nicht.

Aufgabe 48.
<u>Anspruch des M gegen G auf Ersatz der Kosten für ein Ersatzfahrzeug iHv. € 520,- aus §§ 280 I, II, 286 BGB</u>
Ein Schadensersatzanspruch wegen **Verzugs** des G nach §§ 280 I, II, 286 BGB setzt voraus, daß G eine seiner Pflichten verletzt hat, indem er die versprochene Leistung verzögert hat. Ein **Schuldverhältnis** besteht in Gestalt des mit M geschlossenen Werkvertrags über die Reparatur. (Unmöglich ist die Reparatur des Pkw erkennbar nicht.) Vertraglich **geschuldet** war die **Rückgabe** des Pkw nach erfolgter Reparatur. Diese war aufgrund der dahingehenden Vereinbarung zwischen M und G am 11.6. **fällig** (§§ 286 I, 271 I BGB). Zu diesem Zeitpunkt hat G die Leistung **nicht bewirkt**. In Verzug gerät er regelmäßig aber nur, wenn M ihn mahnt. **Entbehrlich** ist eine **Mahnung** allerdings, wenn die Leistungszeit nach dem Kalender bestimmt ist, § 286 II Nr. 1 BGB. Dies ist wegen der Vereinbarung des 11.6. der Fall. Weiter setzt der Ersatzanspruch nach §§ 280 I, II, 286 BGB voraus, daß G

schuldhaft gehandelt hat, § 286 IV BGB. G hat, indem er sich nicht von der Verwendbarkeit des Ersatzteils überzeugte, das er einzubauen gedachte, die in einer solchen Situation erforderliche Sorgfalt außer Acht gelassen. Mag die Verwechslung auch verständlich sein, so durfte sie doch einem ordentlichen Mechaniker nicht unterlaufen. Damit hat G die im Verkehr erforderliche Sorgfalt iSv § 276 II BGB außer Acht gelassen, also fahrlässig und damit schuldhaft gehandelt.
Durch die Nichtverfügbarkeit seines Wagens ist M ein **Schaden** entstanden, zu dessen Ausgleich er € 520,- aufwenden mußte.
Ergebnis: Diesen Betrag kann er nach §§ 280 I, II, 286 BGB von G ersetzt verlangen.

<u>Anspruch des M gegen G auf Ersatz der Kosten für die anderweitige Auftragsvergabe iHv. € 200,- aus § 281 I 1 BGB</u>
*Ein solcher Anspruch kann sich aus § 281 I 1 BGB ergeben. Erforderlich ist dafür, daß G als Schuldner die Leistung nicht wie geschuldet erbracht hat. Da zum vereinbarten Leistungszeitpunkt G die Reparatur des Wagens nicht bewirkt hatte, ist dies anzunehmen. Dies geschah schuldhaft, § 276 II BGB. Weiter muß M dem G erfolglos eine Frist zur Leistung bestimmt haben, § 281 I 1 BGB. Eine solche Fristsetzung ist nicht erfolgt. Entbehrlich ist sie nach § 281 II BGB nur, wenn G die Vertragserfüllung ernsthaft und endgültig verweigert oder diese infolge der Verzögerung nach Abwägung der beiderseitigen Interessen für M **unzumutbar** geworden ist. Das ist nicht der Fall: Auch mit einem deutlich verspätet reparierten Pkw kann man noch fahren. Auch hat G nicht ernsthaft und endgültig die Vertragserfüllung verweigert; vielmehr bemüht er sich gerade um eine solche. Es ist nicht erkennbar, daß er unzuverlässig arbeitet oder M aus einem ähnlichen Grund eine Vertragserfüllung nicht zuzumuten wäre. (Ein Rücktritt des M vom Vertrag ist nach § 323 I BGB parallel zu dieser Überlegung ebenfalls nur nach Fristsetzung möglich; ein Fall der Entbehrlichkeit nach § 323 II Nr. 2 BGB liegt nicht vor, da aus dem Vertrag nicht hervorgeht, daß nach dem vereinbarten Erfüllungstermin M kein Interesse mehr an der Leistung hat.)*
Ergebnis: Solange also nicht M dem G eine „letzte Chance" zur Erfüllung gibt, kann er keinen Ersatz der Kosten verlangen, die ihm dadurch entstehen, daß er anderswo mehr für die vertragliche Leistung bezahlen muß.

Ergänzende Hinweise:
- Zum gleichen Ergebnis kommt man bei der Erörterung des Vertretenmüssens, wenn man auf die von § 286 IV BGB ausgesprochene Vermutungswirkung abstellt.
- Häufig übersehen (oder nur ganz flüchtig erwähnt) wurde, daß für den Verzugseintritt eine Mahnung Voraussetzung ist (und der Verzug hier ausnahmsweise ohne Mahnung nach § 286 II Nr. 1 BGB eintritt).
- Ein Rücktrittsrecht des M kann sich zudem aus § 636 BGB wegen der verspäteten Herstellung des Werks ergeben. Aber auch dieser Anspruch setzt eine Fristsetzung mit Ablehnungserklärung voraus.

Aufgabe 49.

Anspruch des D gegen L auf Herausgabe des Fahrrads aus § 985 BGB

L hat die tatsächliche Einwirkungsmöglichkeit auf das Fahrrad, er ist also **unmittelbarer Besitzer**, § 854 I BGB. Weiter muß D **Eigentümer** des Rads sein. Das Eigentum kann er von E, der ihm das Rad verkauft hat, **erworben** haben. Für die Übereignung nach § 929 S.1 BGB fehlt es zwar nicht an der Einigung zwischen E und D über den Eigentumsübergang und auch nicht an der Eigentümerstellung des E, aber an der Übertragung des tatsächlichen Besitzes (**Übergabe**). Diese kann aber nach § 931 BGB durch die **Abtretung des gegen den unmittelbaren Besitzer gerichteten Herausgabeanspruchs** ersetzt werden. Dazu muß E ein Herausgabeanspruch gegen L als Entleiher zustehen. Dieser ergibt sich aus § 604 I BGB aufgrund des zwischen den beiden abgeschlossenen Leihvertrags. Zur Abtretung dieses Anspruchs genügt nach § 398 BGB die **Einigung** über den Anspruchsübergang zwischen E und D. Eine solche hat stattgefunden. Zudem muß hinlänglich klar sein, welcher Anspruch abgetreten wurde. Zwischen E und D bestand Übereinstimmung darüber, daß ein Anspruch des E gegen L auf Rückgabe des verliehenen Fahrrads abgetreten sein sollte. Damit ist dem **Bestimmtheitserfordernis** genügt.

Also ist das Fahrrad wirksam von E an D **übereignet** worden, §§ 929, 931 BGB.

Sofort herausverlangen kann D es von L aber nur, wenn L **kein Recht zum Besitz** (§ 986 I 1 BGB) hat. Aus dem zwischen L und E geschlossenen **Leihvertrag** ergibt sich ein schuldrechtliches Recht zum Besitz für die Dauer des Leihvertrags, weil gerade der Besitz Gegenstand der Leihe ist. Der Vertrag ist nicht etwa durch **Kündigung** beendet worden, denn es lag kein Kündigungsgrund im Sinne des § 605 BGB vor. Zudem hat auch E gegenüber L nicht die Kündigung erklärt. Der auf D übergegangene Herausgabeanspruch des E ist also **noch nicht fällig**. Dies schließt aus, daß D die sofortige Herausgabe des Fahrrads von L fordern kann.

Ergebnis: L hat noch für drei Wochen ein Recht zum Besitz gegenüber D, so daß dieser noch nicht die Herausgabe des Rads nach § 985 BGB verlangen kann.

Ergänzende Hinweise:
- Zum gleichen Ergebnis gelangt man, wenn man nicht § 985 BGB anwendet, sondern den an D abgetretenen (§ 398 BGB) Anspruch des E auf Rückgabe der Leihsache (§ 604 BGB) als Anspruchsgrundlage heranzieht.
- Etliche Bearbeiter erkannten die Übereignung nach §§ 929, S.1, 931 BGB nicht oder subsumierten nur ganz flüchtig unter die Voraussetzungen des § 931 BGB.
- Der vorstehende Bearbeitungsvorschlag ist eher schlank.

Aufgabe 50.

Für alle Sachverhalte gilt:

Zwischen H und S ist jeweils ein **Kaufvertrag zustandegekommen** (§ 433 BGB), als sich die beiden über das betreffende Buch und den dafür zu zah-

lenden Preis geeinigt haben. Dies geschah bereits bei der Bestellung der nicht vorrätigen Titel.

a) Anspruch der H gegen S auf Zahlung von € 28,- aus § 433 II BGB
*Mit dem Kaufvertrag verspricht H, der S ein bestimmtes Buch zu übergeben und zu übereignen (§ 433 I 1 BGB). Gibt es dieses Buch - hier: die gesamte Gattung - nicht, so ist die Erfüllung dieses vertraglichen Versprechens **unmöglich**. Da der Titel überhaupt nicht aufgelegt wurde, ist die Erfüllung für jedermann, also **objektiv,** unmöglich, § 275 I BGB. Dieser Zustand lag bereits bei Vertragsschluß vor, so daß es sich um eine **anfängliche** Unmöglichkeit handelt. Anders als nach § 306 a.f. BGB ist nach § 311a BGB nicht der gesamte Vertrag nichtig. H kann also trotz der Unmöglichkeit der Leistung die Zahlung des vereinbarten Kaufpreises verlangen. (Allerdings steht umgekehrt S ein Schadensersatzanspruch nach §§ 311 a II BGB (gegebenenfalls in Verbindung mit § 284 BGB) zu, der sie berechtigt, die Kosten für die Beschaffung eines gleichwertigen Ersatzgegenstands von H zu verlangen; damit wird die Durchsetzung des Zahlungsanspruchs sinnlos.)*
***Ergebnis**: H hat einen Kaufpreiszahlungsanspruch über € 28,- gegen S aus § 433 II BGB.*

b) Anspruch der H gegen S auf Zahlung von € 48,- aus § 433 II BGB
*Der zwischen H und S geschlossene Vertrag verpflichtete S zur Zahlung von € 32,- für das Buch von Weiss in der 8. Auflage. Diesen Vertrag kann H **nicht erfüllen**, da bei Erscheinen der 9. Auflage die Bücher der 8. Auflage nicht mehr erhältlich sind. Ein **Vertrag** über die Lieferung der **neuesten Auflage** ist nicht ohne weiteres zustandegekommen. Immerhin ist es aber denkbar, durch Auslegung (§§ 133, 157 BGB) der Willenserklärungen von H und S anzunehmen, daß die jeweils neueste Auflage geschuldet sein sollte. Im allgemeinen wird eine solche Auslegung den Interessen beider Beteiligter entsprechen. Zweifelhaft ist aber, ob man ohne dahingehende Anhaltspunkte den Willen der S annehmen kann, ein erheblich umfangreicheres Buch auch zu einem um 50 % höheren Preis zu kaufen. Selbst wenn H nichts von den Prüfungsvorbereitungen der S weiß, kann er doch nicht davon ausgehen, daß sich deren Kaufabsicht auch auf ein deutlich umfänglicheres und teureres Buch erstreckte. Eine Auslegung nach dem objektivierten Empfängerhorizont ergibt also keine Willenserklärung der S, die auf den Kauf der € 48,- teuren Neuauflage gerichtet ist. Damit stellt die Erklärung des H, ein Exemplar der 9. Auflage gegen € 48,- abgeben zu wollen, eine abändernde Annahme des ursprünglichen Angebots der S dar, § 150 II BGB, wodurch das Angebot erlischt und die Erklärung des H als neues Angebot gilt. Dieses nimmt S aber nicht mehr an. Es fehlt an einem Vertrag über das zur Verfügung stehende Buch zum Preis von € 48,-.*
***Ergebnis**: H kann auch nicht Zahlung der € 48,- für die 9. Auflage des Buchs von Weiss von S verlangen.*

c) Anspruch der S gegen H auf Rückzahlung von € 44,- aus §§ 437 Nr. 2 Alt.1, 434, 346 ff. BGB
S kann ihr Geld zurückverlangen, wenn sie vom Kaufvertrag nach § 437 Nr. 2 Alt.1. BGB zurückgetreten ist. Ihre Erklärung, sie wolle den Kaufpreis wiederhaben, ist als eine solche **Rücktrittserklärung** aufzufassen. Beim zugrundeliegenden Vertrag handelt es sich um einen **Kaufvertrag** (§ 433 BGB), so daß das Kauf-Sachmangelgewährleistungsrecht der §§ 434 ff. BGB anwendbar ist. §§ 437, 434 I BGB setzen voraus, daß das Buch **mangelhaft** ist. Mangelfrei ist das Buch nach § 434 I BGB, wenn es die vertraglich bestimmte Beschaffenheit hat. Da hier eine vertragliche Bestimmung fehlt, gilt als Maßstab nach § 434 II Nr. 2 BGB die gewöhnliche Verwendung der verkauften Sache. Bei einem Buch ist es verkehrsüblich, daß es alle von Verfasser und Verlag vorgesehenen Seiten (diese aber jeweils nur einmal) enthält. Nur dann kann man es ganz lesen und damit lernen. Das Fehlen eines ganzen Bogens stellt daher ohne weiteres einen Mangel dar (schon weil eine BGB-Prüfung ohne Kenntnisse des Verschuldens bei Vertragsschluß recht riskant sein kann). Der Mangel ist auch **nicht** etwa **unerheblich**, zumal er weder leicht zu beseitigen ist noch sich von selbst erledigen würde. Der Mangel lag bereits **bei Gefahrübergang** auf S vor, nämlich bei der Übergabe des Besitzes iSv. § 446 BGB. Auf ein etwaiges Verschulden des H kommt es im kaufrechtlichen Gewährleistungsrecht nicht an.
Allerdings muß S nach § 437 BGB zunächst Nacherfüllung (§ 439 BGB) verlangen, bevor sie ihr Geld zurückfordern kann. (Da die Mangelbeseitigung nur mit unvertretbarem Aufwand möglich sein wird, kommt hier nur die Lieferung eines mangelfreien Exemplars des Buchs in Frage.)
Ergebnis: Ein Anspruch der S gegen H auf Rückzahlung des Kaufpreises scheitert an dem bislang fehlenden Nacherfüllungsverlangen der S.

Ergänzende Hinweise:
- In Teil b) der Aufgabe wäre vielleicht mit guten Argumenten auch eine gegenteilige Auslegung vertretbar.

Aufgabe 51.
Anspruch des A gegen B auf Zahlung von € 840,- aus § 433 II BGB
Voraussetzung für einen Zahlungsanspruch des A ist das wirksame Zustandekommen eines **Kaufvertrags**, § 433 BGB. Ein **Angebot** über € 840,- lag noch nicht im Katalog des A; dieser stellte nur eine invitatio ad offerendum - also eine noch unverbindliche Aufforderung, Angebote abzugeben - dar. Ein Angebot über € 840,- kann aber seitens B mit dessen **Postkarte** abgegeben worden sein: Zwar ist dort kein **Preis** genannt, dieser kann aber durch **Auslegung** auf Grundlage des Empfängerhorizonts ermittelt werden (§§ 133, 157 BGB). Ein vernünftiger Empfänger würde an Stelle des A die eigene interne Preisliste zu Rate ziehen (und muß nicht an Druckfehler denken), so daß er zu dem Schluß käme, B wolle die Bücher für € 840,- kaufen. Die **Annahme** dieses Angebots kann nun A **schlüssig** durch den **Versand** der Bücher erklärt haben. Dabei stellt sich indessen das gleiche Problem

noch einmal: Da dem Versandpaket keine Rechnung beilag, muß deren Erklärungsinhalt hinsichtlich des Kaufpreises wiederum durch Auslegung ermittelt werden. Nach objektiviertem Empfängerhorizont liegt der damit erklärte Preis bei € 480,-, weil B, der nicht über die interne Preisliste, sondern nur über die Angaben im Katalog verfügt, keinen Anlaß zu Zweifeln über den Preis haben mußte. Somit stimmen die beiden jeweils aus Empfängersicht zu beurteilenden Erklärungen nicht überein, so daß bis dahin kein Kaufvertrag zustande gekommen ist. Die irritierte Rückfrage des B nach Eingang der Rechnung bringt keinen rechtsgeschäftlichen Willen zum Ausdruck; auch erklärt B sogleich ausdrücklich, er wolle keine € 840,- zahlen. Ein Vertrag über € 840,- ist damit nicht geschlossen worden.
Ergebnis: A kann nicht Zahlung von € 840,- von B verlangen.

Anspruch des A gegen B auf Zahlung von € 480,- aus § 433 II BGB
Angesichts der Übereinstimmung zwischen A und B über die vertragsgegenständlichen Bücher kommt es wiederum darauf an, ob hinsichtlich des **Preises** (nunmehr von € 480,-) übereinstimmende Willenserklärungen vorliegen. Zwar hat A durch den Versand eine **schlüssige Erklärung** abgegeben, die bei objektivierter Betrachtung auf € 480,- gerichtet ist, doch hat B daraufhin telefonisch wenigstens schlüssig erklärt, er wolle auch keine € 480,- zahlen.
Ergebnis: Damit ist auch kein Vertrag über € 480,- zustandegekommen.

Ergänzende Hinweise:
- Nicht gefragt war nach Ansprüchen auf Rückgabe des Buchs; solche bestehen aus § 812 I 1 Fall 1 BGB, nicht dagegen aus § 985 BGB, da die Übereignung des Buchs an B ungeachtet des fehlenden Kaufvertrags gem. § 929 S.1 BGB wirksam erfolgt ist.
- Die richtige Bearbeitung gelang nur, wenn man das Problem der Auslegungsbedürftigkeit erkannte und dann mechanisch-stur die jeweils beiden noch wirksamen Erklärungen hinsichtlich des im Auslegungswege ihnen zu entnehmenden Preises verglich. Das fiel vielen BearbeiterInnen schwer.

Aufgabe 52.
Anspruch des H gegen W auf Rückgabe des Bilds aus § 985 BGB
Ein Rückgabeanspruch aus § 985 BGB scheitert daran, daß H **nicht mehr Eigentümer** ist, nachdem er das Bild an W übereignet hat (§ 929 S.1 BGB); außerdem ist auch W nicht mehr **Besitzer** des Bilds.

Anspruch des H gegen W auf Rückgabe des Bilds oder Wertersatz aus § 812 I 1 Fall 1 BGB
Ein Anspruch auf Rückgabe kann sich aber aus § 812 I 1 Fall 1 BGB ergeben. Dazu muß W das Bild - genauer: Eigentum und Besitz daran - **erlangt** haben. Dies ist der Fall, nachdem H es ihm übergeben und übereignet hat. Weiter muß W das Bild **durch Leistung** des H erlangt haben. Mit der Übereignung und der Übergabe wollte H bewußt das Vermögen des W vermehren; er hat also an W geleistet. Dies muß **ohne rechtlichen Grund** geschehen sein. Den Rechtsgrund für Übereignung und Übergabe bildete der

Kaufvertrag, den W und H geschlossen haben, indem sie sich über den Austausch eben dieses Bilds gegen € 40.500,- einigten. Dieser Vertrag kann **nichtig** sein infolge einer **Anfechtung** durch H, § 142 I BGB. H hat die Anfechtung **erklärt**, § 143 I BGB. Daß er von Rücktritt sprach, stört dabei nicht: Beim Kaufvertrag gibt es ein Rücktrittsrecht nur, wenn dies ausdrücklich vereinbart ist oder infolge gesetzlicher Anordnung etwa bei Leistungsverzug oder Unmöglichkeit der Vertragserfüllung. Da dies hier nicht der Fall ist, liegt es nahe, die Erklärung des H als Anfechtungserklärung auszulegen (§§ 133, 157 BGB). Die Anfechtung erfolgte ohne schuldhaftes Zögern. Sobald H von den zur Anfechtung berechtigenden Umständen Kenntnis erhielt, erklärte er die Anfechtung **unverzüglich** im Sinne des § 121 BGB. Zur Nichtigkeit führt die Anfechtung aber nur, wenn auch ein **Anfechtungsgrund** bestand. In Betracht kommt hier ein **Irrtum** des H **über eine verkehrswesentliche Eigenschaft** der verkauften Sache nach § 119 II BGB. Abzustellen ist dabei nicht auf den Wert des Bilds, da ein Irrtum hierüber nicht zur Anfechtung berechtigt. Vielmehr muß ein Irrtum über einen **wertbildenden Faktor** des Bilds vorgelegen haben. Dieser liegt hier in der Fehlvorstellung des H über den Urheber des Bilds. Die Urheberschaft stellt einen wertbildenden Faktor und damit eine verkehrswesentliche Eigenschaft dar; dies gilt jedenfalls, wenn es sich um einen so bekannten Künstler wie Paul Klee handelt, für dessen Werke hohe Preise zu erzielen sind. Es ist anzunehmen, daß H seine Willenserklärung oder zumindest nicht in dieser Form abgegeben haben würde, wenn er um die Urheberschaft Paul Klees gewußt hätte. H durfte also anfechten. Der Kaufvertrag ist damit als von Anfang an nichtig anzusehen, § 142 I BGB, so daß es am rechtlichen Grund für die Eigentums- und Besitzübertragung von H an W fehlt.

Wie der Anspruch auf Herausgabe des unberechtigt Erlangten zu erfüllen ist, ergibt sich aus § 818 BGB. Die **Herausgabe** des Bilds selbst (§ 818 I BGB) ist W **nicht mehr möglich**, da er es an S übergeben und übereignet hat, also weder Eigentum noch Besitz an H übertragen kann. § 818 II BGB ordnet für diesen Fall die **Pflicht zum Wertersatz** an. Der **objektive Wert** des Bilds beträgt € 80.000,-, so daß dieser Betrag an H zu zahlen ist (der seinerseits zur Rückzahlung des Kaufpreises nach § 812 I 1 Fall 1 verpflichtet ist, so daß im Ergebnis nur € 39.500,- zu zahlen sind). Streiten kann man darüber, ob W auch den über dem Verkehrswert liegenden **Erlös** in Höhe von € 20.000,- oder wenigstens einen Teil davon an H herauszugeben hat. Immerhin hätte er dieses Geld nicht erlösen können, wenn er nicht das rechtsgrundlos erlangte Bild gehabt hätte. Vertretbar ist es, den Betrag hälftig zwischen H und W zu teilen, da einerseits das Verkaufsgeschick des W, andererseits das (nach Anfechtung dem H zustehende) Eigentum am Bild erforderlich waren, um diesen Betrag zu erzielen.

Ergebnis: W muß zwar nicht das Bild herausgeben, ist aber verpflichtet, an H € 39.500,- zu zahlen.

Bearbeitungsvorschläge

Ergänzende Hinweise:
- Die wirtschaftliche Vernünftigkeit des Ergebnisses erweist sich beim Nachrechnen: Für W verbleiben als Lohn seiner Geschäftstüchtigkeit € 20.000,- (= die Differenz zwischen dem Verkehrswert und dem von ihm erzielten Kaufpreis).
- Viele Bearbeiter hatten Schwierigkeiten zu begründen, warum hier ein Irrtum vorlag. Die Subsumtion unter § 119 I BGB fiel dann sehr knapp aus, weil das Ergebnis so offensichtlich erschien.
- Ein Schadensersatzanspruch aus § 122 I BGB kam nicht in Betracht, da dieser nur dem Anfechtungsgegner (hier: W) zusteht, nicht aber dem Anfechtenden (hier: H). Etliche Bearbeiter haben versucht, den bei einem Kunsthändler zu vermutenden Sachverstand bei § 122 II BGB "unterzubringen" und so den – fälschlicherweise erörterten – Anspruch aus § 122 I BGB wieder auszuschließen.

Aufgabe 53.

a) Eigentumsverhältnisse am Sofa im Oktober

Zunächst lag das **Eigentum** an dem Sofa bei F, die es **hergestellt** hatte und damit nach § 950 I 1 BGB das Eigentum daran erworben hat, selbst wenn die Teile nicht vorher schon ihr gehörten. F kann das Eigentum jedoch nach § 929 S.1 BGB an S **verloren** haben. Zwar hat sie sich kaufvertraglich zur Übereignung an S verpflichtet und das Sofa auch an S **übergeben**; doch ist die Übereignung nur wirksam, wenn sich beide Beteiligten **über den Eigentumsübergang einig** waren. Die auf Eigentumsübertragung gerichteten Willenserklärungen der F und der S waren aber nach § 449 I BGB mit einer aufschiebenden **Bedingung** (§ 158 I BGB) versehen. Danach soll der Eigentumsübergang erst in dem Augenblick stattfinden, in dem der Kaufpreis für das Sofa vollständig bezahlt ist. Da S nicht mehr flüssig ist, zahlt sie auch nicht an F, so daß die Bedingung **nicht eingetreten** und damit die Übereignung nicht wirksam ist.
Ergebnis: Also ist nach wie vor F Eigentümerin.

b) Eigentumsverhältnisse am Sofa nach dem 1.11.

Am 1.11. kann F gleichwohl ihr Eigentum an K **verloren** haben. Zwar hat sie nicht selbst darüber verfügt, aber die rechtsgeschäftliche **Verfügung** der S kann ihr gegenüber **wirksam** sein. Eine Einigung über den Eigentumsübergang und die Übergabe des nämlichen Sofas haben im Verhältnis S-K stattgefunden. S ist zwar nicht Eigentümer, wurde aber von F durch die Vereinbarung des verlängerten Eigentumsvorbehalts **ermächtigt** (§ 185 I BGB), mit Wirkung gegen F über das Eigentum zu verfügen.
Ergebnis: Damit ist K Eigentümer des Sofas geworden.

c) Anspruch der F gegen K auf Kaufpreiszahlung in Höhe von € 4.200,- aus §§ 433 II, 398 BGB

Da zwischen F und K keine vertraglichen Beziehungen bestehen, kommt es darauf an, ob S einen Kaufpreiszahlungsanspruch erworben hat, der dann auf F übergegangen ist.
K und S waren sich einig über den Verkauf des Sofas LC 2 gegen € 4.200,-. Damit haben sie einen **Kaufvertrag** geschlossen, aus dem K zur Zahlung von € 4.200,- an S verpflichtet ist (§ 433 II BGB).

*Diesen Anspruch kann F durch **Abtretung** von S erworben haben. Zum Übergang eines Anspruchs auf einen neuen Berechtigten ist nach § 398 BGB die **Einigung** zwischen dem alten und dem neuen Anspruchsgläubiger über den Forderungsübergang erforderlich. Diese Einigung haben F und S im Rahmen der (kaufvertraglichen) Vereinbarung eines **verlängerten Eigentumsvorbehalts** getroffen: Neben der bereits erwähnten Ermächtigung an S, die Kaufsache weiterzuveräußern, enthält die Abrede über einen verlängerten Eigentumsvorbehalt zugleich die Abtretung des Zahlungsanspruchs aus dem Weiterverkauf. Damit waren sich S und F über den neuen und den alten Gläubiger und den Rechtsgrund des abzutretenden Anspruchs einig; daß der Anspruchsschuldner (hier K) und die Anspruchshöhe (hier € 4.200,-) erst im Augenblick der Anspruchsentstehung feststanden, schadet dabei nicht. Dem **Bestimmtheitsprinzip** ist Genüge getan, wenn die genannten Umstände nicht schon bei der Abtretung, sondern erst bei der Entstehung des abgetretenen Anspruchs **bestimmbar** sind.*

Ergebnis: Also ist der Anspruch auf F übergegangen, die nun von K Zahlung der € 4.200,- verlangen kann.

Ergänzende Hinweise:
- Zur erfolgreichen Bearbeitung der Aufgabe war es nötig, den Rechtsbegriff „verlängerter Eigentumsvorbehalt" zu kennen und in seine drei Bestandteile (einfacher Eigentumsvorbehalt - §§ 449 I, 158 I BGB; Ermächtigung zur Weiterveräußerung der Vorbehaltssache - § 185 BGB; Abtretung der bei Weiterveräußerung entstehenden Kaufpreisforderung - § 398 BGB) aufspalten zu können. Da sich hierzu keine eigene gesetzliche Regelung findet, bedarf es zur Bearbeitung dieser Aufgabe gelernten Wissens.
- Auch in anderer Hinsicht unterscheidet sich die Aufgabe von den meisten hier wiedergegebenen Prüfungsaufgaben: In den Fragen a) und b) geht es nicht um Ansprüche, sondern nur um die richtige rechtliche Begründung von Aussagen über die Eigentumslage – diese ist meist Teil einer Anspruchsprüfung, taucht hier aber einmal isoliert auf.
- Wer in Teil b) die Ermächtigung zur Weiterveräußerung nicht gesehen hatte, konnte (und mußte) über die Annahme eines gutgläubigen Eigentumserwerbs des K (§§ 929 S.1, 932 BGB) zum gleichen Ergebnis kommen.
- Nicht gefragt war nach dem Schicksal des Differenzbetrags zwischen Ein- und Verkaufspreis. Auf diesen hat F keinen Anspruch und muß ihn nach Maßgabe der Abrede im Eigentumsvorbehalt (sowie zudem nach § 812 I 1 Fall 1 BGB) an S erstatten.
- Wenig Punkte waren auch für längere Erörterungen der besitzrechtlichen Situation zwischen den Beteiligten zu bekommen. Der Besitz spielte für eine zielstrebige Bearbeitung nur insofern eine Rolle, als er einen Teil der jeweiligen Eigentumsübertragungstatbestände bildete.
- Die Wirksamkeit der beiden Kaufverträge zu erörtern war unnötig. Wegen des Trennungs- und Abstraktionsprinzips kam es für die Beantwortung der Fragen nur auf die Wirksamkeit der Übereignungen (zu denen sich die Beteiligten kaufvertraglich verpflichtet hatten) an.

Aufgabe 54.
*a) Eigentümer ist S, solange er sein ursprüngliches **Eigentum** nicht **verloren** hat. Dies **kann durch rechtsgeschäftliche Übertragung** geschehen sein. Der Abschluß eines Kaufvertrags (§ 433 BGB), der lediglich die Pflicht zu einer solchen Übertragung begründet, reicht hierfür nicht aus. Vielmehr geht das Eigentum an einem Grundstück erst über, wenn die Beteiligten sich hierüber gesondert in der Form des § 925 BGB **geeinigt** haben und der Erwerber (hier G oder W) als neuer Eigentümer im Grundbuch **eingetragen***

Bearbeitungsvorschläge

ist (§ 873 I BGB). Solange es an einer der beiden Voraussetzungen fehlt, bleibt S Eigentümer des Grundstücks.
Da bisher die Eintragung des G nicht erfolgt ist, ist S noch Eigentümer des Grundstücks.

b) Anspruch des G gegen S auf Übertragung des Eigentums an dem Grundstück aus § 433 I 1 BGB
Einen Anspruch auf Eigentumsübertragung hat G nur, wenn ein **Kaufvertrag**, aus dem sich eine dahingehende Pflicht ergibt, zwischen G und S wirksam geschlossen wurde. Dazu muß zwischen ihnen **Einigkeit** über den Kaufpreis und die Kaufsache bestehen. Beide sind sich über das betreffende **Grundstück** des S einig. Problematisch ist aber der **Kaufpreis**. Zwar haben G und S eine Einigung über € 3,5 Mio. erzielt. Jedoch bedarf ein Vertrag, der auf die Übertragung des Eigentums an einem Grundstück gerichtet ist, zu seiner Wirksamkeit der **notariellen Beurkundung** (§ 311b I 1 BGB). Da es an dieser bei der (mündlichen oder auch schriftlichen) Einigung über € 3,5 Mio. aber **fehlt**, ist die Vereinbarung **nichtig** nach § 125 S.1 BGB. Ein wirksamer Vertrag kann aber zum Preis von € 2,5 Mio. zustandegekommen sein, da hierüber eine notarielle Urkunde errichtet wurde. Indessen sind die beurkundeten Erklärungen möglicherweise **nichtig** nach § 117 I BGB. Tatsächlich wollten S und G das gegenüber dem Notar angegebene Geschäft nicht gelten lassen; sie haben einverständlich die Willenserklärungen, die dann beurkundet wurden, nur **zum Schein** abgegeben, um Steuern und Gebühren zu sparen. Also ist auch dieser Vertrag nichtig. An seine Stelle tritt nach § 117 II BGB das eigentlich gewollte Geschäft, das (s.o.) aber ebenfalls nichtig ist. Für dessen mögliche **Heilung** nach § 311b I 2 BGB fehlt es an der Erfüllung durch Umschreibung im Grundbuch. Somit besteht zwischen G und S kein wirksamer Kaufvertrag.
Ergebnis: Also hat G keinen Anspruch auf Übereignung gegen S.

Anspruch der W gegen S auf Übereignung nach § 433 I 1 BGB
Zwischen W und S ist dagegen ein **wirksamer Kaufvertrag** geschlossen worden, da der beabsichtigte Inhalt des Geschäfts auch notariell beurkundet worden ist.
Ergebnis: W kann daher von S die Übereignung verlangen.

Ergänzende Hinweise:
- Die Frage in Teil a) richtet sich ausnahmsweise nicht auf einen Anspruch, sondern (nur) auf die Eigentumslage, die sonst als Teil einer Anspruchsprüfung geklärt wird.

Aufgabe 55.
Anspruch des M gegen S auf Zahlung der € 25,- aus §§ 280 I, 241 II, 311 II BGB
Ein **Vertrag** ist zwischen S und M **nicht geschlossen** worden, so daß vertragliche Ersatzansprüche ausscheiden. Auch eine unerlaubte Handlung (iSv § 823 I BGB) kommt kaum in Betracht, da M nur in seinem Vermögen,

*nicht aber in seinem Eigentum geschädigt ist. Möglich ist aber ein Anspruch aus Verschulden bei Vertragsverhandlungen (§§ 280 I, 241 II, 311 II BGB). Ein Schuldverhältnis (§ 280 I BGB) kann nach § 311 II BGB auch schon durch die Aufnahme von Vertragsverhandlungen begründet werden. M und S haben über den Autokauf verhandelt, ohne daß bisher ein Vertrag geschlossen wurde. Aus dieser Situation muß sich eine **Verhaltenspflicht** nach § 241 II BGB ergeben haben, die S verletzt hat, so daß M ein Schaden entstanden ist. Tatsächlich ergibt sich aus dem Eintritt in Vertragsverhandlungen für beide Verhandlungspartner die Pflicht, nicht nur die von § 823 I BGB geschützten Rechtsgüter des Gegenübers (Leben, Gesundheit, Eigentum usw.) nicht zu verletzen, sondern auch sonstige vermeidbare Einwirkungen auf die Vermögenssphäre des anderen zu unterlassen (§ 241 II Alt.3 BGB: „Interessen"). Diese Pflicht hat S **verletzt**, als sie den M zu einer Probefahrt einlud, ihn aber weder auf die geringe Restmenge Benzins im Tank noch auf die defekte Tankanzeige hinwies. Ein Kaufinteressent darf bei einer Probefahrt erwarten, daß er nicht erst tanken muß; wenn doch, kann er erwarten, auf diesen Umstand aufmerksam gemacht zu werden. S hat ihre Pflicht **schuldhaft** verletzt, wenn sie die im Verkehr erforderliche Sorgfalt (§ 276 II BGB) unbeachtet gelassen hat. Für eine Gebrauchtwagenhändlerin ist es erforderlich, die angebotenen Automobile nur dann zu einer Probefahrt anzubieten, wenn deren technischer Zustand eine solche auch zuläßt. Ob die Tankuhr funktioniert und ob noch Benzin im Tank ist, kann ein fachkundiger Händler leicht prüfen, so daß das S vorzuwerfende Verhalten vermeidbar gewesen wäre. Durch die schuldhafte Verletzung dieser Pflicht der S hat M einen **Vermögensnachteil** iHv € 25,- erlitten. Diesen Betrag hätte er nicht aufwenden müssen, wenn er eine normale Probefahrt hätte unternehmen können.*
Ergebnis: *Also hat er einen Ersatzanspruch gegen S in Höhe von € 25,- aus §§ 280 I, 311 II, 241 II BGB.*

Ergänzende Hinweise:
- Da das Selbsttanken-Müssen des Kaufinteressenten für die Probefahrt recht verbreitet ist, konnten die Bearbeiter auch anders argumentieren. Maßgeblich dürfte aber die Hinweispflicht wegen der defekten Tankuhr sein. Immerhin ist ein mitwirkender Verursachungs- und Verschuldensanteil des M (§ 254 BGB) diskutabel.

Aufgabe 56.
Anspruch des P gegen G auf Ersatz des Verdienstausfallschadens aus § 823 I BGB
*Mangels vertraglicher Beziehungen des P mit G kann ein Ersatzanspruch nur aufgrund einer unerlaubten Handlung des G bestehen. Für einen Anspruch aus § 823 I BGB muß G die **Gesundheit** des P **verletzt** haben. Zwar hat er durch die Blinddarmentfernung diese in erster Linie wiederhergestellt, doch hat das Zurücklassen der Klammer eine neue, andere Gesundheitsverletzung bewirkt, da durch die Klammer die körperlichen Normalfunktionen des P beeinträchtigt werden. Die Verletzung muß **rechtswidrig** gewesen sein. Die Einwilligung des P, die zunächst den ärztlichen Eingriff in seine*

körperliche Integrität rechtmäßig erscheinen läßt, erfaßt nicht das Zurücklassen der Klammer, da grundsätzlich die Einwilligung nur Eingriffe nach den Regeln der ärztlichen Kunst umfaßt. Sonstige Rechtfertigungsgründe sind nicht ersichtlich. Weiter muß G **schuldhaft** gehandelt haben. Daß er vergaß, die für die Operation nötige Klammer am Ende wieder zu entfernen, trägt den Vorwurf fahrlässigen Handelns iSv § 276 II BGB. Legt man an das zu beurteilende Verhalten des G objektive Maßstäbe an, so stellt sich das Zurücklassen der Klammer als Außerachtlassen der für einen operierenden Arzt erforderlichen Sorgfalt dar. Die fehlende Routine entschuldigt G nicht, da er sich an den Anforderungen messen lassen muß, die an einen sorgfältigen Angehörigen seines Berufs zu stellen sind. Aufgrund dieser fahrlässigen Gesundheitsverletzung erleidet P einen **Vermögensnachteil**, weil er verzögerungsbedingt einen Verdienstausfall hat. Hierin liegt ein Schaden iSv §§ 249 ff BGB, den G als Verursacher zu ersetzen hat.

Anspruch des P gegen G auf Zahlung eines angemessenen Schmerzensgelds aus § 823 I, 253 II BGB
Des weiteren kann P von Zahlung eines Schmerzensgelds in angemessener Höhe nach § 823 I, 253 II BGB verlangen, da es sich um eine Verletzung seiner **Gesundheit** handelt. Diese ist auch **nicht unwesentlich**: Immerhin wird eine sofortige Operation erforderlich, die typischerweise mit Risiken, Schmerzen und einem verzögerten Heilungsverlauf verbunden ist.
Ergebnis: P kann von G zudem ein Schmerzensgeld verlangen.

Anspruch des P gegen K auf Ersatz des Verdienstausfallschadens aus § 280 I BGB
P kann zudem gegen K ein vertraglicher Anspruch auf Schadensersatz zustehen. Zwischen den Parteien ist ein Behandlungsvertrag zustande gekommen, der unabhängig von der versicherungsrechtlichen Frage der Kostentragung grundsätzlich dem Privatrecht unterliegt. Der Behandlungsvertrag enthält als typengemischter Vertrag sowohl dienstvertragliche als auch mietrechtliche Elemente. Aus diesem Vertrag erwachsen K gegenüber P verschiedene Pflichten. Die hier fragliche **Pflicht** der K richtet sich auf die kunstgerechte Entfernung von P´s Blinddarm. Auf die **Verletzung** dieser Pflicht findet § 280 I BGB Anwendung, weil die geschuldete Leistung weder unmöglich war (§§ 280, 283, 275 BGB) noch zu spät erbracht wurde (§§ 280, 286 BGB). Ebensowenig ist die unrichtige Behandlung des P nach Mangelgewährleistungsvorschriften zu beurteilen, denn solche sind dem Dienstvertragsrecht nicht bekannt. Da P nicht anstelle der geschuldeten Behandlung Schadensersatz verlangt, sondern nur die Schäden ersetzt sehen will, die „neben" der Leistungserbringung entstanden sind, ist § 280 I BGB einschlägig. Wenn auch K nicht zur Bewirkung eines bestimmten Erfolgs (Heilung des P) verpflichtet sein wollte, war sie doch jedenfalls verpflichtet, Kunstfehler zu vermeiden. Das Zurücklassen einer Klammer im Bauch des Patienten ist ein Kunstfehler. Das hierin liegende Verschulden

des operierenden Arztes G ist der K nach § 278 Fall 2 BGB **zuzurechnen**, da sie sich des G zur Erfüllung der sie treffenden Pflichten bediente.
Ergebnis: P kann daher von K nach § 280 I BGB Ersatz des entstehenden Schadens verlangen.

<u>Anspruch des P gegen K auf Zahlung eines angemessenen Schmerzensgelds aus § 823 I, 253 II BGB</u>
Den erlittenen immateriellen Schaden kann P aufgrund von § 823 I, 253 II BGB ersetzt verlangen. Da K eine juristische Person ist, kann sie P nicht durch eine eigene Handlung verletzen. K kann aber trotzdem nach § 823 I BGB haften, wenn sie pflichtwidrig etwas **unterlassen** hat, was sie hätte tun müssen. Anknüpfungspunkt hierfür ist die **Pflicht** der K, ihr Krankenhaus so zu organisieren, daß ein wenig erfahrener Assistenzarzt wie G nicht allein eine risikobehaftete Operation durchführt. Dies ist hier unterblieben. An dieses Unterlassen ist auch ein Verschuldensvorwurf anzuknüpfen, da die Möglichkeit ähnlicher Verläufe naheliegend ist, so daß ein sorgfältiger Krankenhausträger dafür Vorsorge treffen muß, daß Operationen entweder von erfahrenen Ärzten ausgeführt oder wenigstens von solchen überwacht werden. Demnach fällt K ein **eigenes Verschulden** zur Last, so daß sie nach § 823 I BGB für den materiellen Schaden und nach §§ 823 I, 253 II BGB für den immateriellen Schaden des P einstehen muß.

Ist ein eigenes Verschulden der K nicht festzustellen, weil sie das Krankenhaus entsprechend den erwähnten Erfordernissen **organisiert** hat und das Fehlen einer geeigneten Aufsicht über G auf einem unvorhersehbaren Verhalten der S beruht, so kommt eine Haftung nach § 831 I 1 BGB in Frage. G ist **Verrichtungsgehilfe** der K, weil als deren Arbeitnehmer von ihren Weisungen abhängig ist und vorliegend - in Gestalt der Blinddarmoperation bei P - eine Tätigkeit von ihr übertragen bekommen hat. Das Zurücklassen der Klammer geschah **in Ausführung seiner Verrichtung**. Es war **rechtswidrig** (wie oben festgestellt). Ein **schuldhaftes Verhalten der K** wird daher gemäß § 831 I 1 BGB **vermutet**. Zwar kann sich K dieser Verschuldensvermutung entziehen, indem sie nachweist, daß sie bei Auswahl, Anleitung, Überwachung und Ausstattung des G sorgfältig gehandelt hat. Doch wird ihr dies im vorliegenden Fall nicht gelingen, da zumindest die Überwachung des G nicht den Sorgfaltsmaßstäben eines ordentlichen Krankenhauses entsprach und genau dieses Defizit den Behandlungsfehler ermöglicht hat. (Es ist davon auszugehen, daß bei Kontrolle des Operationsverlaufs durch S die Klammer nicht im Bauch des P zurückgeblieben wäre.)
Ergebnis: Daher haftet K jedenfalls nach §§ 831 I 1, 253 II BGB für den immateriellen Schaden des P.

Ergänzende Hinweise:
- Die in der Aufgabe angerissenen Probleme der Arzthaftung sind eigentlich für eine Prüfungsaufgabe dieses Zuschnitts zu komplex, insbesondere weil im Arzthaftungsrecht einige Besonderheiten bei der Beweislast gelten, ohne deren Kenntnis die Materie nur schwer zu verstehen ist.

Bearbeitungsvorschläge

- Auch mit einem kürzeren Bearbeitungsvorschlag als diesem waren in der Klausur alle Punkte zu bekommen.

Aufgabe 57.

Für diese Aufgabe finden Sie anschließend drei Bearbeitungsvorschläge, anhand deren Sie sich die Unterschiede zwischen dem etwas umfangreicheren Gutachtenteil (sogleich Vorschlag a)) und dem kürzeren Urteilsstil (Vorschlag b)) vor Augen führen können. Der dritte Vorschlag (Vorschlag c)) entspricht dem hier gewählten Ansatz, der nur bei den problematischen Normvoraussetzungen mehr in die Breite geht.

Bearbeitungsvorschlag a): Gutachtenstil, lange Bearbeitung
a) Anspruch des L gegen R auf Kaufpreiszahlung aus § 433 II BGB

L kann gegen R einen Anspruch auf Zahlung von € 950,- aus § 433 II BGB haben. Voraussetzung hierfür ist das Bestehen eines Kaufvertrags iSv § 433 BGB zwischen L und R. Ein Kaufvertrag erfordert zwei sich inhaltlich wenigstens hinsichtlich der zu verkaufenden Sache und des zu zahlenden Preises deckende Willenserklärungen, Angebot und Annahme (§§ 145 ff. BGB). Ein Angebot kann R im Ladengeschäft gegenüber L abgegeben haben. R hat den Laptop bezeichnet, den er kaufen wollte, und den Preis von € 950,- genannt; an diese Erklärung, die dem L sofort zuging, wollte er sich auch gebunden fühlen. Damit liegt ein Angebot des R vor. Dieses müßte L nun angenommen haben. L war mit dem Vorschlag des R vorbehaltlos einverstanden, so daß inhaltliche Übereinstimmung bestand. Ein Vertrag ist indessen nur zustandegekommen, wenn beide Erklärungen auch wirksam waren. Zweifel bestehen insofern nur an der Erklärung des R; diese kann nach § 108 I BGB unwirksam sein. Da R erst sechzehn Jahre alt ist, ist er beschränkt geschäftsfähig (§§ 2, 106 BGB); die Wirksamkeit seiner Willenserklärungen bemißt sich nach §§ 107 ff. BGB. Nach § 108 I BGB bedarf eine Willenserklärung des R zu ihrer Wirksamkeit der Zustimmung seiner Eltern (als seiner gesetzlichen Vertreter nach §§ 1626 I, 1629 I BGB), wenn er durch die Erklärung nicht nur einen rechtlichen Vorteil erlangt, § 107 BGB. Wäre der Kaufvertrag wirksam, so verpflichtete er R zur Zahlung des Kaufpreises von € 950,-. Da diese Pflicht gegen R durchsetzbar ist, liegt in ihr ohne weiteres ein rechtlicher Nachteil. Somit ist die Zustimmung der Eltern Voraussetzung für die Wirksamkeit der Erklärung des R. Eine vorherige Einwilligung (§ 183 BGB) zu dem Geschäft haben die Eltern des R soweit ersichtlich nicht erklärt. Allerdings haben sie sich im Nachhinein mit dem Kauf einverstanden erklärt, als R ihnen davon berichtete, § 184. Die Wirkung der Genehmigung kann aber nach § 108 II BGB wieder wegfallen, wenn der Geschäftspartner die gesetzlichen Vertreter zur Genehmigung auffordert. Mit der Aufforderung des L gegenüber den Eltern des R haben diese also die Freiheit wiedererlangt, über den Bestand des Vertrags zu entscheiden. Sie haben dann die Genehmigung verweigert, so daß die Erklärung des R – und damit der ganze Kaufvertrag – endgültig unwirksam wurde. Deshalb fehlt es an einem Kaufvertrag zwischen R und L. Ein Anspruch des L gegen R auf Kaufpreiszahlung besteht daher nicht.

b) Anspruch auf Herausgabe des Geräts
aa) Anspruch aus § 985 BGB

L kann gegen R einen Anspruch auf Herausgabe des Laptops aus § 985 BGB haben. Dieser setzt voraus, daß R Besitzer des Laptops ist. Besitz ist die unmittelbare Herrschaft an einer Sache, § 854 I BGB. L hat R den Rechner nach dem Vertragsschluß mitgegeben, so daß R die unmittelbare Einwirkungsmöglichkeit und damit Besitz erhalten hat.

Weiter muß L Eigentümer des Rechners sein. Von seinem ursprünglichen Eigentum an dem in seinem Laden zum Verkauf stehenden Rechner ist auszugehen. Dieses kann er aber verloren haben, wenn er es wirksam auf R übertragen hat, § 929 S.1 BGB. Hierfür ist neben der soeben festgestellten Übertragung des Besitzes (Übergabe) die Einigung über den Eigentumsübergang erforderlich. L und R haben – zumindest schlüssig – gegenseitig Willenserklärungen abgegeben, aus denen hervorging, daß das Eigentum an dem Rechner von L auf R übertragen werden sollte. Dies ist anzunehmen, weil sich L unmittelbar zuvor kaufvertraglich verpflichtet hatte (genauer: zu haben glaubte), eben diese Übereignung vorzunehmen, § 433 I 1 BGB. Während der Wirksamkeit der Übereignungserklärung des L keine Hindernisse entgegenstehen, kann die Erklärung des R wegen des beschränkter Geschäftsfähigkeit unwirksam sein, § 108 I BGB. Wie bereits dargelegt ist aber Voraussetzung für die Anwendbarkeit des § 108 I BGB, daß der Minderjährige durch die fragliche Erklärung nicht nur einen rechtlichen Vorteil erlangt, § 107 BGB. Anders als bei der auf Abschluß des Kaufvertrags gerichteten Erklärung des R führt die Erklärung „Ich will Eigentum an diesem Rechner erwerben." nur zu einem Rechtszuwachs bei R, nicht aber zu einer ihn treffenden Verpflichtung. Es braucht zu ihrer Wirksamkeit also keine elterliche Zustimmung. Daher hat R eine wirksame Übereignungserklärung abgegeben und durch diese Eigentum an dem Rechner erworben. L ist also nicht mehr Eigentümer des Geräts. Er hat keinen Anspruch gegen R auf Herausgabe nach § 985 BGB.

bb) Anspruch aus § 812 I 1 Fall 1 BGB

Es kann ihm aber ein Anspruch auf Rückübereignung nach § 812 I 1 Fall 1 BGB zustehen. Dazu muß R als Anspruchsgegner etwas erlangt haben. Wie soeben festgestellt, hat L nicht nur den unmittelbaren Besitz (§ 854 I BGB), sondern auch das Eigentum (§ 903 S. 1 BGB) an dem Rechner erlangt. L muß diese Positionen durch Leistung des R erlangt haben. Unter Leistung versteht man eine bewußte und zielgerichtete Mehrung fremden Vermögens. L hat das Vermögen des R um Besitz und Eigentum an dem Rechner vermehrt; er wollte dies auch, weil er sich kaufvertraglich dazu verpflichtet glaubte. Die Vermögensmehrung muß weiter ohne rechtlichen Grund geschehen sein. Als Grund für die Übertragung von Eigentum und Besitz kommt ein Kaufvertrag (§ 433 BGB) in Frage. Einen solchen haben R und L auch abschließen wollen; indes ist der Vertrag – wie festgestellt – mangels der erforderlichen Zustimmung der Eltern des R endgültig unwirksam. Ein

anderer Rechtsgrund ist nicht erkennbar. Damit war die Leistung rechtsgrundlos und ist zurückzugewähren.
L kann also von R (vertreten wiederum durch seine Eltern) verlangen, daß dieser ihm Besitz und Eigentum an dem Laptop zurücküberträgt.

Bearbeitungsvorschlag b): Urteilsstil, knappe Bearbeitung
a) Anspruch des L gegen R auf Kaufpreiszahlung aus § 433 II BGB
L hat gegen R keinen Anspruch auf Zahlung von € 950,-. Als Grundlage hierfür kommt nur § 433 II BGB in Frage; es fehlt aber am dafür nötigen Kaufvertrag. Zwar hat L eine wirksame auf den Verkauf des Laptops gerichtete Erklärung abgegeben, doch war die gleichlautende Erklärung des R unwirksam nach § 108 BGB. Als beschränkt geschäftsfähiger Minderjähriger (§§ 2, 206 BGB) brauchte R für diese Erklärung die Zustimmung seiner Eltern (§§ 1626 I, 1629 I BGB). Diese haben weder vorher in den Kauf eingewilligt (§ 183 BGB) noch diesen später genehmigt (§ 184 BGB). Ihre zunächst gegenüber R erklärte Genehmigung (§ 108 I BGB) des Geschäfts ist wieder unwirksam geworden, als sie auf Anfrage des L die Genehmigungsverweigerung erklärten (§ 108 II BGB).

b) Anspruch auf Herausgabe des Geräts
aa) Anspruch aus § 985 BGB
Ein Herausgabeanspruch des L gegen R wegen des Rechners nach § 985 BGB scheitert am fehlenden Eigentum des L. Sein ursprüngliches Eigentum hat L nämlich durch Übereignung des Geräts an R nach § 929 S.1 BGB verloren. Er hat R den Laptop übergeben (§ 854 I BGB); gleichzeitig waren beide über den Eigentumsübergang einig. Die Wirksamkeit der auf die Übereignung gerichteten Erklärung des R wird von dessen beschränkter Geschäftsfähigkeit nicht berührt, da die Erklärung keiner elterlichen Zustimmung bedurfte, § 107 BGB. Es handelte sich bei der Übereignung um ein Geschäft, aus dem R lediglich einen rechtlichen Vorteil gezogen hat, weil die Übereignung des Rechners bei ihm nur zu einem Rechtszuwachs (nämlich dem Eigentumserwerb), aber nicht zur Übernahme einer Verpflichtung.

bb) Anspruch aus § 812 I 1 Fall 1 BGB
L kann aber von R die Rückübereignung des Geräts verlangen, § 812 I 1 Fall 1 BGB. R hat Eigentum und Besitz an dem Laptop durch die Leistung des L erlangt, der beide Rechtspositionen auf R übertrug, weil er sich hierzu kaufvertraglich verpflichtet glaubte. Es fehlte aber an einem rechtlichen Grund für diese Leistung, weil der beabsichtigte Kaufvertrag wegen der fehlenden Zustimmung der Eltern von R gerade nicht wirksam zustandekam.

Bearbeitungsvorschlag c): Vernünftige Schwerpunktsetzung
a) Anspruch des L gegen R auf Kaufpreiszahlung aus § 433 II BGB

L kann von R Zahlung von € 950,- verlangen, wenn zwischen den beiden ein **Kaufvertrag** im Sinne des § 433 BGB zustande gekommen ist. Die auf den Abschluß eines Kaufvertrags gerichtete Willenserklärung des L ist gegeben. An ihrer Wirksamkeit bestehen keine Zweifel.
Fraglich ist jedoch, ob dies auch für die Willenserklärung des R gilt. Dieser war zum Zeitpunkt der Verhandlungen mit L erst 16 Jahre alt und daher nach § 106 BGB in der **Geschäftsfähigkeit beschränkt**. Um eine wirksame Willenserklärung abzugeben, hätte er daher der vorherigen Zustimmung (Einwilligung, § 183 BGB) seiner Eltern bedurft (§ 107 BGB). Die Eltern des R haben jedoch von dem Kauf des Laptops nichts gewußt und daher auch nicht in den Vertragsschluß eingewilligt. Die Willenserklärung des R ist daher im Moment des Vertragsschlusses **schwebend unwirksam** gewesen. Sie kann jedoch infolge einer nachträglich erteilten **Genehmigung** (§ 184 BGB) durch die Eltern wirksam geworden sein (§ 108 BGB). Tatsächlich haben sich die Eltern des L zunächst mit dem Kauf des Laptops einverstanden gezeigt und gegenüber R erklärt, daß der Kauf in Ordnung gehe. In einem derartigen Verhalten liegt grundsätzlich eine Genehmigung. Der Vertrag wäre daher infolge dieser Erklärung voll wirksam geworden. Allerdings wird eine von den gesetzlichen Vertretern gegenüber dem Minderjährigen erteilte **Genehmigung rückwirkend wieder unwirksam**, wenn der Vertragspartner die Vertretungsberechtigten auffordert, sich über das Rechtsgeschäft zu erklären (§ 108 II 1 BGB). Genau dies ist mit der Anfrage des L bei den Eltern von R passiert. Dadurch wurde die **ursprünglich** gegenüber R **erteilte Genehmigung unwirksam**, so daß der Vertrag weiterhin schwebend unwirksam ist. Da die Eltern nach der Aufforderung gegenüber L erklärten, sie verweigerten die Genehmigung, ist die Willenserklärung des R endgültig unwirksam geworden. Aus diesem Grund ist kein Kaufvertrag zwischen L und R zustande gekommen und L ist **nicht berechtigt**, von R die **Zahlung von € 950,- zu verlangen**.

b) Anspruch auf Herausgabe des Geräts
aa) Anspruch aus § 985 BGB
Anspruchsgrundlage für ein Herausgabeverlangen des L kann zunächst **§ 985 BGB** sein. Dies setzt allerdings voraus, daß L nach wie vor **Eigentümer** des Laptops ist. Sein **ursprüngliches Eigentum** kann er nach § 929 S.1 BGB mit **Übereignung** an R verloren haben. Die Übereignung erfordert die Übergabe der zu übereignenden Sache sowie die **Einigung** der Parteien über den **Übergang des Eigentums**. Da L dem R den Laptop mitgab, ist die **Übergabe**, die in der Besitzverschaffung liegt, **erfolgt**. Fraglich ist daher nur, ob sich die Parteien zudem wirksam über den Übergang des Eigentums **geeinigt** haben. Grundsätzlich ist in der Übergabe eines verkauften Gegenstands ein **schlüssiges Angebot** des Verkäufers zur Übereignung zu sehen (§§ 133, 157 BGB). L hat daher eine auf Übereignung des Laptops gerichtete schlüssige Willenserklärung abgegeben. Fraglich ist indessen, ob auch R die für eine Übereignung notwendige Willenserklärung abgegeben hat. Allgemein liegt in der Annahme einer gekauften Sache die auf die Annahme

des Eigentums gerichtete Willenserklärung des Käufers. Demnach **liegt eine Annahmeerklärung des R auch vor**. Zweifelhaft ist, ob diese **Willenserklärung wirksam** war. Da R bei der Übergabe des Laptops erst 16 Jahre alt war, bedurfte er zur Abgabe von Willenserklärungen, durch **die er nicht lediglich einen rechtlichen Vorteil erlangte**, der Zustimmung seiner Eltern (§ 107 BGB), die aber nicht vorliegt. Jedoch ist die auf den **Eigentumserwerb gerichtete Willenserklärung** des R von der schuldrechtlichen, auf den Abschluß des Kaufvertrags gerichteten Willenserklärung zu trennen. Durch die Annahme der Übereignung hat R **lediglich einen rechtlichen Vorteil, nämlich das Eigentum an dem Laptop erlangt**. Demnach war seine Erklärung nach § 107 BGB im Moment der Abgabe wirksam, so daß er Eigentümer des Laptops geworden ist. L kann somit nicht nach § 985 BGB die Herausgabe des Laptops verlangen, da er das Eigentum daran bereits an R verloren hat.

bb)   Anspruch aus § 812 I 1 Fall 1 BGB
*Ein weiterer L zustehender Anspruch kann aus **§ 812 I 1 Fall 1 BGB** gegeben sein. Nach dieser Norm hat, wer durch die **Leistung** eines anderen rechtsgrundlos **bereichert** wurde, das **rechtsgrundlos Erlangte herauszugeben**. R ist mit der Übereignung des Laptops um das **Eigentum** an diesem Gerät bereichert worden. Das ist durch **Leistung** des L, nämlich die zielgerichtete Übertragung der Eigentumsposition in das Vermögen des R, geschehen. **Rechtsgrund** dieser Übereignung kann allein ein von L bei Leistung vermuteter **Kaufvertrag** gewesen sein. Dieser Vertrag ist allerdings – wie oben gezeigt – **nicht zustande gekommen**, so daß **kein Rechtsgrund** für den Eigentumserwerb vorliegt. R ist mithin rechtsgrundlos Eigentümer geworden und daher nach § 812 I 1 BGB verpflichtet, den Laptop durch **Rückübereignung an L herauszugeben** (§ 929 S.1 BGB).*

Ergänzende Hinweise:
- Die meisten Fehler geschahen bei der Wirkung der Genehmigung der Eltern nach § 108 II BGB. Hier mußte erkannt und dargestellt werden, daß die bereits erteilte Genehmigung rückwirkend wieder wegfällt.
- Im zweiten Teil der Aufgabe wurde oft verkannt, daß das Eigentum am Laptop auf R übergegangen ist. Viele Bearbeiter haben nicht zwischen dem unwirksamen Kaufvertrag und der wirksamen Übereignung nach § 929 BGB unterschieden.

Aufgabe 58.
<u>Anspruch des B gegen G auf Übereignung nach § 433 I BGB</u>
*Ein Anspruch des B auf Übereignung des Grundstücks kann sich **ausschließlich** aus **§ 433 I BGB** ergeben. Die für den Abschluß eines Kaufvertrags notwendigen **Willenserklärungen** haben die Vertragsparteien **abgegeben**. Fraglich ist allein, ob durch diese Erklärungen ein wirksamer Vertrag zustande kam. Gemäß **§ 311b I BGB** ist ein Kaufvertrag, durch den sich jemand verpflichtet, Eigentum an einem Grundstück zu übertragen oder zu erwerben, nur wirksam, wenn die **jeweiligen Willenserklärungen notariell beurkundet** wurden. Dieser **zwingenden Formanforderung** haben die*

*Parteien durch die schriftliche Niederlegung des Kaufvertrags auf einem Bierdeckel **nicht** genügt.* Verstößt ein Rechtsgeschäft gegen die gesetzlich vorgeschriebene Form, so ist es nach **§ 125 S.1 BGB nichtig**. *Dies gilt uneingeschränkt auch für den zwischen B und G geschlossenen Kaufvertrag. Demnach ist B **nicht berechtigt**, von G die Übereignung des verkauften Grundstücks zu verlangen.*

Ergänzende Hinweise:
- Für die hier maßgebliche Formpflicht kam es nur auf § 311b I BGB und **nicht** auf § 925 BGB und auch nicht auf § 873 BGB an. Die letztgenannte Vorschrift betrifft die Form, in der ein Grundstück zur Erfüllung des Kaufvertrags **übereignet** wird (Auflassung). Danach war aber nicht gefragt.

Aufgabe 59.
a)   Anspruch des F auf Ersatz von € 1.500,- aus §§ 280 I, III, 281 BGB
*F kann gegen L nach **§§ 280 III, 281 I BGB** einen Anspruch auf Ersatz von € 1.500,- als **Schadensersatz statt der Leistung** haben. Der geltend gemachte Anspruch ist auf Schadensersatz statt der Leistung gerichtet, da **Ersatz für die Mehrkosten** der anderweitig beschafften Sache verlangt wird. Anspruchsgrundlage ist mithin **§§ 280 I, III, 281 BGB**. Die **Leistungspflicht** des L ergibt sich aus dem zwischen L und F geschlossenen Kaufvertrag (§ 433 BGB), aus dem L verpflichtet war, F 2,5 Tonnen Weizenaussaat zu liefern. Die Leistung war im Sinne des § 281 I BGB zum 30.3.2004 **fällig**, da die Parteien eine dahingehende Vereinbarung getroffen haben (§ 271 BGB). F hat L spätestens am 20.4.2004 eine Frist gesetzt, wonach L bis zum 30.4.2004 die ihm obliegende Leistung hätte erbringen müssen. Bereits in der **Nichtleistung trotz Fälligkeit** liegt die nach §§ 280, 281 schadensersatzbegründende **Pflichtverletzung**. Schadensersatz statt der Leistung kann F aber **nur** unter den zusätzlichen Voraussetzungen des § 281 I BGB verlangen (§ 280 III BGB). Der Schadensersatzanspruch ist daher davon abhängig, daß L eine ihm zur **Leistungserbringung gesetzte angemessene Frist** ungenutzt hat verstreichen lassen (§ 281 I BGB). Tatsächlich hat F den L am 20.4.2004 unter Fristsetzung zum 30.4.2004 zur Lieferung des geschuldeten Weizens aufgefordert. Die Fristsetzung war wirksam, weil man davon ausgehen kann, daß eine weitere **zehntätige Frist** zur Erbringung einer bereits zum 30.3.2004 geschuldeten Leistung **angemessen** ist. L hat trotz Fristablaufs nicht geleistet und ist daher nach §§ 280 I, III, 281 I, IV BGB wegen der Aufforderung des F zur Zahlung des F infolge der Nichtleistung trotz Fälligkeit und Fristablaufs entstandenen Schadens verpflichtet.*

Ergebnis: *F kann von L Zahlung von Schadensersatz i.H.v. € 1.500,- verlangen.*

b)   Ansprüche des F wegen der Lieferung des verseuchten Weizens
aa)   Anspruch auf Nacherfüllung, § 437 Nr. 1, 439 BGB

Da L und F einen Kaufvertrag geschlossen haben, war L nach § 433 I 2 BGB verpflichtet, **mangelfreie** Ware zu liefern. Weizen, der mit dem Pflanzenschutzgift Nitrophen verseucht ist, kann nicht zur Aussaat verwendet werden und entspricht daher nicht der nach § 434 BGB von L geschuldeten Beschaffenheit. Infolge der Mangelhaftigkeit der gelieferten Kaufsache ist L grundsätzlich verpflichtet, nach Wahl des F Nacherfüllung durch Mangelbeseitigung oder Lieferung einer mangelfreien Sache zu leisten. Hier dürfte allerdings die Nacherfüllung durch Mangelbeseitigung technisch nicht möglich sein, so daß diese Art der Nacherfüllung nach § 275 I BGB wegen Unmöglichkeit nicht in Betracht kommt. Damit beschränkt sich der unmittelbare Nacherfüllungsanspruch des F zunächst auf die **Lieferung mangelfreien Weizens**.

bb) Weitere Ansprüche bei Nichterfüllung der Nacherfüllungspflicht
Kommt L dieser Pflicht innerhalb einer von F zu setzenden Frist nicht nach, kann F zudem vom Vertrag zurücktreten (§§ 437 Nr. 2, 323 BGB) und **Schadensersatz wegen Nichterfüllung** (§§ 437 Nr. 3, 280, 281 BGB) geltend machen.

c) Anspruch des F auf Ersatz der Reinigungskosten i.H.v. € 2.500,-
aa) Anspruch wegen Vertragsverletzung, § 280 I BGB
Die Reinigungskosten, die F aufzubringen hat, sind als Schaden im Sinne des § 280 I BGB zu klassifizieren. Es geht bei diesem Anspruch nicht um Schadenserstsatz anstelle der Leistung, sondern um die Kosten der Wiederherstellung eines bereits zuvor bestehenden Zustands. Die **Pflichtverletzung** des L im Sinne des § 280 I BGB liegt in der Lieferung des verseuchten und daher mangelhaften Weizens (§ 434 I BGB). Diese Pflichtverletzung hat **unmittelbar** zur Entstehung eines Schadens des F, nämlich der Kontaminierung seiner Silos geführt. L hat die Lieferung des verseuchten Weizens auch zu vertreten (§ 280 I 2 BGB). Da er selbst Produzent und nicht nur Händler ist, trifft ihn die Pflicht, die Güte seiner Produkte zu überwachen und andere vor den Folgen der Nichterfüllung dieser Pflicht zu schützen. F kann somit von L Ersatz der Reinigungskosten in Höhe von € 2.500,- verlangen.

bb) Anspruch aus unerlaubter Handlung, § 823 I BGB
Daneben kommt noch ein **deliktischer Anspruch** aus § 823 I BGB in Betracht. Mit der Lieferung des verseuchten Weizens hat L auch rechtswidrig und schuldhaft das **Eigentum** des R an den Silos beeinträchtigt.

Ergänzende Hinweise:
- In Teil a) wurde oft nicht sorgfältig zwischen dem Verzögerungsschaden – nach dem hier nicht gefragt war – und dem infolge der Nichtleistung eingetretenen **Schaden statt der Leistung** (Nichterfüllungsschaden) unterschieden. Die Studierenden haben dann auch oft fälschlich § 286 BGB diskutiert und den – zwar vorliegenden, aber für den Anspruch bedeutungslosen – Verzug geprüft.
- Die meisten Fehler geschahen in Teil b). Hier war nach den **mangelabhängigen Rechten** des F gefragt. Indes wurde vielfach nochmals ein Schadensersatzanspruch geprüft. Zu nennen war

der Nacherfüllungsanspruch. Besonders gute Bearbeitungen haben zudem erkannt, daß die Nacherfüllung in der Alternative der Mangelbeseitigung an § 275 BGB scheitert und damit nur ein Anspruch auf **Nachlieferung** (§ 439 Alt 2) besteht. In Fall b) wurde wiederum oft § 281 BGB geprüft. Die Verseuchung des Silos hat in die durch § 241 II BGB geschützten Rechte des R eingegriffen. Demnach war nach einem Integritätsschaden gefragt, für den es weder auf Verzug noch auf das Vorliegen der Voraussetzungen des § 281 BGB ankam.

Aufgabe 60.
a) Anspruch des R gegen K auf Zahlung von € 500,- aus § 280 I BGB
Das Verlangen, die Kosten der Reinigung des Teppichs zu erstatten, ist auf **Schadensersatz im Sinne des § 280 I BGB** gerichtet, da die Beseitigung einer Beeinträchtigung von Rechtsgütern verlangt wird, die mit der Leistung als solcher nichts zu tun haben (sog. **Integritätsschaden**). Anspruchsgrundlage ist daher § 280 I BGB, ohne daß es auf zusätzliche (Anspruchs-)Voraussetzungen im Sinne des § 280 III BGB ankäme. Maßgeblich ist, ob K eine ihm aus einem **Schuldverhältnis** obliegende **Pflicht verletzt** und dadurch R einen **Schaden zugefügt** hat. Als **Schuldverhältnis** kommt ausschließlich der zwischen R und K bestehende **Werkvertrag** (§§ 631 ff. BGB) über das Anstreichen der Wände des K in Betracht.
Der Anspruch aus § 280 I BGB wird **nicht** durch etwaige Sonderregelungen nach § 634 Nrn. 1–4 BGB verdrängt, da das Ersatzverlangen nicht die **Mangelhaftigkeit der Leistung** betrifft, sondern die **Folgen der anläßlich der Leistungserbringung** erfolgten **Nebenpflichtverletzung**. Durch die unsorgfältige Arbeit beeinträchtigt K das Eigentum des R und verstößt damit gegen **§ 241 II BGB**. Aufgrund des Werkvertrags war K nicht nur zur vertragsgerechten Erbringung der vertragsgegenständlichen Leistung (§ 631 BGB) verpflichtet, sondern hatte auch die **Nebenpflicht, die sonstigen Rechte, Rechtsgüter und Interessen des R zu wahren**. Er hatte daher seine Arbeit so auszuführen, daß die übrigen Rechtsgüter des R - insbesondere dessen Teppich - nicht beschädigt oder verunreinigt wurden. Diese **Pflicht** hat K durch seine unsorgfältige Arbeit und die dadurch herbeigeführte Verunreinigung des Teppichs des R **verletzt**. Die Pflichtverletzung hat **kausal** zum Schaden, der in den Kosten der Teppichreinigung liegt, geführt. K ist daher verpflichtet, diese Kosten zu ersetzen.

b) Anspruch auf Ersatz der Mehrkosten für den ersatzweise beauftragten Maler
Anspruchsgrundlage für einen Anspruch auf Ersatz der Mehrkosten i.H.v. € 150,- des anderen Malers sind **§§ 280 I, III, 282 BGB**. Dieser Betrag kann nur als **Schadensersatz statt der Leistung** (§ 280 III BGB) gefordert werden, da etwas verlangt wird, das an die Stelle der eigentlich von K zu erbringenden Leistung tritt (Nichterfüllungsschaden). Demnach ist der Anspruch nur bei **Vorliegen zusätzlicher Voraussetzungen** im Sinne des § 280 III BGB gegeben. In Betracht kommen hier lediglich die in **§ 282 BGB normierten Anforderungen**. Es wurde bereits gezeigt, daß die K vorwerfbare unsorgfältige Arbeit eine Nebenpflichtverletzung darstellt. Da K auch nach Ermahnung nicht in der Lage ist, sorgfältiger zu arbeiten, ist es R **nicht**

zumutbar, dessen Leistung weiter hinzunehmen, da dadurch die **fortdauernde Gefahr weiterer Eigentumsverletzungen droht**. Er ist somit berechtigt, auch die Mehrkosten in Höhe von € 150,- von K zu fordern.

Ergänzende Hinweise:
- Etliche Bearbeiter haben sich – überflüssigerweise – mit einem Rücktrittsrecht des R beschäftigt. Dieses bestand zwar, hatte aber für die Prüfung keine Bedeutung. Der Schadensersatz wegen der Beschädigung des Teppichs folgte aus § 280 I BGB. Man konnte – wiederum mit Einschränkungen – auch § 823 BGB prüfen, um zum selben Ergebnis zu kommen. Der Mehrkostenersatzanspruch ließ sich einfach aus § 282 BGB herleiten. Oft wurden hier aber überflüssige Prüfungen des § 281 BGB vorgenommen und durch Sachverhaltsinterpretation eine Fristsetzung konstruiert. Maßgeblich war allein, daß R nicht weiter zuzumuten war, die Beschädigung seines Teppichs hinzunehmen.

Aufgabe 61.
Anspruch der O gegen W auf Zahlung von € 2.300,- aus §§ 280 I, 311 II, 241 II BGB
Zwischen O und W ist – entgegen ihrer ursprünglichen Absicht – **kein Vertrag** zustandegekommen, so daß nur Ansprüche aus Verschulden bei Vertragsverhandlungen (§§ 280 I, 311 II, 241 II BGB) und aus unerlaubter Handlung in Frage kommen.
Indem O das Ladengeschäft des W auf der Suche nach einem Buch betrat, das sie kaufen wollte, entstand zwischen ihnen auf den Abschluß eines Vertrags gerichtetes **Rechtsverhältnis** (§ 311 II BGB); es fand also der für die Haftung erforderliche **gesteigerte soziale Kontakt** statt. Aus diesem Verhältnis traf beide Parteien **die Pflicht zur Rücksichtnahme** auf die Rechtsgüter des jeweils anderen, § 241 II BGB. Besonders gilt dies für die Pflicht, vermeidbare Schädigungen an Leib und Leben des anderen zu vermeiden. Dies bedeutete für W, daß er seinen Laden von gefährlichen Bananenschalen freihalten mußte, weil die Gefahr eines Sturzes auf Bananenschalen naheliegt. Wenn er diese Pflicht an S delegiert hat, zu dessen Aufgaben nicht nur der Verkauf von Büchern, sondern auch das Aufräumen von Bananenschalen und ähnlichen gefährlichen Gegenständen gehörte, muß er für ein schuldhaftes Verhalten des S unter den Voraussetzungen des § 278 Fall 1 BGB haften. Dazu muß zunächst S selbst **schuldhaft** gehandelt haben. Da die Bananenschale noch auf dem Boden lag, als O darauf ausrutsche, hat S seine Pflicht zur Reinigung verletzt. Dies geschah aber nur schuldhaft, wenn ihm eine Außerachtlassung der im Verkehr erforderlichen Sorgfalt vorzuwerfen ist, § 276 II BGB. Sicher kann von S nicht verlangt werden, jedem Kunden auf den Fersen zu bleiben und jeden fallengelassenen Gegenstand binnen Sekunden wegzuräumen. Es erscheint aber zumutbar, eine weggeworfene Bananenschale binnen einer Dreiviertelstunde zu beseitigen. Ein kurzer Rundgang in einem Ladengeschäft alle halbe Stunde wird auch bei einem gewissen Kundenandrang nötig und möglich sein. Damit fällt S **fahrlässiges Handeln** zur Last. Dieses wird nach § 278 Fall 1 BGB W zugerechnet, wenn S sein **Erfüllungsgehilfe** ist, wenn er sich also absichtlich des S zur Erfüllung seiner vertraglichen Pflichten bedient. S ist von W mit der Erfüllung nicht nur der vertraglichen, sondern auch der vorvertraglichen Pflichten ge-

genüber den Kunden betraut worden; dies umfaßt auch die Reinigung des Ladenlokals. Er ist also Erfüllungsgehilfe des W.
Sein pflichtwidriges Unterlassen hat zu einem **Schaden** (§ 249 BGB) bei O geführt, deren Vermögen infolge des Unfalls gemindert ist. Nach § 253 II BGB kann sie nicht nur den Ausgleich des Vermögensschadens in Höhe von € 1.500,-, sondern auch denjenigen des immateriellen Schadens in Höhe von € 800,- fordern.

<u>Anspruch der O gegen W auf Zahlung von € 2.300,- aus § 831 I 1 BGB</u>
Da W soweit ersichtlich kein eigenes unmittelbar schädigendes Verhalten vorzuwerfen ist, kommt nur eine Haftung aus § 831 I 1 BGB in Frage.
Dies setzt voraus, daß ein Verrichtungsgehilfe des W tatbestandsmäßig und rechtswidrig iSv § 823 I BGB O verletzt hat. O ist an ihrem Körper **verletzt**, weil sie sich den Arm gebrochen hat. Dies geht auf ein Unterlassen des S zurück, der es pflichtwidrig verabsäumt hat, die unfallursächliche Bananenschale wegzuräumen. Dieses Unterlassen ist **rechtswidrig**, da weder O in ihre Verletzung eingewilligt hat noch S sich auf einen Rechtfertigungsgrund berufen kann.
Verrichtungsgehilfe des W ist S, wenn sie diesem gegenüber weisungsgebunden eine von ihm übertragene Tätigkeit ausführt. W hat S mit dem Verkauf und der Aufsicht über das Ladengeschäft betraut. Aufgrund des zwischen ihnen bestehenden Anstellungsverhältnisses (§§ 611 ff. BGB) ist S den Weisungen W unterworfen.
Sie hat es **bei der Ausführung** seiner Verrichtung unterlassen, aufzuräumen.
Nach § 831 I 1 BGB wird das **Verschulden** des W bei der Auswahl, der Einweisung oder der Überwachung der S oder dessen Ausstattung mit Arbeitsmitteln **vermutet**. Diese Vermutung kann W aber nach § 831 I 2 BGB **widerlegen**, wenn ihm der Nachweis gelingt, daß er in jeder Hinsicht die erforderliche Sorgfalt hat walten lassen. Hierfür dürfte der Nachweis genügen, daß er S regelmäßig ermahnt und kontrolliert hat. Mehr an Sorgfalt ist bei einer eher einfachen Verhaltensanweisung nicht zu verlangen.
Gelingt also W diese Exkulpation, haftet er O gegenüber weder auf Ersatz der Heilungskosten noch auf ein Schmerzensgeld (§ 253 II BGB).

Ergänzende Hinweise:
- Ansprüche gegen S waren nicht gefragt (wären aber wegen des Fehlens einer vertraglichen Beziehung nur aus unerlaubter Handlung der S begründet).
- Ungeschickt ist es, hier nur auf das Verhalten der S abzustellen und Ansprüche gegen W zu verneinen, nur weil S als erste schuldhaft gehandelt hat.

Aufgabe 62.
<u>a) Anspruch der S gegen F auf Übereignung und Übergabe der Uhr aus § 433 I 1 BGB</u>
S kann von F Übereignung und Übergabe der Uhr fordern, wenn sie einen kaufvertraglich begründeten Anspruch darauf hat. Dazu muß sie mit F einen **Kaufvertrag** geschlossen haben, § 433 BGB. Sie müssen also Einigung

über die zu verkaufende **Sache** und den zu zahlenden **Preis** erzielt haben. Über die Uhr aus der Auslage und den Preis von € 620,- waren sich S und R einig. R handelte als **Stellvertreter** des F, indem er in dessen Ladengeschäft Verträge über dessen Ware **im Namen des R** abschloß, §§ 164 I BGB, 56 HGB. Ob aber überhaupt eine den R bindende **Willenserklärung** vorlag, ist zweifelhaft. Das **Ausstellen** der Uhr in der Auslage des Ladengeschäfts ist nur eine invitatio ad offerendum, also eine Aufforderung an das vorbeigehende Publikum, den Laden zu betreten und Angebote zum Kauf der Uhr abzugeben. Genau das hat S getan: Ihre Äußerung läßt den Willen erkennen, die Uhr zum auf dem Preisschild angegeben Preis zu kaufen. Diese Erklärung kann nun R für F **angenommen** haben. Zwar mag das Herausnehmen der Uhr aus der Auslage noch nicht unmißverständlich als Willenserklärung zu verstehen sein; aber spätestens das **Ausfüllen** einer Garantiekarte und eines Kaufbelegs lassen für S keinen anderen Schluß zu, als daß R sich für F mit dem vorgeschlagenen Geschäft einverstanden erklären wollte. Damit lagen zwei sich hinsichtlich Kaufsache und Kaufpreis deckende Willenserklärungen vor.

Aus dem Kaufvertrag hat S gegen F einen Anspruch auf Übereignung und Übergabe der Uhr, § 433 I 1 BGB.

b) Anspruch der P gegen F auf Zahlung von € 780,- aus §§ 280 I, III, 283 BGB

Ein **Schuldverhältnis** zwischen P und F im Sinne des § 280 I BGB besteht mit dem Kaufvertrag. Einen Ersatzanspruch auf Geldzahlung kann P gegen F haben, wenn diesem die Erfüllung seiner vertraglichen Pflicht schuldhaft unmöglich ist. Nachdem R Besitz und Eigentum an der Uhr auf S übertragen hat (die Wirksamkeit dieser Eigentumsübertragung ergibt sich aus §§ 929 S.1, 185 BGB, jedenfalls aber aus §§ 929 S.1, 932 BGB), ist F nicht mehr imstande, diese Rechtspositionen auf P zu übertragen. Damit ist ihm die Erfüllung seiner vertraglichen Hauptpflicht **unmöglich** geworden, § 275 I BGB. **Zu vertreten** hat er das aber nur, wenn ihm wenigstens Fahrlässigkeit (§ 276 II BGB) vorzuwerfen ist. Zwar kann P seine Verkäuferpflicht nicht erfüllen, doch trifft ihn selbst deswegen kein Vorwurf, weil er sich **nicht durch eigenes Handeln** dazu außerstande gesetzt hat; vielmehr hat er noch auf der Uhr einen Hinweis angebracht, der anderweitige Verkäufe und Übereignungen verhindern sollte. Möglicherweise ist ihm aber ein wenigstens fahrlässiges Handeln des R **zuzurechnen**. In Betracht kommt dafür § 278 BGB; R muß dazu **Erfüllungsgehilfe** des F sein. Da R mit Wissen und Wollen des F bei der Erfüllung von dessen Verbindlichkeiten gegenüber P tätig wird, ist dies anzunehmen. Das Verhalten des R ist, nachdem er erkannt hat, daß die Uhr bereits an P verkauft ist, zwar verständlich, aber im rechtlichen Sinne **vorsätzlich**: Er hat erkannt, daß durch die Übereignung an S die Übereignung an P unmöglich sein wird. Nach § 278 BGB muß sich F dieses vorsätzliche Verhalten seines Erfüllungsgehilfen zurechnen lassen.

Er haftet also P auf den entstandenen **Schaden**. *Dieser besteht in der Differenz zwischen dem vereinbarten und den höheren Kaufpreis, den P anderweitig für eine vergleichbare Uhr ausgeben muß.*

Ergänzende Hinweise:
- Die Frage der Konkretisierung von der Gattungs- zur Stückschuld lag bei einer antiquarischen Uhr eher fern.
- Ob die Erklärung des S eine Anfechtungserklärung darstellt, war diskutabel, angesichts der undeutlichen Wortlauts aber eher zu verneinen. Jedenfalls fehlte es aber bei genauerem Hinsehen an einem Anfechtungsgrund (insbesondere ist der Umstand, daß die Uhr bereits anderweitig verkauft ist, keine Eigenschaft iSv § 119 II BGB), so daß eine Nichtigkeit nach § 142 I BGB zu verneinen gewesen wäre. Mag die Aufgabe auch noch so sehr nach Irrtum „riechen", wird dadurch nicht eine am Gesetz orientierte Prüfung entbehrlich.
- Daß die Uhr bereits an P verkauft ist, begründet keine Unmöglichkeit der Übereignung und Übergabe an S. Immer wieder haben die Bearbeiterinnen das Abstraktionsprinzip mißachtet und die Unmöglichkeit der Vertragserfüllung daraus abgeleitet, daß bereits ein anderer Vertrag über dieselbe Sache geschlossen worden war.

Aufgabe 63.
Anspruch des L gegen S auf Zahlung von € 1.100,- als Schadensersatz aus § 280 I 1 BGB

L kann von S Ersatz des entstandenen Schadens in Höhe von € 1.100,- fordern, wenn S seine Pflichten aus einem Schuldverhältnis gegenüber L schuldhaft verletzt hat und L daraus ein Schaden erwachsen ist, § 280 I 1 BGB.

Ein **Schuldverhältnis** *besteht zwischen L und S, wenn sie einen Vertrag über den Wagen geschlossen haben. Beide haben sich über die entgeltliche zeitweilige Nutzungsüberlassung an dem Pkw geeinigt; mit der Willensübereinstimmung über Gegenstand und Preis der Nutzungsüberlassung ist ein* **Mietvertrag** *iSv §§ 535 ff. BGB zustandegekommen. (Die falsche Bezeichnung als „Leihe" ändert nichts an der Entgeltlichkeit und damit am Charakter der Vereinbarung als Mietvertrag.)*

S muß eine ihn aus diesem Schuldverhältnis treffende **Pflicht verletzt** *haben. Aus § 241 II BGB ergibt sich, daß ein Vertrag die Parteien zur* **Rücksichtnahme** *auf die Rechte,* **Rechtsgüter** *und Interessen des jeweils anderen Teils verpflichten kann. Daß der Mieter verpflichtet ist, nach Möglichkeit Beschädigungen der im Eigentum des Vermieters stehenden Mietsache zu vermeiden – und diese jedenfalls nicht selbst zu verursachen –, ist ein Anwendungsfall dieser Bestimmung. Das Einfüllen der falschen Kraftstoffs und die anschließende Inbetriebnahme des Pkws durch S führten zu einer Beschädigung des Wagens des L. Dadurch hat S seine Pflicht aus dem Mietvertrag verletzt.*

Weiter muß S die Pflichtverletzung **zu vertreten haben**, *§ 280 I 2 BGB. Dafür genügt ein fahrlässiges Verhalten, also die Außerachtlassung der im Verkehr erforderlichen Sorgfalt (§ 276 II BGB). In Betracht kommt schon das Einfüllen des falschen Kraftstoffs in den Tank des gemieteten Fahrzeugs. Daß die lange Gewohnheit diesen Fehler verständlich und damit entschuldbar erscheinen läßt, ändert nichts daran, daß bei der Beurteilung des Sorgfaltsverstoßes ein objektiver Maßstab anzulegen ist. Ein besonderer* und aufmerksamer Pkw-Mieter achtet – gerade bei einem Fahrzeug, das ihm nicht gehört und das er zum erstenmal betankt – darauf, welcher Kraftstoff benötigt wird. Daß der falsche Kraftstoff verheerende Schäden am Motor anrichten kann, ist allgemein bekannt. Schon deshalb ist Aufmerksamkeit geboten. Das „gedankenlose" Auftanken rechtfertigt damit schon einen Fahrlässigkeitsvorwurf. Selbst wenn man dies anders sehen möchte (etwa weil am Wagen ein ausdrücklicher Hinweis auf den Dieselmotor fehlt und L bei Übergabe des Kraftfahrzeugs nicht gesondert darauf hingewiesen hat, was vielleicht erforderlich ist, da statistisch bei Pkw der Dieselmotor die Ausnahme und der Benzinmotor die Regel ist), stellt einen weiteren Anknüpfungspunkt für einen Fahrlässigkeitsvorwurf das nachfolgende Verhalten des S dar: Hatte er nämlich sein Versehen bemerkt, so durfte er nicht einfach darüber hinweggehen, indem er die zweite Hälfte des Tanks mit Diesel füllte. Auch wenn er sich in einem nachvollziehbaren Irrtum über das Schädigungspotential seines Vorgehens befand, hebt dies nicht den Vorwurf sorgfaltswidrigen Verhaltens auf. Verfügte er nicht über eigene verläßliche Fachkenntnis oder Erfahrung, mußte er vielmehr fachkundigen Rat einholen. Dies wäre sowohl an der Tankstelle selbst als auch durch eine telefonische Anfrage bei S schnell, einfach und verläßlich möglich gewesen. Angesichts des möglichen Schadensumfangs hätte eine Nachfrage nahegelegen.

Das pflichtwidrig-schuldhafte Verhalten des S muß einen **Schaden** verursacht haben. Der Schaden liegt in der Vermögenseinbuße, die L erleidet, weil er den Wagen abschleppen, den Kraftstoff abpumpen und den Motor reinigen lassen muß.

– Wenn man (gerade noch vertretbar) das versehentliche Einfüllen des falschen Kraftstoffs nicht als schuldhaft bewertet, muß man folgerichtig den Schadensersatzanspruch um die Kosten kürzen, die für das Abpumpen (€ 200,-) und das Abschleppen (€ 100,-) angefallen sind; diese sind nämlich nicht **ursächlich** auf das (dann einzige) fahrlässige Verhalten des S zurückzuführen; die Kosten für die Reinigung des Motors dagegen hätte S vermeiden können, indem er den Wagen nach dem Malheur nicht mehr in Betrieb gesetzt hätte. –

Ergebnis: L kann von S Schadensersatz in Höhe von € 1.100,- aus § 280 I BGB verlangen.

Ergänzende Hinweise:
- Neben dem Anspruch aus § 280 I BGB hat L auch einen solchen aus § 823 I BGB, der sich aus der fahrlässigen Verletzung des Eigentums des L ergibt. Dieser war aber nur in zweiter Linie gegenüber dem spezielleren Anspruch aus Vertragsverletzung zu diskutieren.
- Viele Bearbeiterinnen gaben sich mit der Begründung fahrlässigen Handelns nur wenig Mühe und beschränkten sich auf eine kurze Feststellung.

Aufgabe 64.
Anspruch des Z gegen D auf Zahlung von € 380,- aus § 823 I BGB
Da Z und D einander nicht vertraglich verbunden sind, kommt nur ein Zahlungsanspruch aus einem gesetzlichen Schuldverhältnis in Betracht. Es

kann sich bei dem Schlag mit dem Regenschirm um eine unerlaubte Handlung iSv § 823 I BGB handeln, aufgrund deren D dem Z zur Schadensersatzleistung verpflichtet ist. Hierzu muß zunächst D ein **Rechtsgut** des Z **verletzt** haben. Dies kann das **Eigentum** des Z an S gewesen sein. Dieses wurde durch das Aufspießen und die damit verbundene Substanzverletzung beeinträchtigt. (Daß S nach § 90a S.1 BGB **keine Sache** ist, ändert daran nichts, da nach § 90a S.3 BGB die für Sachen geltenden Vorschriften – einschließlich des § 823 I BGB – entsprechend auf ihn anzuwenden sind.) Diese Verletzung muß **widerrechtlich** gewesen sein. Während im allgemeinen der Verletzungserfolg die Rechtswidrigkeit indiziert, kann hier etwas anderes gelten, wenn ausnahmsweise D gerechtfertigt gehandelt hat. Als Rechtfertigungsgrund kommt § 228 S.1 BGB in Frage. Dieser setzt voraus, daß D den S (ein ihm nicht gehörendes, also fremdes, Tier) beschädigt hat, um damit eine **durch S drohende Gefahr** von sich abzuwenden. D mußte mit einer Verletzung seiner eigenen Gesundheit (wenn nicht mit Schlimmerem ...) durch den unangeleinten blutdürstigen S rechnen; es drohte ihm also eine Gefahr. Die Beschädigung des S war **zur Gefahrabwendung erforderlich**, weil D mit seiner Flucht zu Fuß bereits erfolglos versucht hatte, sich der Gefahr zu entziehen. Zudem war Hilfe von anderer Seite nicht ersichtlich – und die Verwirklichung der Gefahr stand nur wenige Sekunden bevor. Mit Blick auf das Verhältnis der Kosten, die zur Heilung einer Hundebiß-Verletzung bei D sowie für Heilung der Verletzung des S erforderlich gewesen wären bzw. waren, steht der durch die Verletzung des S angerichtete Schaden **nicht außer Verhältnis** zu der D drohenden Gefahr. Damit war das Handeln des D gerechtfertigt, also nicht rechtswidrig.
Er schuldet Z keine Schadensersatzleistung.

<u>Anspruch der A gegen D auf Zahlung von € 45,- aus § 904 S.2 BGB</u>
Hingegen kann A gegen D einen Schadensersatzanspruch auf Zahlung von € 45,- aus § 904 S.2 BGB haben.
A ist **Eigentümerin** des Regenschirms. Sie mußte die Einwirkung des D auf den Schirm hinnehmen (§ 904 S.1 BGB), weil diese – wie soeben festgestellt – zur Abwehr der dem D drohenden Gefahr erforderlich war. Der D durch einen Biß des S drohende Schaden **überstieg** die mit der Beschädigung des Schirms verbundenen Kosten erheblich.
Der **Schaden** der A besteht in den Kosten der Ersatzbeschaffung, da ihr Schirm beim Aufspießen zersplitterte, so daß er nicht mehr mit vertretbarem Aufwand wieder repariert werden konnte.
A kann also von D Zahlung von € 45,- verlangen.

Ergänzende Hinweise:
- Eine Rechtfertigung des Handelns des D nach § 227 I BGB scheitert daran, daß kein von einem Menschen ausgehender Angriff auf seine Rechtsgüter stattgefunden hat, sondern ihm (aus anderer, hier: tierischer) Quelle eine Gefahr drohte. Eine Rechtfertigung nach § 229 BGB entfällt, weil Selbsthilfe voraussetzt, daß D zur Verwirklichung eines eigenen Anspruchs handelt.
- Neben dem Anspruch aus § 904 S.2 BGB kommt auch ein Anspruch aus § 823 I BGB in Betracht (der allerdings wegen der Rechtfertigung des Verhaltens des D nach § 904 S.1 BGB

Bearbeitungsvorschläge

scheitern dürfte); für A interessanter ist jedenfalls der Anspruch aus § 904 S.2 BGB, weil er kein Verschulden des D voraussetzt.
- Eine Rechtfertigung der Zerstörung des Schirms nach § 228 BGB scheitert, weil die dem D drohende Gefahr nicht vom Schirm, sondern vom Hund ausging.
- Ein Anspruch aus § 833 S.1 BGB (Tierhalterhaftung) kommt nicht in Betracht, da nicht D, sondern Z Ersatz verlangt. Denkbar wäre allenfalls ein Ersatzanspruch der A gegen Z aus § 833 S.1 BGB.
- Viele Bearbeiter subsumierten zu oberflächlich unter §§ 227 ff. BGB; gerade die Voraussetzungen des § 228 BGB hätten detaillierter erörtert werden sollen.

Aufgabe 65.
Anspruch des L gegen W auf Rückzahlung eines Teils des Kaufpreises aus §§ 437 Nr. 2, 441 IV BGB

*L und W haben einen **Kaufvertrag** (§ 433 BGB) über das Fahrrad geschlossen, so daß die Vorschriften über die Mangelgewährleistung beim Kauf anzuwenden sind.*

*Ein Anspruch auf Rückgewähr eines Teils des an W gezahlten Kaufpreises kann sich aus §§ 437 Nr. 2, 441 IV BGB ergeben. Der Rückzahlungsanspruch aus Minderung hat dieselben Voraussetzungen wie das in § 437 Nr. 2 BGB geregelte Rücktrittsrecht, da § 441 BGB davon spricht, daß Minderung **statt** des Rücktritts verlangt werden kann. Voraussetzung ist, daß das von W an L verkaufte Fahrrad **mangelhaft** i.S.v. § 434 BGB war und L dem W **eine Frist zur vorrangigen Nachbesserung** (§§ 437 Nr. 1, 439 I BGB) gesetzt hat, die fruchtlos verstrichen ist.*

*Daß das Fahrrad abgenutzte Bremsbeläge hat, ist ein **Mangel** im Sinne des § 434 I Nr. 2 BGB. Nach dieser Norm ist eine Sache nur fehlerfrei, wenn sie sich für die gewöhnliche Verwendung eignet. Ein Fahrrad, das unter einem Sicherheitsmangel leidet, ist zum Radfahren – die übliche Verwendung – nicht oder höchstens eingeschränkt geeignet und hat daher nicht die Beschaffenheit, die es nach § 434 I Nr. 2 BGB haben müßte. Es ist daher mangelhaft. Das gleiche gilt für die defekte Beleuchtungsanlage. Auch die zentrierungsbedürftigen Laufräder weichen von der Soll-Beschaffenheit eines Fahrrads ab, zumal sie unrepariert zu weiteren Beschädigungen an Speichen und Felgen führen würden.*

*Das Fahrrad ist daher mangelhaft im Sinne des § 434 BGB. Die Mängel hafteten dem Rad schon **bei Gefahrübergang** auf L an (§ 434 I 1 BGB), nämlich bei der Übergabe von W an L (§ 446 S.1 BGB). Es ist nicht zu erkennen, daß L die **Mängel gekannt** hätte und daher seine Gewährleistungsrechte ausgeschlossen wären (§ 442 I 1 BGB).*

*Problematisch ist indessen, ob L bereits jetzt Minderung verlangen kann. Der Anspruch aus Minderung besteht nur, wenn dem Verkäufer kein Recht zur Nacherfüllung mehr zusteht. Das ergibt sich aus § 323 I BGB und aus § 440 BGB. Nach § 323 I BGB ist der Rücktritt nur möglich, wenn der Verkäufer vom Käufer vor Geltendmachung des Minderungsrechts zur Nacherfüllung aufgefordert worden (**Möglichkeit zur Nacherfüllung**) und eine zu diesem Zweck vom Käufer **gesetzte Frist erfolglos abgelaufen** ist. Auf die Fristsetzung kann nur verzichtet werden, wenn der Verkäufer die Nacherfüllung verweigert (§ 440 S.1 Alt.1 bzw. § 323 II BGB) oder wenn dem Käufer*

die Nacherfüllung unzumutbar ist (§ 440 S.1 Alt.2). Zudem kommt die sofortige Minderung in Betracht, wenn die Nacherfüllung unmöglich ist (§ 326 V BGB). Indes fordert L den W noch nicht einmal zur Nacherfüllung auf, so daß es auf einen etwaigen Fristablauf nicht mehr ankommt. Aus dem Bericht des Mechanikers ergibt sich zudem, daß das Fahrrad repariert (also nachgebessert i.S.v. § 439 I Alt.1 BGB) werden kann.
Andere auf Rückzahlung eines Teil des Kaufpreises gerichtete Ansprüche sind nicht erkennbar. Ein Schadensersatzanspruch, der auf die Übernahme der notwendigen Reparaturkosten gerichtet sein könnte, scheitert aus denselben Gründen wie der Minderungsanspruch.
Ergebnis: *L ist derzeit nicht berechtigt, von W die Rückzahlung eines Teils des Kaufpreises zu verlangen, da er noch einen Anspruch auf Nacherfüllung hat.*

Ergänzende Hinweise:
- Wer einen Anspruch auf Rückzahlung bejahte, mußte dessen Höhe festlegen. Diese beläuft sich nach § 441 III 1 BGB auf € 80,-.
- Man könnte überlegen, ob bei einem so übersichtlichen Gegenstand wie einem Fahrrad – zumal einem gebrauchten – der Käufer grob fahrlässig i.S.v. § 442 I 2 BGB handelt, wenn er es nicht auf bestimmte Mängel hin untersucht, die mit dem üblichen Gebrauch qua Abnutzung verbunden sind. (Wohl eher nicht, weil man sich mit den Verschleißteilen an Fahrrädern nicht unbedingt auskennen muß.) Wer dies annimmt, wird eine Haftung des W verneinen, weil die dann erforderliche Arglist beim Verschweigen dieser Mängel nicht feststellbar ist.
- Falsch war es, einen Anspruch des L mit dem Argument abzulehnen, der Kaufpreis könne nicht gemindert werden, weil er unter dem Marktwert gelegen habe.
- Auch ein allgemeiner Haftungsausschluß bei gebrauchten Sachen findet sich nicht im Gesetz, sondern nur in vielen Verkäufer-AGBen.
- Etliche Bearbeiter subsumieren nicht oder nur ganz oberflächlich und knapp unter den Mangelbegriff des § 434 BGB, obwohl das recht einfach möglich gewesen wäre. Das Ergebnis war wohl zu offenkundig.

Aufgabe 66.
<u>Anspruch der A gegen H auf Herausgabe des Parfüms aus § 985 BGB</u>
Um die Herausgabe der Flasche nach § 985 BGB verlangen zu können, muß A deren **Eigentümerin** *sein (daß H die Flasche nicht nur geschenkt bekommen, sondern auch übergeben erhalten hat und dadurch* **Besitz** *iSv § 854 BGB bekommen hat, darf ohne weiteres angenommen werden). Ob A Eigentum an der Flasche erlangt hat, die sie bei G gekauft hat, ist unsicher: Beim* **Eigentumsvorbehalt** *hängt der* **Eigentumserwerb** *(§ 929 S.1 BGB) nicht nur von* **Einigung und Übergabe** *zwischen Veräußerer (hier: G) und Erwerber (hier: A) ab, sondern zusätzlich vom Eintritt einer* **Bedingung** *(§ 158 I BGB), nämlich der vollständigen Zahlung des Kaufpreises (§ 449 I BGB). Ob diese erfolgt ist, geht aus dem Sachverhalt nicht hervor. Der Anspruch aus § 985 BGB steht A aber jedenfalls nicht zu, wenn das* **Eigentum** *an der Flasche* **auf jemand anderen übergegangen** *ist. Das kann geschehen sein, als K die Flasche im Ladengeschäft der A erworben hat. Nach § 929 S.1 BGB sind für den Eigentumserwerb wiederum* **Einigung und Übergabe** *der Sache erforderlich. Es ist anzunehmen, daß sich K und A über den Eigentumsübergang bei Übergabe einig waren. Wenn A indessen*

nicht Eigentümerin war, kommt es für den Eigentumserwerb der K wegen § 932 BGB darauf an, ob diese beim Erwerb **gutgläubig** war. Da K weder von der Eigentumslage wußte noch etwa bei vernünftiger Überlegung davon ausgehen hätte müssen, daß Parfüm im Laden noch unter dem Eigentumsvorbehalt des Herstellers oder Großhändlers steht, war sie gutgläubig iSv § 932 II BGB. Damit ist K Eigentümerin der Flasche geworden, sei es nach § 929 S.1 BGB, sei es nach §§ 929 S.1, 932 BGB. In Erfüllung ihres Schenkungsversprechens (§ 516 BGB) hat K das Eigentum wenig später auf H übertragen (ebenfalls nach § 929 S.1 BGB); damit steht fest, daß A nicht mehr Eigentümerin ist.
Ergebnis: Sie hat also keinen Anspruch auf Herausgabe des Parfüms gegen H aus § 985 BGB. (Andere Ansprüche sind nicht ersichtlich.)

Ergänzende Hinweise:
- Auf die ausbleibende Zahlung der K kommt es für die Entscheidung des Falls nicht an. Eine Rolle würden diese nur spielen, wenn auch zwischen A und K ein Eigentumsvorbehalt vereinbart wäre. Die Bearbeiter durften sich vom ersten Eindruck „das riecht nach Rechtsproblemen des Eigentumsvorbehalts!" nicht in die Irre führen lassen.
- A muß sich also an ihre Kundin und Vertragspartnerin K halten, von der sie nach § 433 II BGB nach wie vor Kaufpreiszahlung fordern kann.
- Häufiger mißachtet wurden in den Bearbeitungen Abstraktions- und Trennungsprinzip. Man schließe nicht von der Wirksamkeit des Grundgeschäfts (z.B. Kauf) auf die des Erfüllungsgeschäfts (insbesondere Übereignung) – und umgekehrt!

Aufgabe 67.
<u>Anspruch des K gegen R auf Zahlung von € 15.000,- aus § 488 I 2 BGB</u>
Einen darlehensvertraglichen Rückzahlungsanspruch auf € 10.000,- nebst vereinbarter Zinsen in Höhe von € 5.000,- hat K nur, wenn er mit R einen Darlehensvertrag geschlossen hat und die Darlehenssumme ausgezahlt ist. R und K haben sich über die Höhe des Darlehens, die Laufzeit, die Zinshöhe und die Rückzahlungsmodalitäten geeinigt. Damit ist ein **Darlehensvertrag iSv § 488 BGB zustandegekommen**. Die **Auszahlung** ist erfolgt. Indes können die auf Vertragsschluß gerichteten Willenserklärungen der beiden wegen Sittenwidrigkeit nach § 138 BGB nichtig sein. Wegen des möglichen Mißverhältnisses von Leistung und Gegenleistung kommt zunächst der **Wuchertatbestand** des § 138 II BGB in Frage. Beim verzinslichen Darlehen sind das vereinbarte Entgelt (also der Zinssatz) für die zeitweilige Überlassung von Geld und der marktübliche Zins miteinander zu **vergleichen**. Der zwischen K und R vereinbarte **Zinssatz** ist nicht ausdrücklich genannt, ergibt sich aber näherungsweise aus folgender Rechnung: R soll an K € 15.000,- (nämlich 25 * € 600,-) zahlen; abzüglich der Darlehenssumme sind also für Zinsen € 5.000,- vereinbart. Selbst wenn man grob vereinfachend unterstellt, daß die gesamte Summe am Ende der 29 (25+4) Wochen zu zahlen wäre (und nicht ratenweise bereits nach einem Monat jeweils wöchentlich), ergäbe sich eine Darlehenslaufzeit von nur einem guten halben Jahr. Auf ein Jahr hochgerechnet hätte R eine Zinsbelastung von ca. 100 % p.a. zu tragen. Diese liegt bei weitem über dem (unterstellten) **marktüblichen Satz** von 12 % p.a. Sowohl die Überschreitung um

100 % als auch die Überschreitung um 10 Prozentpunkte, die die Rechtsprechung als Kriterien zur Bestimmung des auffälligen Mißverhältnisses zwischen Leistung und Gegenleistung heranzieht, sind also erfüllt.
Darüber hinaus muß K bei der Darlehensgewährung die **Zwangslage** des R ausgebeutet haben. Daß R sich in einer Zwangslage befand, weil er keinen anderweitigen Kredit mehr erhalten konnte, wird anzunehmen sein. Zumindest dürfte der drohende Zusammenbruch seiner finanziellen Verhältnisse und das Ende seines bisherigen Lebensstils für ihn subjektiv eine solche Zwangslage bedeuten. Unklar ist, ob K diese Zwangslage **ausgebeutet** hat, weil das voraussetzt, daß er von ihr wußte. Indes spricht bei ganz grobem Auseinanderfallen der Werte von Leistung und Gegenleistung eine **Vermutung** für ein solches Wissen des K. Damit wäre der Wuchertatbestand erfüllt, so daß nach § 138 II BGB die beiden auf den Darlehensvertragsschluß gerichteten Willenserklärungen nichtig sind.
Ergebnis: Mangels Darlehensvertrags besteht kein Rückzahlungsanspruch des K gegen R aus § 488 I 2 BGB.

<u>Anspruch des K gegen R auf Zahlung von € 15.000,- aus § 812 I 1 Fall 1 BGB</u>
Fehlt der beabsichtigte vertragliche Rückzahlungsanspruch, kann das Zahlungsverlangen des K nach § 812 I 1 Fall 1 BGB berechtigt sein. Dazu muß R **etwas erlangt** haben. Mit der Auszahlung der Darlehenssumme hat R Eigentum und Besitz an den Geldscheinen erlangt. (Da es sich um ein Darlehen handelt, richtete sich seine Verpflichtung nicht auf Rückgabe der gleichen Geldscheine, sondern auf Übereignung von Scheinen im gleichen Wert.)
Weil R das Vermögen des K absichtlich und zielgerichtet um das Eigentum an den Scheinen mehrte, hat er an K **geleistet**.
Diese Leistung geschah **rechtsgrundlos**, denn der zugrundeliegende Darlehensvertrag ist nichtig.
Damit besteht ein Rückzahlungsanspruch nach § 812 I 1 Fall 1 BGB.
Der Anspruch ist **nicht** nach § 817 S.2 BGB **ausgeschlossen**; für die Anwendung dieser Vorschrift müßte nämlich der Leistungsgegenstand endgültig in das Vermögen des Bereicherten (R) übergegangen sein. Eben das ist beim Darlehen nicht der Fall.
§ 814 BGB ist nicht anwendbar.
Indes kann K die Darlehenssumme (€ 10.000,-) **nicht sofort** von R fordern. Er muß sich vielmehr die im nichtigen Vertrag enthaltene Abrede über die ratenweise Rückzahlung entgegenhalten lassen (§ 139 BGB), derzufolge die Fälligkeit der einzelnen Raten wochenweise eintritt.
Wegen der bereits erfolgten Zahlungen des R ist darüber hinaus der Anspruch des K in Höhe von € 3.000,- **erloschen**, § 362 I BGB.
Zinsen auf die Darlehenssumme kann K nach der Rechtsprechung weder in der vereinbarten (wucherischen) Höhe (also ca. 100 %) noch in Höhe des gerade noch Zulässigen (also ca. 22 %) noch in Höhe des Marktüblichen (also ca. 12 %) noch in Höhe des gesetzlichen Zinssatzes (nach § 246 BGB

Bearbeitungsvorschläge 131

4 %) fordern; eine teilweise „Rettung" der Zinsabrede über § 139 BGB ist ausgeschlossen, weil sonst K ohne jedes Risiko mit seinen Vertragspartnern wucherische Zinsen vereinbaren könnte.
R kann sich nicht auf den **Wegfall der Bereicherung** nach § 818 III BGB berufen, da er wegen der Darlehenssumme von vornherein wußte, daß er diese zurückzuzahlen haben würde. Selbst wenn er also die Darlehenssumme gegenleistungslos ausgegeben haben sollte (Luxusinvestitionen), was nach der Fallschilderung möglich erscheint, haftet er nach §§ 818 IV, 819 I BGB, weil er um die Herausgabepflicht wußte.
Ergebnis: R muß also das Darlehen zurückzahlen wie vereinbart; Zinsen schuldet er nur, wenn er – wie absehbar steht – mit der Rückzahlung in Verzug kommt, aus Zahlungsverzug.

Ergänzende Hinweise:
- Die Einzelheiten des Verbraucherkreditrechts waren nicht Gegenstand des Unterrichts und der Prüfung. Nach § 492 BGB hätte – da es sich um einen Verbraucherkreditvertrag handelt – die Schriftform eingehalten werden müssen; die Nichtigkeitsfolge wegen des Formfehlers (§ 494 I BGB) wird aber mit der Auszahlung der Darlehenssumme geheilt, § 494 II BGB. Wegen der Auswirkungen der fehlenden Angaben nach § 492 BGB insbesondere auf die Zinshöhe: § 492 II BGB.
- Neben dem Anspruch aus § 812 I 1 Fall 1 BGB kam auch ein Anspruch aus § 817 S.1 BGB in Betracht. Wer das gesehen hat, bekam zusätzliche Punkte.
- Auch die Kenntnis der Rechtsprechung zur Rückabwicklung sittenwidriger Darlehensverträge war nicht erforderlich. Nötig war aber der Versuch, eine vernünftige interessengerechte Entscheidung zu treffen, die eine Aussage darüber enthält, was K wann fordern kann. Häufig übersehen wurde das ganze Wucherproblem; teils waren die Bearbeiter zu einer auch nur überschlägigen Zinsberechnung nicht imstande.
- Auf das eventuelle Recht des K, das Darlehen wegen Zahlungsverzugs des R zu kündigen und zur sofortigen Rückzahlung fällig zu stellen, kam es wegen der Nichtigkeit der Vertrags nicht an.

Aufgabe 68.
<u>a) Anspruch der L gegen K auf Kaufpreiszahlung in Höhe von € 250,- nach § 433 II BGB</u>
L kann von K Zahlung von € 250,- fordern, wenn sie einen wirksamen **Kaufvertrag** über die Kamelhaardecke geschlossen haben, § 433 BGB. Die **Abbildung** der Decke mit näherer Beschreibung und Angabe des Preises im Katalog der L war noch **kein wirksames Angebot** zum Kaufvertragsabschluß, sondern nur eine Aufforderung an die Leser des Katalogs, Angebote abzugeben. Verbindlich war dagegen die **schriftliche Bestellung des K**, die Sache und Preis nannte und in dem Augenblick **wirksam** wurde, in dem sie bei L eintraf, ihr also nach § 130 I 1 BGB zuging. Der Wirksamkeit des Angebots kann allenfalls **§ 130 I 2 BGB entgegenstehen**. Es ist aber nicht erkennbar, daß der Anruf des K die L früher als die Bestellung oder gleichzeitig mit dieser erreicht hätte. Selbst wenn man also seine Anfechtungserklärung auch als Widerruf der Bestellung verstehen will (§§ 133, 157 BGB), führt das nicht dazu, daß sein Angebot nicht wirksam würde.
Zwar hat L bis zum Anruf des K keine **Annahmeerklärung** geäußert; aus der Aussage, man bestehe auf der Vertragserfüllung, ist aber klar zu ent-

*nehmen, daß L das Angebot des K annehmen wollte. Diese Annahmeerklärung kann aber **zu spät** erfolgt sein, so daß ein Vertrag nicht zustandegekommen wäre, weil das Angebot des K schon wieder erloschen ist, § 146 BGB. Da dieses Angebot keine Annahmefristbestimmung enthielt (§ 148 BGB), bleibt es nach § 147 II BGB solange wirksam, bis K den Eingang der Annahmeerklärung der L erwarten darf. Bei schriftlichen Bestellungen werden hierfür einige Tage anzusetzen sein. Zur für den Postlauf in beide Richtungen erforderlichen Zeit tritt die Zeitspanne, die L braucht, um über die Annahme zu entscheiden. Diese kann zudem bei einem Versandhaus etwas großzügiger zu bemessen sein, da auch für den Bestellenden erkennbar ist, daß gelegentlich größere Mengen an Bestellungen abgearbeitet werden müssen. Zwei Tage nach Absenden des Angebots ist dieses also **noch wirksam** und kann angenommen werden.*

*Allerdings kann K seine Erklärung **angefochten** und damit nichtig gemacht haben, § 142 I BGB. Als Anfechtungsgrund kommt ein **Irrtum** des K in Betracht, § 119 BGB. Indes hat K sich weder versprochen oder verschrieben (Erklärungsirrtum, § 119 I Alt.2 BGB) noch hat er etwas anderes erklärt als er wollte (Inhaltsirrtum, § 119 I Alt.1 BGB). Möglich ist hier nur ein **Eigenschaftsirrtum** (§ 119 II BGB). Allerdings bezieht sich die Fehlvorstellung, der K unterliegt, nur auf den angemessenen **Preis** für die bestellte Decke. Der Preis ist aber gerade keine Eigenschaft im Sinne des § 119 II BGB. Eigenschaften sind nur diejenigen Faktoren, die der Sache anhaften und bei der Preisbildung eine Rolle spielen, nicht aber das Ergebnis der Preisbildung, der Preis selbst. Daher kann K mit diesem Argument den Vertrag nicht anfechten.*

***Ergebnis**: L kann von K nach § 433 II BGB Zahlung von € 250,- verlangen.*

<u>b) Anspruch der L gegen K auf Kaufpreiszahlung in Höhe von € 250,- nach § 433 II BGB</u>
*In dieser Variante kommt es für den wirksamen Vertragsschluß darauf an, ob wegen § 130 I 2 BGB die Willenserklärung des K nicht wirksam wurde, weil der **Widerruf** – als solcher ist seiner Äußerung, er fühle sich an die Bestellung nicht mehr gebunden, bei interessengerechter Auslegung (§§ 133, 157 BGB) zu verstehen – des **K zur gleichen Zeit** bei L eintraf. **Zugegangen** sind nämlich beide Erklärungen in dem Moment, in dem sie schriftlich verkörpert in den Einflußbereich der L gelangt sind (also in deren Briefkasten oder Postfach) und L die Möglichkeit hatte, auf zumutbare Weise von ihrem Inhalt Kenntnis zu nehmen. Daß F, dessen Kenntnisnahme L als juristischer Person zugerechnet wird, den Widerruf später liest als die Bestellung, steht dem nicht entgegen: Für die Wirksamkeit der Erklärungen kommt es nicht auf die tatsächliche Kenntnisnahme, sondern auf die **Möglichkeit** dazu an.*

Damit fehlt es an einem wirksamen Angebot zum Kaufvertragsabschluß. Es kommt mithin nicht mehr darauf an, ob L bei einem nachfolgenden Telefonat

schlüssig die Annahme erklärt. Ein Kaufvertrag ist nicht geschlossen worden.
Ergebnis: L hat keinen Anspruch gegen K auf Zahlung von € 250,-.

Ergänzende Hinweise:
- Da die Sachverhaltsvariante keine Aussage dazu enthielt, ob L überhaupt noch die Annahme erklärt hat, konnten die Bearbeiter wie hier dargestellt vorgehen oder die Information aus Teil a) nach Teil b) „herüberziehen".
- Viele Bearbeiter gingen in Teil a) über die invitatio ad offerendum hinweg (nicht sehr schlimm) und / oder sahen in Teil b) die einschlägige Vorschrift des § 130 I 2 BGB und das Zugangsproblem gar nicht (viel ärgerlicher).

Aufgabe 69.
Anspruch des K gegen L auf Zahlung von € 21.000,- aus §§ 346 I, 323 I, 440 BGB

K kann von L Rückzahlung des Kaufpreises verlangen, wenn er vom Kaufvertrag **zurückgetreten** ist. Dazu muß ein **Kaufvertrag** zunächst abgeschlossen worden sein. K und L waren sich über die gegenseitigen Verpflichtungen zur Übereignung der Hunde Hunter, Dublin, Peace und Sadie einerseits und zur Zahlung von € 21.000,- andererseits einig, so daß ein Kaufvertrag iSv § 433 BGB **zustandegekommen** ist. Ein gesetzliches Rücktrittsrecht des Käufers K nach §§ 437 Nr. 2, 323 I BGB setzt voraus, daß die gekaufte Sache **mangelhaft** ist. Auch Hunde sind Sachen im kaufrechtlichen Sinne, wie sich aus § 90a S.3 BGB ergibt. Frei von Sachmängeln ist die Sache nur, wenn sie bei Gefahrübergang (§ 446 BGB) die **vereinbarte Beschaffenheit** hat, § 434 I 1 BGB. Eine Beschaffenheitsvereinbarung zwischen K und L kann darauf gerichtet gewesen sein, daß die zu verkaufenden Hunde eine Reihe verschiedener Sprengstoffe verläßlich detektieren können müssen. Diese ginge aus dem Anforderungsprofil hervor, das K in Form seiner Sprengstoffliste aufgestellt hatte. Hat L die Hunde nach den Kriterien ausgesucht, die sich aus dieser Liste ergaben, so wird man annehmen müssen, daß er – wenigstens schlüssig – durch die Auswahl der Tier erklärte, diese seien fähig, die für K wichtigen Sprengstoffe zu erkennen. (Zweifeln könnte man allerdings daran, ob eine hinreichend klare Beschaffenheitsvereinbarung vorliegt. Wenn aber Genaueres nicht bekannt ist, ist davon auszugehen, daß die Hunde wenigstens so gut funktionieren sollten wie es etwa bei Grenzkontrollen erforderlich ist: Danach hätten die Hunde zumindest auf kurze Distanzen auch kleinere Mengen der genannten Sprengstoffe erkennen müssen.) Versagten die Hunde aber vor ganzen Lkw-Ladungen, so weicht ihre Beschaffenheit so deutlich von der vertraglich vereinbarten Beschaffenheit ab, daß offenbleiben kann, welches „Leistungsniveau" genau vereinbart war. Die Tiere sind danach mangelhaft.
Nach §§ 437, 439 BGB muß aber K zunächst erfolglos **Nacherfüllung** verlangen, bevor er vom Vertrag zurücktreten kann. Hierzu muß er L nach § 323 I BGB eine angemessene **Frist** zur Leistungsbewirkung setzen.
Entbehrlich ist dies aber nach § 323 II BGB. L hat allerdings die Leistung nicht ernsthaft und endgültig verweigert (Nr. 1); auch fehlt es an Termins-

oder Fristbestimmung im Kaufvertrag (Nr. 2). Es kommt jedoch § 323 II Nr. 3 BGB in Betracht: Die **besonderen Umstände** *werden anzunehmen sein, da die Nachbesserung der Hunde (mindestens) ein halbes Jahr zu dauern droht, während dessen L die benötigten Hunde nicht zur Verfügung hat oder aufwendig auf begrenzte Zeit anderweitig Ersatz beschaffen muß. Hinzukommt, daß die Tiere ganz erheblich von dem vereinbarten Leistungsbild abweichen, so daß das Vertrauen des K in die Leistungsfähigkeit des L erschüttert sein dürfte. Entgegenstehende Interessen des L, die bei der Abwägung den sofortigen Rücktritt ausschlössen, sind nicht erkennbar. Insbesondere hat er die Hunde nicht auf Bestellung des K spezialangefertigt, so daß sie anderweitig nicht mehr verkäuflich wären. Vielmehr erscheint es angemessen, wegen des sofortigen Rücktrittsrechts des K den L das wirtschaftliche Risiko der anderweitigen Verkäuflichkeit der Hunde tragen zu lassen.*

Der Rücktritt ist **nicht** *nach § 323 V 2 oder VI BGB* **ausgeschlossen***: Die Pflichtverletzung des L ist erheblich, wogegen K keine Verantwortung trifft.*

Mit dem Rückzahlungsverlangen hat K (wenigstens schlüssig) den Rücktritt gegenüber L **erklärt***, § 348 BGB.*

Ergebnis*: K kann Rückzahlung der € 21.000,- von L fordern. (Ein gleichzeitiges Schadensersatzverlangen ist dadurch nicht ausgeschlossen, § 326 BGB; allerdings muß er seinerseits die Hunde zurückgeben, § 346 I BGB.)*

Ergänzende Hinweise:
- Dies ist ein Sachverhalt aus dem wirklichen Leben (Pressebericht taz vom 11.6.2003, S.2)
- Viele Bearbeiter argumentierten beim Fehler der gekauften Sachen zu oberflächlich und gingen nicht auf die vereinbarte Beschaffenheit der Hunde ein. Häufig übersehen wurde auch, daß eine Nachfrist möglicherweise entbehrlich war. Bei der Entbehrlichkeit der Nachfristsetzung ist mit guten Argumenten auch das Gegenteil vertretbar.

Aufgabe 70.
<ins>Anspruch des D gegen M auf Zahlung von € 13.100,- aus § 823 I BGB</ins>
Ein Anspruch des D gegen M auf Ersatz der Heilungskosten sowie ein Schmerzensgeld kann sich aus § 823 I BGB ergeben. Das setzt voraus, daß M ein **Rechtsgut** *des D* **verletzt** *hat. Indem sie mit ihrem Pkw den Fuß des D gebrochen hat, hat sie seine* **Gesundheit** *verletzt – denn ein gebrochener Fuß ist ein pathologischer und behandlungsbedürftiger Zustand. Das geschah* **rechtswidrig***, denn D war damit nicht einverstanden und das Verhalten der M war nicht von einem Rechtfertigungsgrund getragen. Zudem muß M* **schuldhaft***, also wenigstens fahrlässig gehandelt haben. Es muß ihr also ein Außerachtlassen der im Verkehr erforderlichen Sorgfalt (§ 276 I BGB) vorzuwerfen sein. Zwar ist es verständlich, daß sie sich nach ihrem Kinde umdreht, wenn es schreit: K könnte sich an seinem Dauerlutscher verschluckt haben oder etwas ähnlich Gefährliches könnte geschehen sein. Indes muß M ihr Verhalten im Straßenverkehr an den objektivierbaren Erwartungen der Verkehrsteilnehmer und den Anforderungen der Straßenverkehrsordnung orientieren. Beide lassen es nicht zu, daß jemand die Straße, auf der sie fährt, aus dem Blick verliert. Dies gilt besonders, wenn man sich*

einer Ampel nähert und andere Verkehrsteilnehmer darauf warten, die Straße überqueren zu können. M hat deshalb fahrlässig gehandelt und so die Verletzung des D verursacht.
Die dem D entstandenen Heilungskosten von € 8.600,- sind ein **Vermögensnachteil**, den er ohne das fahrlässige Verhalten der M nicht erlitten hätte, und daher als **Schaden** im Sinne des § 249 S.1 BGB zu ersetzen. Gleiches gilt für die € 4.500,-, die D als Ausgleich für den **immateriellen Schaden**, nämlich die Verletzung und Heilbehandlung erlittenen Schmerzen, beansprucht, § 253 II BGB.
Ergebnis: D kann von M die geforderten € 13.100,- nach §§ 823 I, 253 I BGB verlangen.

<u>Anspruch der E gegen M auf Zahlung von € 150.000,- aus § 823 I BGB</u>
Auch der von E geltendgemachte Anspruch kann – da es keine vertraglichen Beziehungen zwischen ihr und M gibt – nur auf einer unerlaubten Handlung beruhen.
Für einen Anspruch aus § 823 I BGB fehlt es aber an der Verletzung eines der E zustehenden **Rechtsguts**: Sie selbst ist weder an ihrem Körper noch an ihrer Gesundheit verletzt. Allenfalls kann ihr **Recht am Unternehmen** (am „eingerichteten und ausgeübten Gewerbebetrieb") verletzt sein, da sie unternehmerisch mit D zusammenarbeitet, indem sie als Eiskunstlaufpaar an Wettkämpfen, Schauveranstaltungen und dergleichen gegen Geld teilnehmen. Das ist aber zu verneinen, weil eine **rechtswidrige** Verletzung des Rechts am (Eiskunstlauf-)Unternehmen nach ständiger Rechtsprechung einen **betriebsbezogenen Eingriff** voraussetzt; bei einer zufälligen Verletzung im Straßenverkehr fehlt es an jedem Bezug zum Betrieb (schon weil M überhaupt nicht weiß, in welches Unternehmen sie durch ihre Unachtsamkeit eingreift).
Ergebnis: E hat keinen Ersatzanspruch gegen M.

Ergänzende Hinweise:
- Die Aufgabe ist *BGH* NJW 2003, 1040 entlehnt.
- Ein Anspruch des D gegen M aus § 7 I StVG ist gleichfalls zu bejahen, war aber der Aufgabe zufolge nicht zu diskutieren.
- Nur wenige Bearbeiterinnen zogen bei der Konkretisierung der im Verkehr erforderlichen Sorgfalt die Anforderungen der StVO oder die berechtigten Erwartungen anderer Verkehrsteilnehmer heran; das Verschulden wird regelmäßig pauschal mit Hinweisen wie „man darf sich beim Autofahren nicht umdrehen" begründet. Viele Bearbeiter trennen nicht zwischen Vermögens- und immateriellem Schaden. Auch wenn viele Bearbeiter beim Anspruch der E richtig erkennen, daß „diese nicht selbst betroffen ist", wird nur sehr vereinzelt ein Eingriff in ihr „Unternehmen" diskutiert.

Aufgabe 71.
<u>Anspruch der F gegen W auf Zahlung von € 400,- aus § 311a II BGB</u>
Ein Anspruch auf Schadensersatz in Höhe von € 400,- kann F zustehen, wenn sie mit W einen Vertrag geschlossen hat, der W zu einer Leistung verpflichtete, die schon bei Vertragsschluß unmöglich zu erbringen war. Durch die Äußerungen bei dem Telefonat haben W und F einen **Kaufver-**

trag *(§ 433 BGB) über das gebrauchte Fahrrad der W geschlossen, das zum Preis von € 350,- an F abgegeben werden sollte. Die Erklärungen beider Beteiligter waren ausreichend bestimmt und verbindlich, wie sich schon daraus ergibt, daß Einvernehmen über die Erfüllung des Vertrags am nächsten Tag herrschte. Mit diesem Kaufvertrag verpflichtete sich W, ihr Fahrrad an F zu übereignen und zu übergeben (§ 433 I 1 BGB). Die Erfüllung dieser Pflicht stellte sich als **unmöglich** heraus, da mit dem Diebstahl W zwar noch Eigentümerin (§ 903 BGB) ihres Fahrrads blieb, aber den Besitz (§ 854 BGB) an den Dieb verlor, so daß sie das Pflichtenprogramm des § 433 I gegenüber F eben nicht mehr vollständig erfüllen konnte. Damit ist die Erfüllung für die Schuldnerin („subjektiv") unmöglich im Sinne des § 275 I Fall 1 BGB. Diese Unmöglichkeit bestand schon im Augenblick des Vertragsschlusses, weil bereits zur Zeit des Telefonats zwischen W und F der Dieb Besitzer des Fahrrads war („**anfängliche** Unmöglichkeit"). Der Anspruch aus § 311a II 1 BGB kann aber daran scheitern, daß W das Leistungshindernis nicht kannte und diese Unkenntnis auch nicht zu vertreten hat, § 311a II 2 BGB. Tatsächlich wußte W nicht, daß ihr Fahrrad gestohlen war, als sie es verkaufte. Sie kann diese Unkenntnis aber **zu vertreten haben**. Nach § 276 II BGB ist dafür zu fragen, ob sie die im Verkehr erforderliche Sorgfalt außer acht gelassen und somit **fahrlässig** gehandelt hat. Dagegen spricht, daß man nicht ohne weiteres mit einem (statistisch eher seltenen) Diebstahl aus einem verschlossenen Fahrradkeller rechnen muß. Wer aber ein Fahrrad verkauft, wird höhere Anforderungen gegen sich gelten lassen müssen. Es ist der Verkäuferin zuzumuten, sich vom (Noch-)Vorhandensein der verkauften Sache zu überzeugen, bevor der Vertrag abgeschlossen wird, zumal wenn dies mit geringem Aufwand möglich ist. Anders als die Verkäuferin hat in einer Situation wie dieser die Käuferin eben überhaupt keine Möglichkeit festzustellen, ob der Kaufgegenstand noch vorhanden ist, und sich gegen eventuelle Fehlinvestitionen (Vertragskosten, vergebliche Kosten für Anreise etc.) zu schützen. Es ist daher richtig, den Aufwand, in den Keller zu gehen und nachzusehen, der W aufzuerlegen. Hinter diesen Anforderungen ist W zurückgeblieben. Sie hat also ihre Unkenntnis des Diebstahls zu vertreten.*
Ergebnis*: F hat gegen W einen Anspruch auf Schadensersatzleistung in Höhe von € 400,- aus § 311a I BGB. Nach § 311a II BGB kann sie nämlich Schadensersatz statt der Leistung verlangen, der sich auf die Kosten der Ersatzbeschaffung erstreckt.*

Ergänzende Hinweise:
- Wenn F von W Schadensersatz statt der Leistung verlangt, muß sie auch den Kaufpreis von € 350,- zahlen. Sie erhält damit im Ergebnis von W die € 50,-, die sie wegen des fehlgeschlagenen Kaufs anderwärts für eine vergleichbare Sache hat mehr bezahlen müssen. (Leider sind F und W aber jetzt keine Freundinnen mehr. Lohnt sich das also?)
- Wegen der fehlenden Übergabe des Rads kamen viele Bearbeiter zu dem falschen Ergebnis, der Kaufvertrag sei nicht zustande gekommen (Abstraktionsprinzip mißachtet). Viele Bearbeiter haben den Sachverhalt zu oberflächlich aufgefaßt und erkennen die anfängliche Unmöglichkeit nicht, sondern sprechen ausdrücklich von „danach" eingetretener Leistungsverhinderung. Die meisten Bearbeiter stellen bei der Fahrlässigkeit nur auf das Abstellen des Rads im verschlos-

Bearbeitungsvorschläge

senen Keller ab, ohne eine Pflicht zur Überzeugung vom (Noch-)Vorhandensein der zu verkaufenden Sache wenigstens in Erwägung zu ziehen.

Aufgabe 72.
<u>Anspruch des K gegen V auf Übereignung und Übergabe dreier Tonerkartuschen aus § 433 I 1 BGB</u>
*Die drei „richtigen" Kartuschen (des Typs LF 5507/2) kann K von V nur fordern, wenn zwischen beiden ein **Kaufvertrag** geschlossen worden ist, § 433 BGB. Das erfordert die Einigung über Kaufgegenstand und Kaufpreis. Kaufgegenstand sollten ausweislich der Erklärung des K drei Kartuschen des Typs LF 5507/2 sein; als Preis hatte V € 237,- vorgegeben. Mit dem Eintreffen des von K erzeugten Datensatzes in der automatisierten Bestellannahme der V hat K eine der V zugegangene ausreichend bestimmte Willenserklärung, also ein **Angebot** zum Kaufvertragsabschluß, abgegeben. (Die Bestelliste der V auf ihrer Internetseite ist ähnlich wie ein Katalog noch kein verbindliches Angebot, sondern nur eine Aufforderung zur Angebotsabgabe, weil einem vernünftigen Besucher erkennbar ist, daß V sich hier noch nicht binden will, schon um den Verkauf nicht mehr vorrätiger Ware zu vermeiden.) Dieses Angebot muß V **angenommen** haben. Im Versand der Eingangsbestätigung liegt bei näherer Betrachtung noch keine Annahme: Zum einen wird ja erst die baldige Bearbeitung in Aussicht gestellt, zum anderen ist (auch für den Kaufinteressenten erkennbar) eine verläßliche Prüfung der Lagerbestände einschließlich des Abgleichs mit anderen aktuellen Bestellungen kaum in wenigen Sekunden möglich. Eine Annahme kann aber im **Versand der bestellten Ware** liegen. Darin kommt nämlich schlüssig der Wille des V zum Ausdruck, den ihm von K angetragenen Vertrag abzuschließen (§§ 133, 157 BGB). Nach § 151 BGB ist für die Annahmeerklärung noch nicht einmal das Eintreffen der Ware bei K nötig, weil es im Versandhandel ganz üblich ist, anstatt einer ausdrücklichen Annahmeerklärung die Ware zu verschicken. Problematisch ist aber, daß V eine **andere als die bestellte Ware** verschickt hat. Die im Verschicken dreier Kartuschen des Typs LK 5503/2 liegende Erklärung stimmt bei Auslegung nach dem objektivierten Empfängerhorizont nicht mit dem Inhalt des Angebots von K überein. Damit scheitert der Vertragsabschluß wegen **Dissenses** an § 154 BGB. Eine **Einigung** zwischen K und V zum von V vorgeschlagenen höheren Preis ist mangels Annahmeerklärung des K zum neuerlichen Angebot der V **nicht zustandegekommen**.
Ergebnis: K kann von V nicht die Lieferung der gewünschten Kartuschen (zum Preis von € 237,-) verlangen.*

Ergänzende Hinweise:
- Die Aufgabe ist *LG Gießen* MDR 2003, 1041 f. nachgebildet.
- Nicht zu fragen war – auf den ersten Blick – nach dem Kaufpreis. Wie oben vorgeschlagen mußte aber der Kaufpreis als Teil der Einigung über die vertragswesentlichen Punkte geklärt werden.
- Überraschend viele Bearbeiter gingen ohne nähere Begründung vom Zustandekommen eines Kaufvertrags aus. Einige Bearbeiter untersuchten den Vertragsschluß zwar kritisch, unterschieden dabei aber nicht ausreichend die Anforderungen an die Abgabe von WE (wann liegt über-

haupt eine Willenserklärung vor?) und die Übereinstimmung von Angebot und Annahme. Das Verkaufs-„Angebot" auf der Internetseite haben viele Bearbeiter schon als Vertragsangebot gewertet. Wo das Zustandekommen des Kaufvertrags bejaht wurde, wurde meist die Entscheidung über das Recht der Sachmangelgewährleistung gewählt.
• Ein ähnlicher Sachverhalt liegt Aufgabe 84 zugrunde.

Aufgabe 73.
Anspruch des H gegen P auf Zahlung von € 2.900,- aus § 823 I BGB
*Einen Schadensersatzanspruch aus unerlaubter Handlung (andere Ansprüche kommen nicht in Betracht, da es keine vertragliche Sonderverbindung zwischen den Beteiligten gibt) kann H haben, wenn eines seiner **Rechtsgüter verletzt** ist. Das ist mit der Beschädigung seines Pkws der Fall: Die Beeinträchtigung der Substanz ist eine Eigentumsverletzung. **Ursächlich** zurückzuführen ist diese in erster Linie auf das Verhalten des H (der die Straße entlangfuhr), in zweiter Linie auf das Verhalten der U (die den Fahrradständer auf die Straße schleiften) und in dritter Linie auf das Verhalten des P, der den Fahrradständer auf den Bürgersteig stellte, ohne ihn dagegen zu sichern, daß er nächtens auf die Fahrbahn geschleift werden konnte. Um zu einem Ersatzanspruch zu führen, muß das Verhalten nicht alleinursächlich für den Verletzungserfolg sein; es genügt **Mitursächlichkeit**. Da das Aufstellen des Fahrradständers zwar ursächlich für den Schaden ist, aber unter keinem Gesichtspunkt rechtswidrig oder schuldhaft erscheint, ist als schadensersatzbegründende Handlung nur das **Unterlassen einer Sicherung** des Ständers gegen unbefugtes Entfernen in Betracht zu ziehen. Damit kann P gegen eine **Verkehrssicherungspflicht** verstoßen haben. Ein solcher Verstoß ist für die Anspruchsbegründung erforderlich, weil ein reines Unterlassen nur bei Verstoß gegen eine Verpflichtung zum Handeln zum Ersatzanspruch führt. Ob aber nun derjenige, der einen Fahrradständer aufstellt, für die Sicherung gegen unbefugtes Wegnehmen Sorge tragen muß, erscheint zweifelhaft. Zum einen ist in Betracht zu ziehen, mit welcher Wahrscheinlichkeit ein Ereignis wie das eingetretene eintreten wird: Zwar ist nächtliches Randalieren oder auch nur ein Lausbubenstreich Jugendlicher nicht ganz unvorhersehbar; aber das Abstellen gefährlicher Gegenstände auf der Fahrbahn kommt doch insgesamt selten vor. Zudem sprechen Abmessungen und Gewicht des Fahrradständers gegen eine unabsichtliche „Verschiebung", so daß nur nach der Wahrscheinlichkeit absichtlichen Handelns Dritter zu fragen ist. Auch dabei bedarf es einer gewissen Mühe, die – zusammen mit der Möglichkeit der Entdeckung solch schändlichen Tuns – dagegen spricht, daß P mit diesem Geschehen rechnen mußte. Hinzukommt, daß der Reiz eines Lausbubenstreichs wegen der Gefahr des Mißlingens gering ist: Im allgemeinen wird ein Autofahrer einen Gegenstand dieser Größe rechtzeitig entdecken, um noch anzuhalten oder auszuweichen. Des weiteren ist der Aufwand in Rechnung zu stellen, der für die Sicherung eines solchen Fahrradständers nötig ist. P müßte den Ständer im Boden verankern oder an einem anderen unbeweglichen Gegenstand befestigen, was nicht ohne weiteres möglich sein wird (vielleicht auch öffentlich-rechtlich erlaubnispflichtig ist) und ihm zudem die Möglichkeit nimmt, den*

Ständer selbst etwa abends zu entfernen und im Laden einzuschließen, wie das teils geschieht. Mag auch der Kostenaufwand für eine Befestigung noch übersichtlich sein, spricht doch im Ergebnis mehr dafür, P nicht mit einer solchen Verkehrssicherungspflicht zu belasten, schon weil sonst jeden, der einen wenn auch nur mit Mühe beweglichen Gegenstand (Fahrrad, Fiat 500 etc.) in der Nähe einer Straße unbefestigt zurückläßt, eine ähnliche Pflicht treffen müßte.
Also ist das Unterlassen des P **nicht verkehrspflichtwidrig** und damit jedenfalls nicht schuldhaft.
Ergebnis: Damit scheitert ein Ersatzanspruch des H gegen P.

Ergänzende Hinweise:
- Schwerpunkt der Aufgabe war die nachvollziehbare Abwägung der für und gegen das Bestehen einer Verkehrssicherungspflicht sprechenden Argumente. Das konnte kürzer oder umfangreicher als hier geschehen, durfte aber nicht ganz wegfallen. Das Ergebnis durfte bei nachvollziehbarer Begründung natürlich auch gegenteilig ausfallen. Wer einen Ersatzanspruch bejahte, hätte diesen aber gemäß § 254 BGB mindern müssen, weil O ein an der Schadensentstehung mitwirkender Verursachungs- und Verschuldensbeitrag traf. Dieser läge (neben der allgemeinen Betriebsgefahr eines in Bewegung befindlichen Automobils) insbesondere darin, daß O wohl nicht auf Sicht gefahren ist, wenn er an einen unbeweglich herumliegenden Fahrradständer angestoßen ist. Gemessen an der darin liegenden Sorgfaltswidrigkeit ist der Beitrag des P schon wegen seiner „Schadensferne" eher geringer anzusetzen, so daß – überschlägig und vorbehaltlich aller hier nicht berichteten Umstände des Einzelfalls – ein Ersatzanspruch des O um wenigstens die Hälfte zu mindern wäre.
- An der Herleitung der Verkehrspflicht läßt sich gut zeigen, wie eine rechtlich-wertende Argumentation letztendlich die Überlegungen aufnimmt, der ein (juristisch unverstellte) klare Menschenverstand schon nahelegt.
- Die Aufgabe ist *AG Rendsburg*, MDR 2003, 1115 nachgebildet.
- Eher zu knapp gingen viele Bearbeiter auf die Zurechnung von Unterlassensfolgen ein; oft wurden auch die möglichen Argumente zu Bestehen und Umfang einer Verkehrssicherungspflicht (meist beim Fahrlässigkeitsvorwurf diskutiert) nicht ausgeschöpft.

Aufgabe 74.
Anspruch des B gegen A auf Zahlung von € 459,20 aus § 631 I BGB
Das Zahlungsverlangen des B kann sich auf § 631 I BGB stützen lassen, wenn A und B einen **Bewirtungsvertrag** *geschlossen haben. Der Bewirtungsvertrag ist ein typengemischter Vertrag mit Elementen des Mietrechts, der Verwahrung usw. Den Schwerpunkt der vertraglichen Pflichten dürfte aber regelmäßig wegen der Zubereitung der Speisen das* **werkvertragliche Element** *bilden, so daß ein Anspruch auf § 631 I BGB zu stützen wäre. Indes ist der wirksame* **Vertragsabschluß** *zweifelhaft. Daß nämlich eine Reservierung schon die Einigung über die für einen Werkvertrag erforderlichen vertragsnotwendigen Punkte enthält, wird zu verneinen sein. Auch wenn die Reservierung von beiden Seiten als verbindlich angesehen und schriftlich bestätigt wird, ist ihr eben nicht zu entnehmen, was A und seine Gäste verzehren werden, so daß weder das zu erstellende Werk noch der Werklohn aus den bisher vorliegenden Erklärungen der Beteiligten ersichtlich sind.*
Ergebnis: § 631 I BGB trägt keinen Anspruch des B gegen den A.

Anspruch des B gegen A auf Zahlung von € 459,20 aus §§ 311 II, 280 I BGB
Da B Schadensersatz fordert, kommt auch ein Anspruch aus §§ 311 II, 280 I BGB in Frage. § 280 I BGB setzt zunächst voraus, daß ein **Schuldverhältnis** zwischen den Beteiligten besteht. Zwar fehlt es an einem wirksamen Bewirtungsvertrag (und auch ein auf Abschluß eines Bewirtungsvertrags gerichteter Vorvertrag war wohl nicht gewollt); es kann aber aus der **Anbahnung von Vertragsbeziehungen** ein Schuldverhältnis iSv § 311 II BGB entstanden sein. § 311 II Nr. 2 BGB erfaßt auch Fälle wie den vorliegenden, denn eine Vertragsanbahnung war – für beide Parteien erkennbar – von A und B gewollt: Niemand reserviert einen Tisch für acht Personen im Restaurant, ohne etwas verzehren zu wollen. Das aus der Vertragsanbahnung in diesem Stadium erwachsende Pflichtenprogramm hat A verletzt, indem er nicht erschienen ist, aber auch nicht so rechtzeitig abgesagt hat, daß B den Tisch anderweitig hätte nutzen können. Üblicherweise wird ein reservierter Tisch nicht bereits wenige Minuten nach Verstreichen des Reservierungszeitpunkts anderweitig vergeben; vielmehr mußte B davon ausgehen, daß A und seine Gäste sich lediglich verspäten würden, da A nicht absagte. Ein solcher Verlauf muß A klar gewesen sein. Damit hat zwar A **pflichtwidrig** und **schuldhaft** (§ 280 I 2 BGB) gehandelt. Indessen ist der **Schaden** des B problematisch. Weder ist absehbar, was A und seine Gäste gegessen und getrunken hätten, so daß der entgangene Gewinn (§ 252 BGB) des B kaum konkret bezifferbar ist. Während über diesen Zweifel vielleicht noch die Möglichkeit hinweghelfen könnte, den entgangenen Gewinn nach dem gewöhnlichen Lauf der Dinge zu berechnen, sind die Bedenken wegen der Schadensersatzbegrenzung nach §§ 311 II, 280 I BGB gewichtiger: Grundsätzlich schuldet nur **Ersatz des negativen Interesses**, wer sich aus Verschulden bei Vertragsverhandlungen ersatzpflichtig macht. Es ist also nur der Verlust zu ersetzen, der daraus entstanden ist, daß B auf das Zustandekommen von Bewirtungsverträgen vertraut hat. Für Investitionen des B im Vertrauen auf die dann nicht geschlossenen Bewirtungsverträge ist aber nichts ersichtlich; B selbst fordert (rechtsirrig) eben nur seinen entgangenen Gewinn.
Ergebnis: Auch aus §§ 311 II, 280 I BGB hat B keinen Ersatzanspruch gegen A.

Ergänzende Hinweise:
- Der Sachverhalt ist *LG Kiel*, NJW 1998, 2539 f. nachgebildet.
- Die Beschränkung des Ersatzanspruchs auf das negative Interesse mutet auf den ersten Blick schwer verständlich an. Sie erklärt sich aber daraus, daß bei vollem Schadensersatz wirtschaftlich ein Vertragsabschlußzwang entstünde, da der die Verhandlungen Abbrechende unabhängig vom Vertragsabschluß dem Gegner Ersatz des diesem entgehenden Gewinns schulden würde.
- Kein Klausurwissen: Teils wird vertreten, der entgangene Gewinn könne Teil des negativen Interesses sein. Wer diesen Gedanken sieht, muß erörtern, ob B den Schaden allein oder überwiegend selbst zu vertreten hat, weil er eine Stunde gewartet hat, bevor er versuchte, den Tisch anderweit zu besetzen
- Etliche Bearbeiter nahmen sehr schnell einen Vertragsschluß an, ohne sich so recht Gedanken über den Vertragsinhalt zu machen. Oft wurde auch die Schadenshöhe als völlig unproblematisch hingenommen.

Aufgabe 75.

Anspruch des R gegen F auf Zahlung von € 450,- aus § 346 I BGB
Anspruch auf Rückzahlung des Kaufpreises hat R, wenn er wirksam vom Kaufvertrag **zurückgetreten** ist. Ein **Kaufvertrag** ist zunächst **abgeschlossen** worden, als sich R und F über die Übereignung eines Apfelbäumchens gegen Zahlung von € 450,- einigten. Ein **Rücktrittsrecht** (§ 437 Nr. 2 BGB) des R nach § 346 I BGB besteht, wenn die Kaufsache **mangelhaft** ist (§ 434 BGB) und R nicht zunächst Nacherfüllung verlangen muß (§ 440 BGB). Nach § 434 III BGB ist die Lieferung der falschen Sache wie ein Sachmangel zu behandeln – ein Birnbaum ist also ein mangelhafter Apfelbaum. Dieser Mangel haftete dem Birnbaum schon bei Übergabe von F an R *(bei Gefahrübergang, § 446 BGB)* an. Zunächst muß aber R von F **Nacherfüllung** verlangt haben, § 439 BGB. Das ist geschehen, als R F aufforderte, ihm statt eines Birnbaums einen Apfelbaum zu geben – die Beseitigung des Mangels ist bei einer Falschlieferung kaum möglich, so daß nur die Lieferung einer mangelfreien Sache in Betracht kam. Indessen hat F die Nacherfüllung **verweigert**, ohne hierzu berechtigt zu sein. Die Übereignung eines Apfelbaums Zug um Zug gegen Rücknahme des Birnbaums war ihm sowohl **möglich** als auch **zuzumuten** (zumal er vertraglich genau dazu verpflichtet war); daß er mit dem Birnbaum nichts anzufangen können glaubte, tut hierfür nichts zur Sache. Auch ist nicht ersichtlich, daß größere Birnbäume nicht verkäuflich seien. (Und selbst wenn das zuträfe, läge das Problem doch ausschließlich in F´s Risikosphäre). Nach § 323 I BGB kann also R vom Kaufvertrag zurücktreten. Einer vorherigen **Fristsetzung** bedarf es nicht mehr, da F die einzig mögliche Art der Nacherfüllung **ernsthaft und endgültig** verweigert hat (§ 323 II Nr. 1 BGB).
Auch ist F vor dem Ansinnen des R nicht durch **Verjährung** des Gewährleistungsanspruchs geschützt – diese tritt erst nach zwei Jahren ein, § 438 I Nr. 3 BGB.
R muß den Rücktritt **erklären** (§ 349 BGB), um sein Geld zurückverlangen zu können
Ergebnis: R kann von F Zahlung von € 450,- verlangen (allerdings nur Zug um Zug gegen die Rückgabe des Birnbaums).

Ergänzende Hinweise:
- Die Bearbeitung gelang überwiegend ganz passabel. § 434 III BGB hat kaum ein Bearbeiter erwähnt. Die Vorschrift hätte langwierige Begründungen, warum ein Birnbaum ein mangelhafter Apfelbaum sei, entbehrlich gemacht.
- Teils wurde die Erörterung von § 323 BGB ganz übersehen – obwohl das Problem im Sachverhalt recht deutlich angelegt war.

Aufgabe 76.
Dieser Bearbeitungsvorschlag ist mit Kommentierungen versehen. Im Text eingestellt finden Sie (wie hier: kleingeschrieben) die Überlegungen, die man beim Durchdenken der Aufgabe anstellt, die aber nicht in die schriftliche Ausarbeitung gehören. Wer den Umgang mit Aufgaben dieses Typs üben möchte, kann sich an den Bemerkungen entlang voranarbeiten.

Damit Sie vor Augen haben, wie der Umbau von den skelettierten Lösungsskizzen, die Sie aus dem Unterricht an der Tafel kennen, zu einer ausformulierten Bearbeitung aussieht, finden Sie hier zuerst eine solche Lösungsskizze:

M -> R auf € 10.000,- aus §§ 280 I, III, 283 BGB
Schuldverhältnis: (+) Kaufvertrag
Pflicht: (+) zur Übereignung Kaufsache
Verletzung: (+) Nichterfüllung
Verletzung in Form § 283: (+) Nichterfüllung beruht auf Unmöglichkeit, § 275 I
Vertretenmüssen: (zweifelhaft) Vorsatz u Fahrlässigkeit iSv § 276 (-), aber eventuell Haftung für Zufall nach § 287 S.2 , wenn Verzug
Verzug, § 286: (+) Nichtleistung (+) trotz Fälligkeit, § 271 (+), Mahnung entbehrlich, § 286 II Nr. 1 (+)
also im Ergebnis Vertretenmüssen (+)
Schaden: (+) entgangener Veräußerungsgewinn (§ 252)
Ergebnis: Anspruch (+)

Vorüberlegungen vor dem ersten niedergeschriebenen Satz: Dreh- und Angelpunkt einer gelungenen Fallbearbeitung ist die Ausgangsfrage, die fast immer nach dem Muster *Wer will was von wem auf welcher Anspruchsgrundlage?* gefaßt wird. Wenn – wie hier – die Überschrift diese Fragen so aufgreift, daß sie als Prüfungsprogramm für die nachfolgenden Überlegungen dienen können, ist das schon die halbe Miete für die richtige Lösung. Ausgehend von der Aufgabe ist die Formulierung nicht allzu schwierig: **Anspruchsteller** ist M, **Anspruchsgegner** ist R; das **Anspruchsziel** ist Schadensersatz wegen des fehlgeschlagenen Weiterverkaufs, bezifferbar auf € 10.000,-. Schwierigkeiten bereitet oft das Auffinden der richtigen **Anspruchsgrundlage**. Hier kommen nur Normen in Betracht, deren **Rechtsfolge Schadensersatz** verspricht. Wegen des Vorrangs vertraglicher Ansprüche vor gesetzlichen ist zuerst im **Vertragsrecht** zu suchen. Da es sich um einen Kaufvertrag handelt, kann die einschlägige Norm entweder bei den Vorschriften über den Kauf (§§ 433 ff. BGB) zu finden sein oder im allgemeinen Schuldrecht (§§ 241 ff. BGB, genauer: §§ 280 ff. BGB). Die Vorschrift, die den entgangenen Gewinn unmittelbar erwähnt, § 252 BGB, ist selbst keine Anspruchsgrundlage, sondern nur Bestandteil des Regelungen (§§ 249 ff. BGB), die die Schadenshöhe bestimmen, wenn aufgrund einer anderweitigen Anordnung Schadensersatz geschuldet wird.
Im **Kaufrecht** findet sich zwar in § 437 Nr. 3 BGB ein Schadensersatzanspruch; dieser setzt aber einen Sachmangel (§ 434 BGB) voraus, der hier erkennbar nicht vorliegt. Vielmehr handelt es sich recht leicht erkennbar um eine Nichtleistung wegen Unmöglichkeit, auf die die §§ 280 ff. anzuwenden sind. Da es sich um den Ausschluß der (Haupt-)Leistungspflicht handelt, tritt zu § 280 I BGB als Grundtatbestand des Leistungsstörungsrechts nach § 280 III BGB noch § 283 BGB hinzu. Aus diesen Überlegungen wird die Überschrift:

Anspruch des M gegen R auf Schadensersatz statt der Leistung in Höhe von € 10.000,- nach §§ 280 I,III, 283 BGB
Die Überschrift kann man als im Folgenden zu diskutierende Hypothese dann noch einmal formulieren als:

M kann gegen R einen Anspruch auf Ersatz des ihm entgangenen Gewinns aus §§ 280 I, III, 283 BGB haben.
Hat man die Anspruchsgrundlage einmal gefunden und niedergeschrieben, sind deren Voraussetzungen (Tatbestandsmerkmale) eines nach dem anderen abzuarbeiten, d.h. sie müssen genannt werden

Für einen Schadensersatzanspruch muß nach § 280 I BGB zunächst ein **Schuldverhältnis** *bestehen.*
und der Sachverhalt muß ihnen untergeordnet (subsumiert) werden.

Das ist mit dem Kaufvertrag zwischen R und M der Fall. Beide haben sich geeinigt, daß für den (eindeutig bestimmten) Bagger € 50.000,- bezahlt werden sollten; das genügt für einen Kaufvertrag.
Dieses Merkmal ist leicht zu bejahen; deshalb muß man hier als Bearbeiterin nicht viele Worte verlieren. Sicherheitshalber sollte man aber ganz kurz auf die inhaltlichen Voraussetzungen eines Kaufvertrags eingehen, damit die Korrektorin diese abhaken kann.
Nächstes Tatbestandsmerkmal:

*§ 280 I BGB setzt weiter voraus, daß R eine ihm **obliegende Pflicht verletzt** hat.*
Diese Voraussetzung spaltet man zweckmäßigerweise auf in die Pflicht einerseits und ihre Verletzung andererseits.
*Hier kommt nur die **Pflicht zur Erbringung** der von ihm nach § 433 I BGB geschuldeten **Leistung,** nämlich der Übergabe und Übereignung des Baggers in Betracht. (Es handelt sich also um eine Verletzung der Hauptleistungspflicht des R).*
Zu erwähnen, daß es sich hier um eine Hauptleistungspflicht handelt, ist nicht zwingend, aber sinnvoll, weil dem Leserin klar werden soll, warum nicht § 280 I BGB, sondern §§ 280 I, III, 283 BGB die Anspruchsgrundlage bilden.
*Die **Leistungspflicht bestand,** da die beiden einen **Kaufvertrag geschlossen haben** (§ 433 BGB), aus dem R verpflichtet war, den Bagger an M zu übergeben und zu übereignen.*
*Diese Pflicht kann R **verletzt** haben, wenn er sie nicht erfüllt hat. Einen Schadensersatzanspruch hat die Nichterfüllung aber nur zur Folge, wenn die Pflicht infolge § 275 BGB **weggefallen** ist und R **den Wegfall der Leistungspflicht zu vertreten hat,** § 283 S. 1 BGB.*
Eine schlichte Nichterfüllung hat nämlich nur zur Folge, daß der Leistungsanspruch weiterbesteht, gegebenenfalls ergänzt durch einen Anspruch auf Ersatz des Verzögerungsschadens (§§ 280, 286 BGB).
*Demnach ist **zunächst zu prüfen,** ob R nach § 275 von der Leistungspflicht aus § 433 I BGB frei geworden ist (bzw. ob der Anspruch auf die Leistung nach § 275 I-III BGB ausgeschlossen ist).*
Damit springt die Bearbeiterin innerhalb der Prüfung eines Tatbestandsmerkmals der Anspruchsgrundlage in eine andere Norm, nämlich § 275 BGB, der die Unmöglichkeit der Leistung nach Voraussetzungen und Rechtsfolgen beschreibt.
*§ 275 I BGB bestimmt, daß der Anspruch auf die Leistung erlischt, wenn **sie nicht (mehr) vom Schuldner erbracht werden kann.** Genau dies ist hier der Fall. Der Bagger wird in der Nacht zum 6.4. von unbekannten Dieben entwendet und verschwindet. Damit ist R **nicht mehr in der Lage, den Wagen an M zu übergeben und zu übereignen.** Die Erfüllung der A aus § 433 I BGB obliegenden Leistungspflicht ist somit unmöglich.*
Wenn man es ganz genau nimmt, wäre eine Übereignung vielleicht sogar noch möglich, weil nach §§ 930 f. BGB zur Eigentumsübertragung nicht unbedingt die Besitzübergabe erforderlich ist (vgl. § 929 S. 1 BGB). Allerdings müßte M mit einer Übereignung nach §§ 930 f. BGB einverstanden sein, damit R so den Kaufvertrag erfüllen kann. Juristisch ist anerkannt, daß es sich hier um einen klassischen Fall der Unmöglichkeit handelt, so daß man die Begründung hier so kurz fassen wie vorgeschlagen.
Demnach liegt auch der Tatbestand des § 283 BGB vor.
Damit springt man von § 275 BGB zurück nach § 283 BGB - nächstes Tatbestandsmerkmal:
*Aus dem Verweis in § 283 BGB auf § 280 I BGB folgt jedoch zusätzlich, daß die Schadensersatzhaftung für Unmöglichkeit **nur eintritt,** wenn der Schuldner **den Umstand, der die Unmöglichkeit der Leistung herbeigeführt** hat (hier also den Diebstahl des Baggers), zu **vertreten** hat (d.h. wenn der Schuldner für das Unmöglichwerden der Leistung **verantwortlich** ist).*
Wiederum springt man zur inhaltlichen Ausfüllung dieses Tatbestandsmerkmals in eine anderer Norm, nämlich § 276 BGB.
*Nach § 276 I BGB hat der Schuldner nur **Vorsatz** und **Fahrlässigkeit** zu vertreten. R trifft hier aber eigentlich kein Vorwurf. Er selbst hat den Bagger **nicht entwendet** (kein Vorsatz) und auch die notwendige Sorgfalt beim Ab-*

*stellen beachtet (keine Fahrlässigkeit), denn dieser war auf dem **umzäunten und gesicherten Gelände ordnungsgemäß verschlossen abgestellt und somit ausreichend gegen Diebstahl gesichert**. Demnach trifft R am Unmöglichwerden der Leistung **kein Verschulden im Sinne des § 276 BGB**.*

Nach der Regel des § 276 BGB (Haftung nur bei Verschulden) wird jetzt die Ausnahme (Haftung ohne Verschulden, also für Zufall) diskutiert. Hier liegt eine der Schwierigkeiten des Falls: Man merkt zwar (hoffentlich) der Aufgabe an, daß gerechterweise R für den Verlust Ersatz leisten muß, aber für die richtige Begründung braucht es neben § 276 BGB (dessen Anwendung zum gegenteiligen Ergebnis führt) noch die Ausnahmeregelung in § 287 BGB.

*Zu überlegen ist jedoch, ob R auch für den **zufälligen Untergang** des Baggers haftet. In Betracht kommt eine **Haftung aus § 287 S. 2 BGB**. Diese Bestimmung besagt, daß der **Schuldner (hier R) für Zufall haftet, wenn die Leistung zu einem Zeitpunkt untergeht, zu dem sich der Schuldner in Verzug mit der Erbringung der Leistung befindet.***

Erneutes Springen innerhalb des Tatbestands von § 287 S.2 BGB (der die Rechtsfolge regelt, aber nicht die Voraussetzungen) nach § 286 BGB.

*Die **Haftung** des R für den Schaden des M hängt somit davon ab, ob er m Sinne des **§ 286 in Verzug** geraten ist.*

Jetzt kann man eine „ganz gewöhnliche" Prüfung des Verzugs anschließen.

*R war zur Erbringung einer **Leistung** (nämlich der Übereignung und Übergabe des Baggers) **verpflichtet**.*

*Die Leistung war infolge der Vereinbarung auch **fällig** (§ 271 BGB), denn R sollte spätestens am 1.4. leisten.*

Zwar ist auf den ersten Blick ersichtlich, daß die für den Verzugseintritt regelmäßig nötige Mahnung hier nicht erfolgt ist und durch einen anderen Umstand ersetzt werden muß; aber um dem Leser das Regel-Ausnahmeverhältnis vorzuführen, schreibt man zunächst knapp

*E hat A allerdings **nicht gemahnt**, so daß (Leistungs-)Verzug nicht nach § 286 I BGB eintreten konnte.*

bevor man zum einschlägigen Tatbestandsmerkmal kommt:

Möglicherweise kommt es aber auch gar nicht auf eine Mahnung an, da diese nach § 286 II BGB entbehrlich sein kann.

*§ 286 II Nr. 1 BGB läßt die Notwendigkeit der **Mahnung entfallen, wenn der Leistungszeitpunkt nach dem Kalender bestimmt ist**. Dies ist hier der Fall, da M und R **einen genauen Zeitpunkt vereinbart haben,** zu dem R den Bagger **spätestens** zu M bringen sollte. Demnach ist R mit Ablauf des 1.4. nach § 286 I, II Nr. 1 BGB in (Leistungs-)Verzug geraten.*

Jetzt wird es Zeit für ein kurzes Zwischenergebnis:

Da R somit bei Unmöglichwerden der Leistung in Verzug war, haftet er auch für Zufall.

Abschließend erörtert man das letzte Tatbestandsmerkmal des § 290 I BGB:

*Der **Schaden** des M besteht darin, daß er seinerseits den mit K geschlossenen Kaufvertrag nicht erfüllen kann und K daher wegen § 326 I BGB auch nicht den Kaufpreis für den Bagger zahlen muß. E verliert mithin einen ihm möglichen Gewinn aus dem Weiterverkauf in Höhe von € 10.000,-. Der ent-*

*gangene Gewinn (§ 252 BGB) ist Bestandteil des Schadens statt der Leistung, denn er tritt **an die Stelle der eigentlich geschuldeten Leistung**.*
Ob ein Schaden statt der Leistung vorliegt, kann man meist dadurch beantworten, daß man fragt, wie der Gläubiger stünde, wenn die am Rechtsgeschäft Beteiligten ihre Verpflichtungen ordnungsgemäß erfüllt hätten. Hier wäre M durch den Weiterverkauf an K um € 10.000,- bereichert worden. An die Stelle dieser Gewinnmöglichkeit tritt nun der Schadensersatzanspruch statt der Leistung.

***Ergebnis**: E kann von A Schadensersatz wegen entgangenen Gewinns in Höhe von € 10.000,- verlangen.*
Ein Ergebnissatz ist nicht zwingend erforderlich, hilft aber dem Leser – besonders wenn in einer Aufgabe mehrere Ansprüche zu erörtern sind.

Ergänzende Hinweise:
- Viele Bearbeiter haben die Unmöglichkeit der Leistung nicht erkannt und statt dessen einen Verzugsschadensersatzanspruch erörtert.
- Häufig gab es Abgrenzungsprobleme: Die Haftung für Zufall und diejenige für Fahrlässigkeit wurden nicht recht getrennt. Meist kamen die Bearbeiter zum richtigem Ergebnis. („Weil Verzug, verschärfte Haftung: für jede Fahrlässigkeit, daher Vertretenmüssen (+)")
- Teilweise wurde ein Schaden (entgangener Gewinn) verneint, „da der Weiterverkauf rechtswidrig war" denn „der Bagger stand ja nicht in seinem Eigentum". Das ist rechtlich falsch, denn man kann ohne weiteres einen Bagger verkaufen, der einem (noch) nicht gehört – nur die Übereignung ist dann schwierig (wenn auch nicht unmöglich). Ganz falsch war die noch weitergehende Erläuterung der Eigentumsverhältnisse an dem Bagger: Dieser sei nun nach § 903 Eigentum der Diebe. Durch Diebstahl erwirbt man gerade kein Eigentum, sondern nur Besitz.

Aufgabe 77.
Anspruch des V gegen M auf Rückgabe der Maschine am 30.4.2005 aus § 546 I BGB
*V kann von M die Rückgabe der Maschine nach § 546 I BGB verlangen, wenn sie einen **Mietvertrag** über die Maschine geschlossen haben, der zum 30.4.2005 wieder **beendet** worden ist.*
*Mit der Einigung über eine bestimmte Maschine, die gegen Zahlung von € 520,- monatlich V dem M zur Nutzung überlassen sollte, ist ein **Mietvertrag** nach §§ 535 ff. BGB zustandegekommen. Einer Übereinkunft über das Mietende bedurfte es nicht, da bei Fehlen einer dahingehenden Abrede die gesetzlichen Regeln in §§ 568 ff. BGB gelten.*
*Der Vertrag kann durch die **Kündigung** des V zum 30.4.2005 beendet worden sein. Dem Inhalt der Erklärung des V nach ist dies zunächst unproblematisch. Zweifelhaft ist aber, ob die Kündigungserklärung schon **zum 30.4.2005** Wirkung entfaltet. Nach der vertraglichen Vereinbarung zwischen V und M sollte die (ordentliche) Kündigung nur mit einer Frist von 14 Tagen zum Monatsende möglich sein. Da V die Kündigung am 15.4. ausspricht, M sie aber erst am 18.4. hört, ist zu entscheiden, wann sie wirksam geworden ist. Der April endet am 30.4. (um 24.00 h); eine 14tägige Frist von diesem Datum rückwärts gerechnet verlangt das Wirksamwerden der Kündigungserklärung spätestens zum 16.4. (24.00 h), §§ 192, 187 II BGB.*
*Die Kündigung des V ist eine **empfangsbedürftige Willenserklärung**; sie ist mündlich unter Abwesenden erklärt worden. Für ihr Wirksamwerden*

kommt es darauf an, wann sie in den **Machtbereich** des M gelangt ist und wann dieser die **Möglichkeit** hatte, **auf zumutbare Weise** von ihrem Inhalt **Kenntnis zu erlangen.** Mit der Aufzeichnung auf dem Band oder dem Mikrochip des Anrufbeantworters ist die Erklärung in den Machtbereich des M gelangt, denn der Anrufbeantworter ist zur Entgegennahme von Erklärungen vorgesehen (ähnlich wie ein Briefkasten). Wäre es M zuzumuten, den Anrufbeantworter am **Freitagabend** abzuhören, so wäre ihm die Kündigung jedenfalls rechtzeitig zugegangen. Allerdings wird das zu verneinen sein. Wenn nicht ausdrücklich anderes vereinbart ist, werden die Geschäfts- und Vertragspartner des M davon ausgehen müssen, daß eine Kenntnisnahme während der Bürostunden möglich ist, außerhalb dagegen zwar möglich, aber wohl nicht zumutbar. Zudem deckt es sich mit dem allgemein Üblichen, daß freitags um 18.30 h kein Bürobetrieb mehr herrscht. Erst recht wird das gelten, wenn V die Bürozeiten des M kennt (was aber aus dem Sachverhalt nicht hervorgeht).

Ist die Kündigung also nicht am Freitagabend zugegangen, kommt noch ein (fristwahrender) Zugang am **Samstag** in Betracht. Auch für den Samstag wird aber anzunehmen sein, daß – übereinstimmend mit der ganz überwiegenden Praxis – das Büro eines Bauunternehmers nicht besetzt sein muß. Etwas anderes kann V auch nicht deshalb erwarten, weil eine eventuelle Kündigung bis spätestens zur Monatsmitte zugehen müßte: M muß trotz der Vertragsbeziehung zu V nicht ständig mit dem Eingang von Kündigungserklärungen rechnen und deswegen sein Büro dauernd besetzt halten.

Danach ist die Erklärung des V bei M erst am Montagmorgen (also am 18.4.2005) zugegangen. Sie entfaltet deshalb Wirkung **erst zum 31.5.2005**. Am 30.4. kann daher V von M die Maschine nicht zurückverlangen.

<u>Anspruch des V gegen M auf Rückgabe der Maschine am 30.4.2005 aus § 985 BGB</u>
Zum gleichen Ergebnis gelangt man, wenn man als Anspruchsgrundlage § 985 BGB heranzieht. Der Besitz des M ist ebenso offenkundig zu bejahen wie das Eigentum des V an der Maschine (das unterstellt werden darf). Allerdings hat aufgrund des Mietvertrags M gegenüber V ein zeitlich beschränktes **Besitzrecht** (§ 986 I BGB). Dieses erlischt erst mit dem Ende des Mietvertrags. Nach dem eben Gesagten endet der Mietvertrag aufgrund der Kündigung des V erst zum 31.5.2005.

Ergebnis: V kann von M weder aufgrund § 546 I noch aufgrund von § 985 BGB die Rückgabe der Maschine zum 30.4.2005 fordern. Beide Ansprüche werden erst zum 31.5.2005 fällig.

Ergänzende Hinweise:
- Von den Bearbeitern wurde nicht verlangt zu entscheiden, ob eine 14tägige Frist zum 30.4. den Zugang der Kündigungserklärung am Samstag, den 16.4. oder schon am Freitag, den 15.4. erforderte. Die Frage konnte für die Entscheidung des Sachverhalts auch offenbleiben.

Bearbeitungsvorschläge 147

- Daß die Kündigungserklärung (sozusagen ersatzweise statt zum 30.4.2005) Wirkung zum 31.5.2005 entfaltet, ergibt sich aus § 140 BGB oder aus §§ 133,157 BGB.

Aufgabe 78.
Anspruch des S gegen G auf Zahlung der € 22.000,- aus § 631 I BGB
Voraussetzung für einen Werklohnzahlungsanspruch des S gegen G aus § 631 I BGB ist, daß überhaupt ein **Werkvertrag** zwischen beiden besteht. Mit der Einigung über das von S zu erstellende Werk – nämlich das Decken des Dachs von G´s Haus einschließlich der dazugehörenden Tätigkeiten (Entfernen der alten Ziegel, Aufstellen des Gerüsts etc.) und den dafür von G zu entrichtenden Preis – € 22.000,- pauschal – ist ein Werkvertrag zwischen S und G zustandegekommen.
Zahlung des Werklohns schuldet G aber nur, wenn der Vertrag **nicht später wieder entfallen** ist. In Betracht kommt ein **Rücktritt** des G vom Vertrag nach § 324 BGB. Dieser setzt einen **gegenseitigen Vertrag** voraus. Das ist beim Werkvertrag der Fall, weil die Beteiligten sich zur Erbringung ihrer Leistung nur verpflichten, weil sich der jeweils andere zur Erbringung der Gegenleistung verpflichtet. Zurücktreten kann G nur, wenn S eine **Pflicht nach § 241 II BGB** verletzt hat. Als Nebenpflicht iSv. § 241 II BGB trifft S die Pflicht, die Rechtsgüter des G zu schonen. Er muß also Beeinträchtigungen des Eigentums des G vermeiden. Mit der Zerstörung der Rosenbeete des G hat er gegen diese Pflicht **verstoßen**. Allerdings hat er die Rosen nicht selbst zertrampelt, sondern seine Mitarbeiter haben sie zerstört. Das Verhalten seiner Mitarbeiter wird ihm aber nach § 278 Alt. 2 BGB **zugerechnet**, wenn diese seine **Erfüllungsgehilfen** waren. Dazu müssen sie mit seinem Wissen und Wollen zur Erfüllung seiner Pflichten tätig geworden sein. S hat seine Mitarbeiter nicht nur zur Erfüllung seiner Hauptpflichten (Gerüstbau, Dach decken etc.) eingesetzt, sondern ihnen zugleich auch die Erfüllung seiner Nebenpflichten (insbesondere: Unterlassung vermeidbarer Eigentumsbeeinträchtigungen) übertragen. Damit waren sie auch in dieser Hinsicht seine Erfüllungsgehilfen. Da es auf ein Verschulden des S nach § 324 BGB nicht ankommt, muß ihm nur ihr objektives Fehlverhalten zugerechnet werden. Allerdings verlangt § 324 BGB die **Unzumutbarkeit** des weiteren Festhaltens am Vertrag für G. Gegen eine solche Unzumutbarkeit mag auf den ersten Blick sprechen, daß der an den Rosenbeeten angerichtete Schaden nach § 280 I BGB in Geld oder Rosensträuchern ausgeglichen werden kann, ohne daß die Qualität der von S zu erbringenden Leistung beeinträchtigt wird. Andererseits ist der Schaden vermutlich nicht ganz gering, zumal wenn es sich um mehrere Rosenbeete handelt. Für die Unzumutbarkeit wird meist eine vorherige **Abmahnung** verlangt. Genau diese hat G aber ausgesprochen, indem er S dringend bat, seine Rosen zu schonen. Wenn S und / oder seine Leute trotz gegenteiliger Zusage immer mehr Rosen zerstören, muß G befürchten, daß weitere Nebenpflichtverletzungen bevorstehen. Seine Rechtsgüter absehbaren fortgesetzten Schädigungen auszusetzen, ist ihm nicht zuzumuten. Er kann daher nach § 324 BGB vom

Werkvertrag mit S zurücktreten. Mit dem Rücktritt erlöschen die vertraglichen Leistungspflichten.
Ergebnis: *G ist also nicht mehr zur Zahlung von € 22.000,- verpflichtet.*

<u>Anspruch des S gegen G auf Zahlung eines Teils der € 22.000,- aus § 346 I BGB</u>
Zu überlegen ist allenfalls, ob S von G Ersatz für den Aufwand verlangen kann, der ihm durch den (im übrigen ordnungsgemäßen) Aufbau des Gerüsts entstanden ist. Im Fall des Rücktritts schuldet nach § 346 I BGB G aber nur Rückgabe der erbrachten Leistungen und der daraus gezogenen Nutzungen. G hat aber weder Eigentum an dem Gerüst erlangt noch eine Nutzungsmöglichkeit, so daß ein Anspruch im Ergebnis scheitert.

Ergänzende Hinweise:
- Zweifelhaft wäre zudem die Fälligkeit des Werklohns wegen § 641 I 1 BGB. Eine Abnahme des Werks hat nicht stattgefunden.
- Nach Schadensersatzansprüchen (etwa aus § 280 I BGB oder aus § 831 I 1 BGB) des G gegen S wegen der zerstörten Rosen (oder aus §§ 280, 282 BGB wegen der Mehrkosten eines Ersatzunternehmers) war nicht gefragt.

Aufgabe 79.
<u>Anspruch der G gegen D auf Zahlung von € 1.000,- aus § 488 I 2 BGB</u>
Der Darlehensrückzahlungsanspruch aus § 488 I 2 BGB setzt voraus, daß ein Darlehen vereinbart worden ist, die Darlehenssumme ausgezahlt wurde und die Rückzahlung fällig ist. G und D waren über die Darlehenssumme und über die Rückzahlbarkeit einig, so daß ihr Vertragsverhältnis als **Darlehen** *zu betrachten ist. Daß sie von „leihen" gesprochen haben, schadet nicht (falsa demonstratio non nocet): Nach dem Sinn ihrer Abrede sollte D nicht verpflichtet sein, genau die hingegebenen Scheine zurückzuerstatten, sondern solche im gleichen Nominalwert.*
Aus der Sachverhaltsschilderung ist zu entnehmen, daß D die € 1.000,- tatsächlich an D **gezahlt** *hat.*
Für die Fälligkeit der Rückzahlung ist eine vertragliche Vereinbarung getroffen. Unter dem Jahresende ist der 31.12. des Jahres zu verstehen. Damit ist die Rückzahlung im Januar 2005 schon **fällig**.
G kann also von D die € 1.000,- verlangen.

<u>Anspruch der G gegen D auf Zahlung von Zinsen aus € 1.000,- für 2004 aus § 488 I 2 BGB</u>
Zinsen für die Zeit der Darlehensgewährung kann G von D nur fordern, wenn dies vertraglich vereinbart war. Das Gesetz geht vom Regelfall des unverzinslichen Darlehens aus. G und D haben aber eben **keine Zinsabrede** *getroffen, wie das bei einem Darlehen unter Freundinnen nicht ungewöhnlich ist.*
Daran ändert sich trotz aller Enttäuschung der G über die Zahlungsmoral der D auch bei Eintritt von Zahlungsverzug nichts.

Anspruch der G gegen D auf Zahlung von Zinsen aus € 1.000,- für 2005 aus §§ 280 I, II, 286 BGB
Eine Verzinsungspflicht der D kann sich aber aus Zahlungsverzug (§§ 280 I, II, 286 BGB) ergeben. Mit dem Darlehensvertrag besteht zwischen den beiden ein **Schuldverhältnis**. Aus diesem ergibt sich die **Pflicht** der D zur Rückzahlung der Darlehenssumme von € 1.000,- zum 31.12.2004. Diese Pflicht hat sie **verletzt**, als sie zum 31.12.2004 nicht zahlte. Bei Geld kommt eine Unmöglichkeit der Leistung im allgemeinen nicht in Frage, so daß Grundlage für einen Schadensersatzanspruch der G nur die **Verzögerung** der Leistung sein kann. Für diesen Fall sieht § 280 II BGB weitere Anspruchsvoraussetzungen vor, die sich in § 286 BGB finden. D hat **trotz Fälligkeit** (§ 271 BGB) **nicht geleistet**. Eine Mahnung ist nach § 286 II Nr. 1 BGB **nicht erforderlich**, wenn die Leistungszeit nach dem Kalender bestimmt war. Das ist mit der Vereinbarung des 31.12.2004 der Fall. Daß D die Verzögerung **zu vertreten hat**, wird nach § 286 IV BGB vermutet, bis sie das Gegenteil darlegt und beweist.
D ist also mit der Darlehensrückzahlung seit dem 1.1.2005 in Verzug.
Die Höhe der somit geschuldeten **Zinsen** bestimmt § 288 I BGB. D muß danach Zinsen in Höhe von 5 Prozentpunkten über dem Basiszinssatz (§ 247 BGB) zahlen. Seit dem 1.1.2005 beläuft sich dieser auf 1,21 %, so daß D zur Verzinsung der € 1.000,- mit 6,21 % jährlich verpflichtet ist. Ein höherer Zinssatz nach § 288 II BGB kommt nicht in Betracht, da D und G das Darlehen als Verbraucherinnen (§ 13 BGB) vereinbart haben.

Ergebnis: G kann von D die Rückzahlung der € 1.000,- nach § 488 I 2 BGB und 6,21 % Zinsen jährlich aus diesem Betrag seit dem 1.1.2005 fordern.

Ergänzende Hinweise:
- Eine Abgrenzung des Darlehens gegenüber der Schenkung (§§ 516 ff. BGB) und dem rechtlich unverbindlichen Gefälligkeitsverhältnis war möglich, aber nicht nötig.
- Etliche Bearbeiterinnen bestimmten den geschuldeten Zins statt nach § 288 BGB nach § 246 BGB und kamen so auf 4 % jährlich.

Aufgabe 81.
Frage 1: Ist der Anspruch des V auf Herausgabe der Badeanzüge gerechtfertigt?

Als Anspruchsgrundlage für V kommt einerseits § 985 BGB, andererseits § 812 I 1 Fall 1 in Frage.

A. Anspruch des V gegen T auf Herausgabe der Badeanzüge aus § 985 BGB
V könnte sein Herausgabeverlangen hinsichtlich der Badeanzüge auf § 985 BGB stützen.
1. Der Anspruch aus § 985 BGB setzt voraus, daß T **Besitzer** der Badeanzüge ist. Mit der Lieferung der Anzüge durch V hat er die tatsächliche Sach-

herrschaft (§ 854 I BGB) erlangt; bislang ist noch kein Badeanzug verkauft und dem Kunden (vielleicht besser: der Kundin) übergeben worden, so daß er den Besitz auch nicht wieder verloren hat.

*2. Weiter muß V **Eigentümer** sein.*
a) Durch Übereignung an T kann sein ursprüngliches Eigentum an den Badeanzügen auf diesen übergegangen sein. Hierzu sind die Einigung über den Eigentumsübergang und die Übergabe der Anzüge erforderlich (§ 929 S.1 BGB). Letztere hat - wie erwähnt - durch Versand seitens V und Entgegennahme seitens T stattgefunden; in diesen Handlungen ist auch die jeweils schlüssige (konkludente) Äußerung des Willens zur Eigentumsübertragung zu sehen.
b) Möglicherweise sind jedoch nachträglich die auf Übereignung gerichteten Willenserklärungen des V weggefallen. Dies ist nach § 142 I BGB rückwirkend der Fall, wenn die Erklärungen wirksam angefochten worden sind.
Für eine Anfechtung der Übereignungserklärungen des V ist jedoch kein Grund ersichtlich; diese Erklärungen sind nicht mit einem Irrtum (§ 119 BGB) behaftet: V will genau diese 50 Badeanzüge übereignen.
Die dinglichen Einigungen sind also wirksam, T ist Eigentümer der Badeanzüge geworden. Es fehlt damit für den Anspruch aus § 985 BGB am Eigentum des V.

*3. **Ergebnis**: V kann daher nicht von T Herausgabe der Badeanzüge nach § 985 BGB verlangen.*

<u>B. Anspruch des V gegen T auf Rückübereignung der Badeanzüge nach § 812 I 1 Fall 1 BGB</u>
V kann aber gegen T aus § 812 I 1 Fall 1 BGB einen Anspruch auf Rückübereignung der Badeanzüge haben.
*1. Dies setzt voraus, daß T **etwas erlangt** hat. Wie bereits festgestellt, ist T Besitzer und Eigentümer der Badeanzüge geworden.*

*2. Eigentum und Besitz muß er **durch Leistung** des V erlangt haben. V hat durch die Übertragung des Eigentums und die Übergabe der Badeanzüge zielgerichtet das Vermögen des T gemehrt, mithin eine Leistung im Sinne des § 812 I 1 Fall 1 BGB erbracht.*

*3. Schließlich muß die Leistung des V **ohne rechtlichen Grund** erfolgt sein.*
*a) Als Rechtsgrund für Übereignung und Übergabe der Badeanzüge kommt ein **Kaufvertrag** zwischen V und T in Betracht.*
-1- Dessen Zustandekommen ist zu bejahen, wenn die Parteien sich über Kaufgegenstand und Kaufpreis geeinigt haben, § 433 BGB. A hat bei V 50 Badeanzüge Marke "Vincke" zum Preis von je € 20,- bestellt. Das darin liegende Angebot hat V durch schlüssiges Handeln mit dem Versenden eben dieser Badeanzüge angenommen; damit ist ein Kaufvertrag abgeschlossen (§§ 145 ff. BGB).

-2- Ob diese vertragliche Einigung für und gegen T wirkt, bestimmt sich nach § 164 BGB. Indem er - wie üblich - die schriftliche Bestellung selbst unterschrieb, hat A eine **eigene Willenserklärung** abgegeben. Vor seiner Unterschrift zeichnete er "Tuhr Textilhandel, in Vollmacht", so daß für V erkennbar war, daß er **im Namen des T** auftrat. Zudem muß er im Rahmen seiner Vertretungsmacht gehandelt haben. T's Einverständnis mit A's Auftreten als Stellvertreter läßt sich als schlüssige **Vollmachterteilung** auffassen (und würde jedenfalls die Voraussetzungen einer Duldungsvollmacht erfüllen).

Mangels anderweitiger Hinweise kann für den Umfang der Vertretungsmacht auf den Inhalt des Anstellungsverhältnisses zurückgegriffen werden: A ist danach für die Geschäfte bevollmächtigt, die beim Einkauf bei Großhändlern anfallen. Der Einkauf von 80 Badeanzügen beim Großhändler V zum Zweck der Weiterveräußerung im Einzelhandelsgeschäft des T ist ein solches Geschäft.

-3- Die Voraussetzungen des § 164 I BGB sind damit erfüllt; die Willenserklärung des A wirkt für und gegen T. Folglich ist zwischen T und V ein Kaufvertrag geschlossen worden.

b) Dieser kann aber nur rechtfertigende Wirkung im Sinne des § 812 I 1 Fall 1 BGB entfalten, wenn er **nicht nichtig** ist. Die Nichtigkeit des Kaufvertrags kann sich hier aus § 142 I BGB ergeben. Dazu muß der Vertrag wirksam angefochten worden sein. Eine Anfechtung kann V mit seiner "Kündigung" erklärt haben.

-1- Voraussetzung für eine wirksame **Anfechtung** ist zunächst das Vorliegen eines Anfechtungsgrunds. In Frage kommt die Anfechtung wegen **Irrtums**. Wille und Erklärung des V stimmten jedoch überein, so daß nur auf einen ausnahmsweise beachtlichen Motivirrtum abgestellt werden kann; V müßte also wegen eines **Eigenschaftsirrtums** nach § 119 II BGB anfechten. Beim Versand der Badeanzüge wußte V nichts von den Zahlungsschwierigkeiten des T. Die Zahlungsfähigkeit oder Kreditwürdigkeit ist - zumindest bei Kreditgeschäften - eine verkehrswesentliche Eigenschaft der Person des Geschäftspartners. Soll nach der vertraglichen Vereinbarung die Leistung der Kaufsache zeitlich drei Monate vor der Fälligkeit des Kaufpreises bewirkt werden, so liegt ein Kreditgeschäft vor, bei dem V Kredit gewährt. Der wiederholte Zahlungsverzug und die schlechte Geschäftslage des T seit 2003 stellen unter diesen Umständen eine **wesentliche Eigenschaft** seiner Person dar.
Ungeschriebene Voraussetzung des § 119 II BGB ist, daß V bei Kenntnis der Sachlage und verständiger Würdigung des Falls das Geschäft nicht getätigt haben würde (vgl. § 119 I aE. BGB). Dagegen sprechen die guten Absatzchancen für die Badeanzüge und die erhebliche Differenz zwischen Einkaufs- und Verkaufspreis des T, mit der er seine Kaufpreisschuld mehrfach

hätte begleichen können. Umgekehrt hatte T noch einige anderweitige, möglicherweise lästigere, jedenfalls ältere Verbindlichkeiten. Ob für diese der zu erwartende Erlös von € 4.000,- ausgereicht hätte, ist zu bezweifeln. Auch war V nicht durch einen Eigentumsvorbehalt gesichert; es steht also zu vermuten, daß er bei Kenntnis der ungünstigen Liquiditätslage des T das Geschäft jedenfalls nicht in dieser Form abgeschlossen hätte.
Ein Anfechtungsgrund liegt also - in Gestalt eines Eigenschaftsirrtums (§ 119 II BGB) - vor.

-2- Daneben muß V die Anfechtung **erklärt** haben, § 143 I BGB. Er hat den Kaufvertrag am 5.6.2004 "gekündigt". Zwar hat er dabei den Begriff "Anfechtung" nicht gebraucht, doch steht das der Annahme einer Anfechtungserklärung nicht entgegen. Vielmehr ist seine "Kündigung" auszulegen, §§ 133, 157 BGB. Die Kündigung eines Kaufvertrags ist gesetzlich nicht vorgesehen und vertraglich nicht vereinbart, so daß zu fragen ist, was V mit seinem untechnischen Ausdruck gemeint haben kann. Liest man "Kündigung" als "Beendigung", "Beseitigung", "Rückgängigmachung" etc., so liegt die Interpretation als Anfechtungserklärung nahe. Dies war dem T auch erkennbar.
Damit liegt eine Anfechtungserklärung des (anfechtungsberechtigten) V vor.

-3- Diese muß **fristgerecht** erfolgt sein. Für die Fälle des § 119 BGB hat die Anfechtung nach § 121 I 1 BGB unverzüglich zu erfolgen. Bei Abgabe der Anfechtungserklärung am Tag der Kenntniserlangung vom Anfechtungsgrund (hier dem 5.6.2004) ist das anzunehmen. Ein schuldhaftes Zögern des V ist nicht ersichtlich.

-4- V hat danach seine Erklärung wirksam angefochten; damit ist der gesamte Kaufvertrag von Anfang an **nichtig** (§ 142 I BGB).

c) Infolgedessen fehlt es für die Übereignung und Besitzübertragung an den Badeanzügen von V an T am rechtlichen Grund.

4. **Ergebnis**: V hat einen Anspruch gegen T auf Rückübereignung der Badeanzüge.

Frage 2: Verlangt T zu Recht Ersatz für die Reklameschilder und für die nicht durchgeführten Verkäufe?

I. Anspruch des T gegen V auf Ersatz der € 500,- Werbeaufwand aus § 122 I Fall 1 BGB
T kann gegen V einen Anspruch auf Ersatz der für Reklame aufgewendeten € 500,- aus § 122 I Fall 1 BGB haben.
1. Wie bereits festgestellt, hat V den Kaufvertrag mit T **wirksam angefochten**.

2. Die Investition von € 500,- muß T **im Vertrauen** auf die Wirksamkeit des Vertrags getätigt haben. Mit den Reklameschildern für Badeanzüge Marke "Vincke" wollte T den Verkauf eben derjenigen Badeanzüge betreiben, die er von V bezogen hatte. Hätte er gewußt, daß der zugrundeliegende Kaufvertrag durch Anfechtung des V nichtig werden würde, hätte er von dem Versuch Abstand genommen, die Badeanzüge zu verkaufen. Sinnvoll war die Investition in Werbung nur, wenn er das beworbene Produkt auch verkaufen konnte. Also vertraute T bei der Ausgabe der € 500,- auf die Wirksamkeit des Kaufvertrags mit V.

3. Sein Schadensersatzanspruch ist auf das sog. negative Interesse gerichtet. Nach dem soeben Gesagten umfaßt dieser die € 500,-, die ohne das Zustandekommen des Kaufvertrags mit V nicht - zumindest nicht für den konkreten Zweck - ausgegeben worden wären. Der Ersatzanspruch des T ist jedoch begrenzt durch das Interesse, das er an der Wirksamkeit des Vertrags hatte (sog. positives Interesse, § 122 I aE. BGB). Im vorliegenden Fall hätte T mit dem Verkauf der Badeanzüge € 3.000,- verdient.
Die Investition von € 500,- war also wirtschaftlich sinnvoll, so daß eine Beschränkung des Ersatzanspruchs hier nicht stattfindet.

4. Der Anspruch kann aber nach § 122 II BGB ausgeschlossen sein. Dazu muß T den zur Anfechtung berechtigenden Grund gekannt haben. Von seinen Zahlungsschwierigkeiten wußte er seit 2003. Er mußte also mit einer Anfechtung rechnen und genießt nicht den Schutz des § 122 I BGB. Seine Investition in Werbemaßnahmen tätigte er insofern auf eigenes Risiko.

5. **Ergebnis**: T kann von V nicht die € 500,- als Schadensersatz nach § 122 I Fall 1 BGB verlangen.

II. Anspruch des T gegen V auf € 3.000,- aus § 122 I Fall 1 BGB
Weiter verlangt T von V Ersatz des Betrags, den er bei erwartungsgemäßem Verkauf der Badeanzüge erzielt hätte (€ 60,- * 50 = € 3.000,-).
Nach dem soeben Ausgeführten gewährt § 122 I Fall 1 BGB einen Anspruch auf Ersatz des positiven Interesses gerade nicht. Anderweitige Anspruchsgrundlagen für einen solchen Anspruch sind ebenfalls nicht ersichtlich.
T kann also von V nicht Zahlung von € 3.000,- als Schadensersatz für entgangenen Gewinn verlangen.

Gesamtergebnis: V hat gegen T einen Anspruch auf Rückübereignung der Badeanzüge aus § 812 I 1 Fall 1 BGB; T kann von V weder Ersatz der € 500,- für Reklameschilder noch seines entgangenen Gewinns in Höhe von € 3.000,- nach § 122 I Fall 1 BGB verlangen.

Aufgabe 83[1].

A. Ansprüche der E[2] gegen T
E begehrt Ersatz für das beschädigte Kleid, für die erlittenen Schmerzen und für ihre nutzlos gewordene Eintrittskarte[3].

I. Anspruch der E auf € 200,- Schadensersatz für das beschädigte Kleid
Ein Ersatzanspruch der E gegen T wegen des beschädigten Abendkleids kann sich auf vertraglicher Grundlage, aufgrund einer Geschäftsführung ohne Auftrag seitens E sowie aus unerlaubter Handlung der T ergeben.

1. Vertraglicher Anspruch aus §§ 536a I Var. 1, 536 I 1 Var. 1 BGB
E kann gegen T einen Anspruch auf Schadensersatz wegen des beschädigten Kleids aus §§ 536a I Var. 1, 536 I 1 Var. 1 BGB haben.
a) Voraussetzung für einen solchen Ersatzanspruch ist, daß E und T einen **Mietvertrag** geschlossen haben. Dazu müssen sich die Beteiligten über dessen notwendige Vertragsbestandteile geeinigt haben[4]. Dies sind einerseits die Pflicht der T zur Überlassung des Gebrauchs an einer Sache an E (nach § 535 I 1 BGB) und andererseits die Pflicht der E zur Zahlung eines Nutzungsentgelts an T (nach § 535 II BGB). Ein hierauf gerichtetes **Angebot** hat T schlüssig durch Betreiben und Zugänglichmachen des Toilettenhäuschens abgegeben. Daraus wird ersichtlich, daß die Benutzung einer Toilette jedermann (Offerte ad incertas personas[5]) gegen ein Entgelt von € 0,30 angeboten wird[6]. Die **Annahmeerklärung** seitens E erfolgte – ebenfalls schlüssig – durch Einwurf von € 0,30 in den Öffnungsmechanismus und

---

[1] Ein Bearbeitungsvorschlag auf dem Rechtsstand vor dem Inkrafttreten der Mietrechtsreform 2001, der Schuldrechtsmodernisierung 2002 und des 2. SchÄndG findet sich in Jura 2001, 600 ff. – Fußnoten wie hier sind in der Klausur weder erforderlich noch möglich; der Fußnotenapparat dient der Erläuterung häufiger Fehler und enthält vertiefende Hinweise.

[2] Wenn auch in der Fallfrage nach Ansprüchen von E und M gefragt ist, sind doch beider Ansprüche zu erörtern, zumal kein Hinweis auf eine Gesamtgläubigerstellung vorliegt.

[3] Zweckmäßig ist die Trennung der drei genannten Anspruchsziele. Die Reihenfolge ist beliebig. (Bis 2001 war eine getrennte Erörterung zumindest der Schmerzensgeldforderung zwingend, weil dieser Anspruch sich nur aus unerlaubter Handlung (§ 847 I aF. BGB) ergeben konnte, während für alle anderen Schadenspositionen auch vertragliche Anspruchsgrundlagen in Betracht kommen. – Ausführungen zur möglichen Mietzinsminderung nach § 536 I BGB sind überflüssig, weil die Fallfrage diese nicht erfordert.

[4] Auch wenn die Einigung zwischen E und T möglicherweise Elemente enthält, die über die reine Nutzungsüberlassung hinausgehen und deshalb als typengemischter Vertrag zu betrachten sein könnte, dürften doch die mietvertraglichen Elemente überwiegen, so daß sich die Pflichten der Beteiligten im wesentlichen nach Mietrecht bestimmen lassen. Eine breite vertragstypologische Diskussion ist in der Übungsarbeit aber entbehrlich. – Teilweise nahmen die Klausurbearbeiter einen Werk- oder einen Dienstvertrag an.

[5] Dazu Palandt-*Heinrichs*, Rn 7 zu § 145 BGB; Larenz/*Wolf*, BGB AT, § 29 Rn 21 f.

[6] Problematisieren könnte man hier, ob das Angebot nicht unter der Bedingung der Funktionsfähigkeit des Toilettenhäuschens gestanden hat, wie das bei Vertragsschlüssen unter Beteiligung von Automaten (etwa Zigarettenautomaten) vertreten wird (dazu z.B. *Medicus*, BGB AT, Rn 362). Ließe man einen Vertragsabschluß hieran scheitern, bleibt nur die Entscheidung nach den unten dargestellten Überlegungen zu Geschäftsführung ohne Auftrag und unerlaubter Handlung. Gegen diesen Ansatz spricht, daß für E die fehlende Funktionsfähigkeit kaum erkennbar gewesen sein dürfte.

*Betreten der Kabine. Damit haben E und T einen Mietvertrag iSv §§ 535 ff. BGB geschlossen.
b) Weiter muß die Mietsache einen **Fehler** im Sinne des § 536 I 1 BGB gehabt haben. Unter einem Fehler versteht man eine für den Mieter nachteilige Abweichung des tatsächlichen Zustands der Mietsache vom vertraglich geschuldeten[7]. Zur **vertraglich geschuldeten Funktion** eines gemieteten Toilettenhäuschens gehört, daß dieses nicht nur betreten, sondern auch wieder verlassen werden kann. Letzteres war bei der von E gemieteten Toilette nicht möglich, da es an einer Türklinke auf der Innenseite fehlte und der Schloßmechanismus anders nicht zu betätigen war. Darin liegt eine Abweichung der Ist-Beschaffenheit von der Soll-Beschaffenheit, also ein Fehler[8]. Dieser ist auch **nicht unerheblich** iSv § 536 I 2 BGB: Er war weder – wie sich gezeigt hat – von der Mieterin leicht zu beheben[9] noch verschwand er im Lauf der Zeit von selbst.
T haftet verschuldensunabhängig[10], wenn es sich dabei um einen **anfänglichen** Fehler gehandelt hat. Die Möglichkeit, die Toilette nach Schließen der Tür wieder zu verlassen, fehlte schon bei Mietvertragsabschluß[11], mithin anfänglich. T kann sich daher auch nicht auf eine eventuelle Unkenntnis vom Fehlen der Türklinke berufen[12].
Zwischenergebnis: Damit hat E dem Grunde nach Anspruch auf Schadensersatz nach §§ 536a I Var. 1, 536 I 1 Var. 1 BGB.*

*c) Hiervon umfaßt ist nicht nur der unmittelbare Vermögensschaden, sondern sind auch **mittelbare Schäden**, insbesondere auch Körper- und Vermögensschäden[13]. Die Beschädigung des Abendkleids führt zu einem **Wertverlust** desselben. Das Vermögen der E ist infolge des Geschehens gemindert gegenüber dem hypothetischen Zustand bei Fehlerfreiheit der Toilettenanlage. E hat also einen Vermögensschaden iSv § 249 BGB erlitten.
d) Problematisch kann aber der – eventuell fehlende – **Kausal- oder Zurechnungszusammenhang** zwischen Fehlerhaftigkeit der Mietsache und Schaden sein. Zu fragen ist dabei, ob der Fehler in adäquat kausaler Weise die Beschädigung des Kleids verursacht hat. Zunächst führt die fehlende*

---

[7] *BGH* MDR 1964, 229; ZMR 1991, 19, 20 mwN.; Palandt-*Putzo*, Rn 16 zu § 536 BGB.
[8] Auf die sich drehende Toilettenrolle oder die Unmöglichkeit, über die Tür zu klettern, kommt es nicht an.
[9] Dazu z.B. *Emmerich/Sonnenschein*, Rn 12 zu § 537.
[10] Die Verschuldensunabhängigkeit des Ersatzanspruchs aus § 536a I Var. 1 BGB war zahlreichen Bearbeitern nicht geläufig.
[11] Für § 536a I Var. 1 BGB, der vorliegend wegen des Schadensersatzbegehrens der E die Anspruchsgrundlage bildet, kommt es auf die Fehlerhaftigkeit zur Zeit des Vertragsabschlusses an, während § 536 I 1Var. 1 BGB auf die Überlassung der Mietsache abstellt. Hier sollte der Bearbeiter auf sprachliche Genauigkeit achten.
[12] Wegen der verschuldensunabhängigen Haftung der T ist es unerheblich, ob die Klinke wegen einer unvollständigen oder funktionsunfähig gelieferten Toilettentüre schon immer gefehlt hat oder durch Vandalismus oder ähnliche Umstände später abhanden kam und ob T hiervon überhaupt Kenntnis haben konnte.
[13] Palandt-*Putzo*, Rn 14 zu § 536a BGB.

Klinke nur zu einer Freiheitsentziehung, nicht aber unmittelbar zur Beschädigung des Kleids. Diese fand erst bei dem Versuch der E statt, die Kabine auf einem von T nicht vorgesehenen Weg zu verlassen. Dabei ist die **Ursächlichkeit** des Mangels für den Schaden noch ohne Mühe zu bejahen: Wäre eine funktionierende Klinke vorhanden gewesen, wäre das Kleid nicht beschädigt worden.

Es besteht kein **adäquater** Zusammenhang zwischen dem Fehler der Mietsache und dem eingetretenen Schaden, wenn der Ursachenverlauf so ungewöhnlich war, daß er außerhalb jeder Lebenserfahrung liegt und daher bei wertender Betrachtung dem Schädiger nicht mehr zugerechnet werden darf[14]. Zwar ist der Weg, auf dem E die Kabine zu verlassen versuchte, statistisch außergewöhnlich. Dergleichen kommt jedoch wenigstens gelegentlich vor. Bei wertender Betrachtung spricht für die Adäquanz des Ursachenverlaufs, daß die Mieterin das Recht haben muß, die Mietsache auch auf einem gefährlicheren Weg zu verlassen, wenn diese eine Freiheitsbeschränkung bewirkt. Treten dabei durch einen Sturz Schäden auf, liegen diese nicht völlig außerhalb der Lebenserfahrung[15]. Die Beschädigung des Kleids ist T insofern auch zurechenbar.

Trotzdem muß T für den eingetretenen Schaden nicht haften, wenn dieser **außerhalb des sachlichen Schutzzwecks der Mangelgewährleistungsvorschriften** liegt[16]. Jedoch wird man annehmen müssen, daß der Mietvertrag nach dem Willen der Beteiligten auch gegen Rechtsgutsverletzungen[17] schützen soll, die im Fall des erforderlichen unkonventionellen Verlassens der Mietsache geschehen. Eine gegenteilige Auslegung des Vertrags ließe einseitig und ohne ersichtlichen Grund die Interessen der Mieterin außer Acht. Die Fehlerhaftigkeit der Mietsache hat also den eingetretenen Schaden am Kleid der E zurechenbar verursacht.

Zwischenergebnis: T schuldet E Ersatz für die Kosten des beschädigten Kleids[18] aus §§ 536a I Var. 1, 536 I 1 Var. 1 BGB.

c) Möglich ist aber eine Minderung der Anspruchshöhe wegen **mitwirkender Schadensverursachung** durch E nach § 254 I BGB[19]. Die Vorschrift ist

---

[14] BGH NJW 1998, 140 mwN. Palandt-*Heinrichs*, Rn 59 Vorb vor § 249 BGB mwN.; Jauernig-*Teichmann*, Rn 28 vor §§ 249-253 BGB.

[15] An dieser Stelle kommt es noch nicht darauf an, ob E fahrlässig handelte, indem sie gerade auf die beweglich gelagerte Toilettenrolle kletterte; diese Frage ist erst bei der möglichen mitwirkenden Verursachung und des Mitverschuldens zu erörtern.

[16] Jauernig-*Teichmann*, Rn 31 f. vor §§ 249-253 BGB. Das Problem könnte auch unter der Fragestellung diskutiert werden, ob es sich vorliegend um einen Nichterfüllungsschaden handelt.

[17] Zu Gesundheitsverletzungen *BGH* NJW 1962, 908, 909 mit der Einschränkung, daß diese bei vertragsgemäßem Gebrauch stattgefunden haben müssen.

[18] Wegen des insoweit wenig detaillierten Sachverhalts bedarf es keiner Ausführungen, ob die Kosten einer noch möglichen Reparatur oder diejenigen der Ersatzbeschaffung zu ersetzen sind. Es ist davon auszugehen, daß die verlangten € 200,- dem eingetretenen Vermögensschaden entsprechen.

[19] Die Notwendigkeit eines detaillierteren Eingehens auf die mit der Anwendung des § 254 BGB verbundene Abwägung ist für juristische Übungsarbeiten eher untypisch, schon weil meist nicht alle abwägungsrelevanten Einzelinformationen zur Verfügung stehen. Im vorliegenden Sachverhalt finden sich indes genug Gesichtspunkte, um eine ungefähre (!) Quotelung vornehmen zu können. Bei

auch in Fällen der verschuldensunabhängigen Haftung des Schuldners anwendbar. Sie stellt nämlich in erster Linie auf einen Verursachungsbeitrag des Geschädigten[20] und jedenfalls nicht auf ein echtes „Verschulden" iSv § 276 BGB (sondern auf die Verletzung einer im Interesse des Schadensersatzgläubigers bestehenden Obliegenheit) ab.

Als Anknüpfungspunkte für den Vorwurf eines schadensmitursächlichen Verhaltens kommt zweierlei in Betracht[21]*: Zum einen kann E bereits vorzuwerfen sein, daß sie überhaupt versuchte, sich auf einem dafür nicht vorgesehenen Wege aus der Toilettenkabine zu befreien. Zum anderen kann ihr Beitrag zur Schadensentstehung auch darin liegen, daß sie auf eine sich bestimmungsgemäß drehende Toilettenrollenhalterung kletterte.*

Der Entschluß, die Toilette kletternd zu verlassen, war (mit-)ursächlich für den eingetretenen Schaden: Wäre E nicht geklettert, wäre sie nicht gestürzt. Dieser Verursachungsbeitrag ist jedoch eher gering anzusetzen, da sie – aller Wahrscheinlichkeit nach – nicht gestürzt wäre, wäre sie sorgfältiger geklettert. Allein wegen des „Fluchtversuchs" wird E´s Mitverursachungsanteil also nur als gering anzusetzen sein. Im allgemeinen wird man nach zehn Minuten des Eingeschlossenseins und ebenso langen Bemühens, auf sich aufmerksam zu machen, auch einen gefährlichen Befreiungsversuch als nicht vorwerfbar bezeichnen müssen. Abhängig von der örtlichen Lage des Toilettenhäuschens und der Tageszeit dürfte nämlich die Wahrscheinlichkeit sinken, von einem Passanten befreit zu werden. Etwas anderes kann sich aber ergeben, wenn man berücksichtigt, daß E unter den konkreten Umständen mit einer baldigen Befreiung durch M rechnen konnte. Bei kaltblütiger Betrachtung hätte E sich sagen können, daß sich M, selbst wenn dieser ihre Hilferufe nicht gehört hatte, rechtzeitig vor der bevorstehenden Abfahrt des Busses um sie sorgen würde. Da die Toilettentür von außen zu öffnen war, hätte sie durch Zuwarten die eingetretenen Verletzungen vermeiden können. Tatsächlich hat M seine Frau zwei Minuten nach dem Geschehen befreit. Wegen dieser auch bei ex-ante-Betrachtung recht naheliegenden Möglichkeit erscheint ein Ansatz des Verursachungsbeitrags der E mit 15 % angemessen.

Zum anderen kann ein zusätzlicher Verursachungs- und Verschuldensvorwurf daran ansetzen, daß E gerade auf die Toilettenrolle kletterte. Auf den ersten Blick ist es als ein erheblicher Beitrag zur Schadensverursachung anzusehen, wenn jemand auf eine drehbar gelagerte Toilettenrolle

---

der Bewertung von Übungs- und Prüfungsarbeiten darf die Bearbeiterin an dieser Stelle in aller Regel Großzügigkeit erwarten, auch wenn ihre Einschätzung nicht bis auf die zweite Nachkommastelle mit der Musterlösung übereinstimmt. Für eine vernünftige Schwerpunktsetzung empfiehlt es sich, die bei der Quotelung maßgeblichen Faktoren zu benennen, auf die prozentuale Quantifizierung aber nur wenig Aufwand zu investieren. – Zahlreiche Bearbeiterinnen haben ein Mitverschulden der E nicht oder systematisch unglücklich erörtert, was angesichts der deutlichen Hinweise im Sachverhalt keine nur unerhebliche Schwäche darstellt.

[20] Entgegen der ganz verbreiteten Bezeichnung als „Mitverschuldenseinwand".
[21] Wie bei der Erörterung schuldhaften Handelns iSv § 276 BGB ist auch beim „Mitverschulden" des § 254 BGB sorgfältig darauf zu achten, bei welchem genau bestimmten Tun oder Unterlassen der Vorwurf ansetzt. Gerade wenn es zwei oder mehrere mögliche Ansatzpunkte gibt, geraten die einschlägigen Ausführungen in studentischen Übungsarbeiten immer wieder zu undifferenziert.

steigt, um aus einer Toilettenkabine zu entkommen. In einer engen Kabine mit mehreren Gegenständen, an denen man sich fallend verletzen kann, besteht eine nennenswerte Wahrscheinlichkeit der Schadensverursachung, wenn die Eingesperrte ihr Körpergewicht zum Teil auf eine bewegliche Rolle stützt. Angesichts dieses leicht erkennbaren Risikos ist zu fragen, ob E einen derart gefährlichen Weg beschreiten durfte, um sich zu befreien. Indessen hat E sich an drei festen Punkten und nur an einem „gefährlichen Punkt" festgehalten. Es liegt nicht geradezu auf der Hand, daß ein solches Vorgehen zu einem Sturz führen muß. Wenn sich die Toilettenrolle beim Hinaufklettern als „stabil" erwiesen hat, kann man auch bei der erneuten Belastung auf dem Rückweg auf den gleichen Gedanken verfallen. Außerdem muß man als Toilettenbesucherin und –flüchterin keine detaillierten bergsteigerischen Kenntnisse haben. Der Sorgfaltsverstoß der E ist insofern nur klein. Angesichts dessen ist der Mitverursachungsbeitrag der E nur geringfügig, nämlich um weitere 5 %, zu erhöhen[22].

Zwischenergebnis: *Insgesamt ist daher E´s Schadensersatzanspruch wegen Beschädigung des Kleids um 20 % zu mindern*[23].

d) **Ergebnis**: *E hat gegen T einen Anspruch auf Ersatz für das beschädigte Abendkleid aus §§ 536a I Var. 1, 536 I 1 Var. 1 BGB, der wegen ihres bei der Schadensentstehung mitwirkenden Verursachungs- und Verschuldensbeitrags nach § 254 I BGB auf 80 % zu reduzieren ist und sich daher auf Zahlung von € 160,- richtet*[24].

2. Anspruch der E aus Geschäftsführung ohne Auftrag, §§ 683 S.1, 670 BGB

E kann des weiteren gegen T einen Anspruch auf Aufwendungsersatz aus §§ 683 S.1, 670 BGB haben[25].
a) *Dazu muß sie ein* **Geschäft** *der T geführt haben. Dann muß der Versuch der E, aus der Toilettenkabine zu entkommen, zumindest auch dazu gedient haben, ein T obliegendes Geschäft zu besorgen. Der Begriff der Geschäftsbesorgung ist in einem umfassenden Sinn zu verstehen und umfaßt Tätigkeiten aller Art unabhängig davon, ob damit bloß tatsächliche Handlungen oder auch Rechtsgeschäfte verbunden sind*[26]. *Zunächst schuldet T die Mög-*

---

[22] Hier war mit überzeugender Argumentation auch ein höherer Mitverursachungsanteil vertretbar: Immerhin ist eine Toilettepapierrolle drehbar gelagert, so daß es nicht viel Phantasie braucht um sich vorzustellen, daß sie sich bei Belastung drehen kann.
[23] Der englische *Court of Appeal* nahm in dem zugrundeliegenden Fall einen Mitverschuldensanteil von 25 % an (Sayers v. Harlow U.D.C., All England Law Reports 1958 (2), 342)
[24] Weitere vertragliche Ansprüche der E gegen T sind nicht ersichtlich; ein Schadensersatzanspruch aus § 280 I BGB wegen Verletzung einer mietvertraglichen Nebenpflicht kommt wegen der Nachrangigkeit gegenüber dem gesetzlich geregelten Anspruch aus § 536a I BGB nicht zur Anwendung; Palandt-*Heinrichs*, Rn 6 zu § 280 BGB.
[25] Die Ansprüche aus Geschäftsführung ohne Auftrag gerieten den meisten Klausurbearbeitern gar nicht erst in den Blick, hätten aber für eine gute Bewertung wenigstens knapp erörtert werden müssen.
[26] *BGH* NJW 1978, 1258 f.; MüKo-*Seiler*, Rn 2 ff zu § 677 BGB.

lichkeit, das Mietobjekt zu jedem von E gewünschten Zeitpunkt wieder verlassen zu können. Das tatsächliche Verlassen der Toilette fällt dagegen in den Pflichtenkreis der E, die ihrerseits nach § 546 I BGB zur Rückgabe der Mietsache verpflichtet ist. Ist der Schloßmechanismus einer Toilettenkabine defekt, trifft T die zusätzliche **Nebenpflicht** (§ 242 BGB), für eine umgehende **Befreiung** der E zu sorgen. Mit dem Versuch, aus der Toilette herauszuklettern, besorgt E somit die Erfüllung einer T infolge des Mangels der Mietsache obliegenden Pflicht. Die Geschäftsbesorgung im Sinne der §§ 677 BGB setzt keinen Erfolg voraus. Die Geschäftsführung entfällt also nicht etwa deshalb, weil der Befreiungsversuch der E scheiterte. Der Befreiungsversuch der E stellt somit auch ein Geschäft der T dar. Für die Anwendung des § 683 S.1 BGB genügt ein **auch fremdes** Geschäft, also eines, bei dem die Geschäftsführerin neben fremden Interessen auch eigene verfolgt[27]. Es schadet daher nicht, daß E damit auch ihrer eigenen Pflicht zur Rückgabe der Mietsache nachzukommen versucht (und sich zugleich der unangenehmen Situation des Eingesperrtseins entziehen möchte). Damit ist die Besorgung eines zumindest auch fremden Geschäfts gegeben.

b) Der für einen Anspruch aus Geschäftsführung ohne Auftrag erforderliche **Fremdgeschäftsführungswille** setzt nur voraus, daß die Geschäftsführerin in dem Bewußtsein handelt, eine Angelegenheit zu besorgen, die eigentlich zum Rechtskreis eines anderen gehört, für diesen zu besorgen. Dieser Wille wird auch bei einem nur „auch fremden Geschäft" zunächst vermutet[28]. Die Rechtsprechung stellt an diesen Willen daher grundsätzlich niedrige Anforderungen. Es sollen sogar reflexartige Ausweichreaktionen im Straßenverkehr genügen, wenn diese zumindest auch dazu dienen, von einem anderen eine vom Geschäftsherrn verursachte Gefahr abzuwenden. Für den Fremdgeschäftsführungswillen der E reicht es aus, daß sie durch ihre Handlung zumindest auch die der T obliegende Pflicht zur Befreiung der E besorgen und diese damit vor eigenen Schadensersatzansprüchen bewahren will[29]. Damit hatte E auch einen Fremdgeschäftsführungswillen.

c) Weiter ist eine **Berechtigung** der E zur Geschäftsführung erforderlich, § 683 S.1 BGB. Es besteht die Vermutung, daß die Befreiung der E im Interesse der T liegt. Selbst ein entgegenstehender Wille der T wäre wegen § 679 BGB unerheblich, da die Befreiung eine vertragliche Pflicht der T ist und die Befreiung von Menschen aus der Situation des Eingeschlossenseins im öffentlichen Interesse liegt.

d) Zu ersetzen sind als **Aufwendungen** im Sinne des § 670 BGB alle von E **freiwillig erbrachten Vermögensopfer**, die sie den Umständen nach für erforderlich halten durfte[30]. Indessen hat E die Beschädigung ihres Kleids nicht als freiwilliges Vermögensopfer erbracht. Vielmehr ist diese als Folge

---

[27] BGHZ 110, 313, 314 f.; Palandt-*Sprau*, Rn 6 zu § 677 BGB.
[28] *BGH* NJW 2000, 72 mwN. (dazu Schulze, JZ 2000, 523 ff.; Buhlmann/Schimmel, JAR 2000, 67 ff.)
[29] Der *BGH* nimmt in BGHZ 38, 270 einen solchen Willen an, wenn der Geschäftsführer zumindest auch den Zweck verfolgt, den Geschäftsherrn vor einem Schaden zu bewahren.
[30] *BGH* NJW 1989, 1284, 1285; Jauernig-*Vollkommer*, Rn 2 zu § 670 BGB.

der Geschäftsführung gegen den Willen der E eingetreten. Die Beschädigung des Kleids der E stellt somit keine Aufwendung im eigentlichen Sinne dar. Jedoch ist in Rechtsprechung und Literatur anerkannt, daß der Aufwendungsbegriff des § 670 auch Schäden erfaßt, die der Geschäftsführer aus der Geschäftsbesorgung erleidet, sofern sich in diesen ein tätigkeitsspezifisches Risiko der Geschäftsführung niederschlägt[31]. Die Beschädigung des Kleids der E bei einem Sturz mag zwar auf den ersten Blick als Verwirklichung des **allgemeinen Lebensrisikos** erscheinen. Unter den Umständen des konkreten Falls verwirklicht sich hierin jedoch eine der spezifischen Gefahren der von E auch im Interesse der T entfalteten Tätigkeit: E ist nicht irgendwo, sondern gerade im Toilettenhäuschen der T und gerade bei dem Versuch, aus diesem zu entkommen, gestürzt.

Zwischenergebnis: T schuldet E Ersatz für das beschädigte Abendkleid auch nach §§ 683 S.1, 670 BGB.

*e) Auch dem Anspruch aus Geschäftsführung ohne Auftrag kann der Mitverursachungs- und Mitverschuldenseinwand des § 254 I BGB entgegengehalten werden. Zum Umfang der **Anspruchskürzung** gelten die obigen Überlegungen entsprechend. Der Anspruch der E aus §§ 683 S.1, 670 BGB ist somit entsprechend ihrem Mitverursachungsbeitrag um 20 % zu kürzen.*

f) Ergebnis: E kann von T als Ersatz für das beschädigte Kleid € 160,- auch nach §§ 683 S.1, 670 BGB verlangen.

3. Anspruch der E gegen T aus unerlaubter Handlung, § 823 I BGB
Weiter kann E gegen T einen Anspruch auf Schadensersatz für das beschädigte Abendkleid nach § 823 I BGB haben[32].
*a) Ein Schadensersatzanspruch aus § 823 I BGB setzt zunächst einen Eingriff in ein geschütztes **Rechtsgut** voraus*[33]. *Durch die Substanzbeschä-*

---

[31] BGH NJW 1993, 2234, 2235 mwN.; MüKo-*Seiler*, Rn 19 zu § 683 BGB; zu den verschiedenen Ansätzen Palandt-*Sprau*, Rn 9 ff. zu § 670 BGB mwN.
[32] Dieser Anspruch wurde von etlichen Klausurbearbeitern übersehen; nicht selten zeigten sich Schwächen im Aufbau der Deliktsprüfung.
[33] An dieser Stelle verbirgt sich ein Aufbauproblem: Da erkennbar zwei Rechtsgüter der E verletzt sind – nämlich ihre Freiheit und ihr Eigentum (die Körperverletzung der E spielt in der hier interessierenden Kausalkette keine Rolle) – ist zu überlegen, an welche dieser Verletzungen ein Schadensersatzanspruch zutreffend anzuknüpfen ist. Stellt man auf die körperliche Fortbewegungsfreiheit (allein diese ist vom Begriff der Freiheit in § 823 I BGB geschützt, Jauernig-*Teichmann*, Rn 5 zu § 823 BGB, für ein weiteres Begriffsverständnis *Eckert*, JuS 1994, 625) der E ab, die durch das Eingesperrtsein in der Toilettenkabine verletzt ist, muß erklärt werden, weshalb die an diesem Rechtsgut eingetretene Verletzung es rechtfertigt, E Ersatz eines Schadens zuzubilligen, der erst durch eine Folgeverletzung der E begründet wird. Hier müßte der Bearbeiter im Rahmen der haftungsausfüllenden Kausalität erklären, daß die von T verletzte Verkehrspflicht E nicht nur vor der eingetretenen Erstverletzung, sondern auch vor allen weiteren Zweitverletzungen schützen soll, die adäquat-kausal auf der Erstverletzung beruhen. Stellt man dagegen sogleich auf das Rechtsgut „Eigentum" ab, ist bereits im Rahmen der Verkehrspflichtverletzung zu diskutieren, ob die der T obliegende Verpflichtung, ihre Toilettenhäuschen so zu betreiben, daß sie Benutzer jederzeit verlassen können, nicht nur die Freiheit des jeweiligen Benutzers, sondern auch dessen

digung an dem Kleid ist das von § 823 I BGB erfaßte Eigentum[34] der E verletzt. Problematisch ist hier indessen, ob dieser Erfolg in zurechenbarer Weise auf ein **Verhalten der T** zurückzuführen ist. Es ist unbekannt, ob die Klinke der Toilettentür schon immer fehlte oder erst auf ein Ereignis nach dem Aufstellen der Toilettenkabine zurückzuführen ist. Wegen dieser Unklarheit ist ein aktives Verhalten der T nicht zu unterstellen, so daß als haftungsbegründendes Verhalten nur ein **Unterlassen** in Frage kommt. Ein Unterlassungsvorwurf setzt zunächst voraus, daß T eine **Verkehrspflicht** mißachtet hat, welche die eingetretene Rechtsgutsverletzung vermeiden sollte[35]. Wer einen öffentlich zugänglichen Verkehr gleich welcher Art eröffnet, ist dafür verantwortlich, daß andere durch diesen Verkehr nicht in ihren Rechtsgütern verletzt werden[36]. Inhalt und Umfang einer Verkehrssicherungspflicht werden bestimmt durch die berechtigten Erwartungen des Rechtsverkehrs, die der Sicherungspflichtige vorwegnehmen muß. Hinsichtlich des Zu- und Abgangs aus einem Toilettenhäuschen darf der Rechtsverkehr sowohl erwarten, daß die Freiheit des Benutzers nicht gegen seinen Willen eingeschränkt wird, als auch, daß bei einer Fehlfunktion wie der vorliegenden keine Eigentumsverletzungen eintreten.

Diese Verkehrspflicht besteht zunächst wegen der Fortbewegungsfreiheit der Verkehrsteilnehmer. Es erhöht sich aber auch bei einer Freiheitsbeschränkung das Risiko, daß die in einem Toilettenhäuschen Eingeschlossene bei dem Versuch zu entkommen ihr Eigentum verletzt. Deshalb besteht die Verkehrspflicht auch zum Schutz vor möglichen Eigentumsverletzungen[37].

Zum gleichen Ergebnis gelangt man, wenn man die Rechtsgutsverletzung schon in der Freiheitsberaubung sieht, die E durch T erlitten hat[38].

Eigentum (sowie seine körperliche Integrität) schützt. Überzeugender ist es, unmittelbar an die schadensnächste Rechtsgutsverletzung anzuknüpfen, so daß nachstehend untersucht wird, ob die Eigentumsverletzung ausreicht, um E einen deliktischen Schadensersatzanspruch zu gewähren.

[34] Zur Substanzbeschädigung als hauptsächlichem Anwendungsfall der Eigentumsverletzung z.B. Jauernig-*Teichmann*, Rn 7 zu § 823.

[35] *Deutsch/Ahrens*, Unerlaubte Handlungen ..., Rn 261. Der Streit um die richtige dogmatische Einordnung der Verkehrspflichtverletzung ist wenig ergiebig und muß in einer Klausurbearbeitung nicht dargestellt werden, selbst wenn davon abhängt, an welcher Stelle im Gutachtenaufbau die Verkehrspflicht zu erörtern ist. – Die Frage der Haftung für Unterlassen haben die Klausurbearbeiterinnen oft sehr knapp oder überhaupt nicht diskutiert.

[36] ZB. *BGH* NJW 1978, 1629, *BGH* NJW 1985, 1076 f.

[37] Hier ist auch das Gegenteil vertretbar, zumal in der Klausursituation eine profunde Argumentation zum Schutzzweck einer Verkehrssicherungspflicht nicht ganz einfach zu leisten ist.

[38] Zu diesem Ansatz z.B. Jauernig-*Teichmann*, Rn 24 vor §§ 249-253. Zu fragen wäre dann, ob die sich daraus ursächlich ergebende Eigentumsverletzung und der darauf beruhende Vermögensschaden in einem adäquat kausalen und vom Schutzzweck der Norm – hier also des Verbots der Freiheitsberaubung – erfaßten Zusammenhang mit der ersten Rechtsgutsverletzung stehen. Dies wird zu bejahen sein, da die Möglichkeit von Gesundheits- und Eigentumsverletzungen eingesperrter Menschen nicht fern liegt. Wenn § 823 I BGB neben der Freiheitsverletzung auch eine solche des Eigentums und der Gesundheit schadensersatzpflichtig macht, darf man annehmen, daß nicht nur unmittelbar auf Eigentumsverletzungen beruhende Schäden ausgeglichen werden sollen, sondern auch solche, bei denen eine Freiheitsverletzung vorangegangen ist.

*b) Die **Rechtswidrigkeit** der Rechtsgutverletzung wird durch die Verletzung indiziert. Da für das Eingreifen eines Rechtfertigungsgrunds keine Anhaltspunkte ersichtlich sind, kommt allenfalls ein rechtfertigendes **Einverständnis** der E in Betracht. Dieses könnte darin liegen, daß E sehenden Auges und aufgrund freien Willensentschlusses in gefährlicher Weise aus der Toilettenkabine zu klettern versuchte. Ein solches **Handeln auf eigene Gefahr** wird aber rechtlich als Frage eines möglichen Mitverschuldens (§ 254 I BGB) eingeordnet, nicht als rechtswidrigkeitsausschließendes Einverständnis der Verletzten. Dies überzeugt, weil E innerlich nicht davon ausgeht, sie werde sich verletzen. Sie sieht zwar vielleicht diese Möglichkeit, hofft aber, sie werde sich nicht verwirklichen.*

*c) Stellt sich danach die eingetretene Rechtsgutverletzung als rechtswidrig dar, muß das hierzu führende Verhalten der T weiter **schuldhaft** sein. In Betracht kommt – mangels Hinweisen auf ein vorsätzliches Verhalten der T – eine fahrlässige Verletzung. Dazu muß T die im Verkehr erforderliche Sorgfalt außer Acht gelassen haben, § 276 II BGB. Da T als juristische Person durch ihre Organe handelt, kommt es auf ein fahrlässiges Verhalten ihrer Geschäftsführerin an, das T nach §§ 31, 89 BGB zugerechnet wird[39]. Wie bereits ausgeführt, hat T es verabsäumt, für einen Zustand ihres Toilettenhäuschens Sorge zu tragen, der ein komplikationsloses Verlassen ermöglicht. Gerade dies aber hätte der im Verkehr erforderlichen Sorgfalt eines Toilettenhäuschenbetreibers entsprochen. Die Schwierigkeiten, die sich aus einem nicht funktionierenden Schloßmechanismus ergeben können, sind vorhersehbar. Zugleich hat T die Möglichkeit, wirksam Vorsorge gegen ein solches Geschehen zu treffen. Sie kann etwa regelmäßige Kontrollen ihrer Toiletten durchführen, diese mit Personal besetzen oder einen Notruf installieren. Daß ihr solches technisch oder wirtschaftlich unzumutbar sei, ist nicht zu erkennen. Das Unterlassen solcher Vorkehrungen ist ihr fahrlässigkeitsbegründend vorzuwerfen.*
Die Beschädigung des Kleids der E geht also auf ein schuldhaftes Unterlassen der T zurück.

*d) Aufgrund des rechtswidrig-schuldhaften Verhaltens der T und der dadurch verursachten Eigentumsverletzung ist bei E ein **Schaden** entstanden: Das Abendkleid ist € 200,- weniger wert als vor dem Sturz der E.*

*e) Wegen der **Mitverursachung** des Schadens durch E kann auf das oben Gesagte verwiesen werden.*

*f) **Ergebnis**: E hat gegen T einen Anspruch wegen der Beschädigung des Abendkleids auf Zahlung von € 160,- auch aus § 823 I BGB[40].*

---

[39] ZB. Palandt-*Heinrichs*, Rn 3 zu § 31 BGB.
[40] Ein Anspruch der E gegen T aus § 823 II BGB iVm einem strafrechtlichen Schutzgesetz bedarf allenfalls kurzer Erwähnung, da weder eine Freiheitsberaubung nach § 239 I StGB noch eine Sachbeschädigung nach § 303 I StGB fahrlässig begangen werden können; für einen Vorsatz der T ist

II. Anspruch der E gegen T auf Schmerzensgeld nach §§ 823 I, 253 II BGB

Einen Anspruch auf Ersatz des erlittenen immateriellen Schadens[41] kann E gegen T wegen § 253 I BGB nur unter den Voraussetzungen des § 253 II BGB haben.

1. T hat rechtswidrig und schuldhaft E an Körper, Gesundheit oder Freiheit verletzt hat und ist ihr deshalb sowohl nach §§ 536a, 536 als auch nach §§ 683 S.1, 670 und § 823 I BGB ersatzpflichtig. Durch das Verhalten der T hat E nicht nur eine Eigentumsbeschädigung, sondern auch eine **Körperverletzung** erlitten.
Weiter muß E aufgrund einer Körperverletzung oder einer Freiheitsbeschränkung einen **immateriellen Schaden** erlitten haben. E mußte wegen der Verletzung umgehend im Krankenhaus behandelt werden. In den damit verbundenen körperlichen Schmerzen liegt ein auf die Körperverletzung zurückzuführender Nichtvermögensschaden. Dieser darf nicht ganz unerheblich sein, da andernfalls eine Schadensersatzpflicht ausgeschlossen ist[42]. E hat aber starke Schmerzen von einer gewissen Dauer erlitten, so daß es sich nicht nur um einen unerheblichen Schaden handelt.
2. Bei der Bemessung des Schadensumfangs ist wiederum der **Mitverursachungseinwand** nach § 254 I 1 BGB zu berücksichtigen[43].

3. Ergebnis: E kann von T Zahlung eines angemessenen Schmerzensgelds verlangen; bei der Bestimmung dessen Betrags ist der Mitverursachungs- und Mitverschuldensbeitrag der E zu berücksichtigen.

III. Schadensersatz für die Theaterkarte

Des weiteren kann E gegen T einen Anspruch auf Schadensersatz wegen der Kosten der Theaterkarte haben.

---

nichts ersichtlich. Hinsichtlich des materiellen Schadens könnte man auf den Gedanken kommen, weiter einen Anspruch der E gegen T aus § 1 I 1 ProdHaftG zu erörtern; da der Sachverhalt jedoch keine Angaben dazu macht, ob T Hersteller iSv § 4 ProdHaftG ist, liegt dies eher fern. Im Ergebnis würde der Anspruch vermutlich scheitern, da ein Fehler iSv § 3 I ProdHaftG nicht vorlag: Die Toilettenrolle (auf diese kommt es wegen § 2 S.1 ProdHaftG an) funktionierte bestimmungsgemäß und konnte wahrscheinlich auch nicht dagegen gesichert werden, sich zu drehen, wenn jemand sie zum Klettern benutzt.

[41] Eine Bezifferung des Anspruchsumfangs ist nicht erforderlich, wenn die Aufgabe dies nicht ausdrücklich verlangt. Gibt der Sachverhalt so wenig Informationen wie hier, ist die Bestimmung der „angemessenen" Höhe des Schadensersatzes auch kaum möglich. In der Übungsarbeit kann man es dann bei der Formulierung „Anspruch auf ein angemessenes Schmerzensgeld" belassen.

[42] Dies ist dem Wortlaut des § 253 II BGB nicht zu entnehmen, aber von der Rechtsprechung anerkannt, z.B. *BGH* NJW 1992, 1043; Palandt-*Heinrichs*, Rn 24 zu § 253 BGB.

[43] BGHZ 20, 259, 262; Palandt-*Heinrichs*, Rn 17, 30 zu § 253 BGB.

1. Anspruch der E gegen T auf Zahlung von € 35,- aus §§ 536a I 1 Var. 1, 536 I Var. 1 BGB

In Betracht kommt hier zuerst ein vertraglicher Anspruch. Das Vorliegen der **Anspruchsvoraussetzungen** der §§ 536a I 1 Var. 1, 536 I Var. 1 BGB wurde bereits erörtert.

a) Fraglich ist allein, ob die konkrete **Schadensposition** vom Ersatzanspruch erfaßt ist. Maßgeblich hierfür ist § 249 BGB[44]. Im Ergebnis besteht zwar Einigkeit darüber, daß E als Geschädigter ein Anspruch auf Ersatz des Werts der Theaterkarte[45] zustehen muß[46]. Die korrekte Begründung hierfür ist umstritten[47]. Die einfachste und dogmatisch stimmige Begründung liegt in der Anwendung der **Differenzhypothese**: Beim Vergleich zwischen der tatsächlichen Vermögenslage der E und derjenigen, die sich ohne den Fehler der Mietsache ergeben hätte, erweist sich, daß E eine geldwerte Genußmöglichkeit nicht hat wahrnehmen können, gerade weil das Toilettenhäuschen fehlerbehaftet ist. Rechtlich betrachtet hat E den Anspruch auf Werkleistung, den sie – in der Eintrittskarte verbrieft – gegen das Theater hatte, zwar nicht verloren. Ihre Gläubigerstellung hatte jedoch keinen wirtschaftlichen Wert mehr für sie, da sie außerstande war, die Leistung in Empfang zu nehmen.

b) *Ergebnis*: E hat gegen T einen Anspruch auf Zahlung von € 35,- wegen der Theaterkarte aus §§ 536a I Var. 1, 536 I 1 Var. 1, 249 S.2 BGB.

2. Anspruch der E gegen T auf Zahlung von € 35,- aus §§ 683 S.1, 670 BGB

Denkbar ist ein Ersatzanspruch der E auch auf der Grundlage der bereits erörterten Vorschriften über die Geschäftsführung ohne Auftrag.
Betrachtet man die sinnlos gewordenen Kosten der Eintrittskarte als Schaden iSv. §§ 249 ff. BGB, so erscheint es konsequent, diese auch dem Aufwendungsersatzanspruch nach § 670 BGB unterfallen zu lassen. Es gilt dann das oben Ausgeführte.

Ergebnis: E hat gegen T Anspruch auf Ersatz für die Kosten ihrer Theaterkarte in Höhe von € 35,- aus §§ 683 S.1, 670 BGB.

---

[44] Viele Bearbeiter erörterten das Problem bei § 536a BGB; dabei war zwar überwiegend bekannt, daß diese Vorschrift auch den Ersatz von Mangelfolgeschäden umfaßt (so die h.M., vgl. z.B. die Nachweise bei Erman-*Jendrek*, Rn 12 zu § 538 aF, anders MüKo-*Voelskow*, Rn 13 zu § 538 aF), jedoch wurde – ohne überzeugende Begründung – die Theaterkarte nicht unter diesen Begriff subsumiert.

[45] Genauer: Auf Ersatz derjenigen Kosten, die sie für den Erwerb einer gleichwertigen Karte aufwenden muß (sofern sie solches unternimmt).

[46] Staudinger-*Medicus*, Rn 55 zu § 253 BGB.

[47] Nachweise bei Palandt-*Heinrichs*, Rn 36 Vorb vor § 249 BGB. In einer Klausurbearbeitung kann eine Auseinandersetzung mit den (dort referierten) Argumenten der Frustrationstheorie nicht erwartet werden. Der in der Musterbearbeitung zugrundegelegte Ansatz ist überzeugend, weil – anders als in den umstrittenen Situationen des Schadensersatzes für frustrierte Aufwendungen – bei der Theaterkarte der Substanz- und der Nutzungswert zusammenfallen (Staudinger-*Medicus*, Rn 55 zu § 253 BGB).

3. Anspruch der E gegen T auf Zahlung von € 35,- aus § 823 I BGB
Ein auf Ersatz der genannten Summe gerichteter Anspruch kann sich zudem aus § 823 I BGB ergeben. Die Voraussetzungen eines Ersatzanspruchs aus § 823 I BGB liegen vor; hinsichtlich des Schadensumfangs sind ebenfalls die §§ 249 ff. BGB anzuwenden.

Ergebnis: E hat daher auch aus § 823 I BGB einen Anspruch auf Zahlung von € 35,- für die Theaterkarte gegen T.

B. Ansprüche des M gegen T auf Schadensersatz für die Kosten seiner Theaterkarte
Weil M nicht an seiner Gesundheit und seinem Eigentum geschädigt wurde, kann er Schadensersatz allenfalls[48] für die Theaterkarte verlangen, die er nutzlos hat verfallen lassen. Mangels einer rechtsgeschäftlichen Beziehung zwischen ihm und T kommen als Grundlage für einen solchen Anspruch einerseits das Vertragsverhältnis zwischen E und T, andererseits eine Geschäftsführung ohne Auftrag für T und zuletzt eine unerlaubte Handlung der T in Frage.

I. Anspruch des M gegen T auf Zahlung von € 35,- für die Theaterkarte aus §§ 536a I 1 Var. 1, 536 I Var. 1 BGB
a) M war nicht Vertragspartner der T, so daß sich ein Ersatzanspruch nur aus dem zwischen E und T geschlossenen **Mietvertrag** ergeben kann. Regelmäßig bindet der Vertrag nur die Vertragspartner; etwas anderes kann aber gelten, wenn ein Dritter in den Schutzbereich des Vertrags einbezogen ist. Der Dritte hat dann einen eigenen Anspruch gegen den Vertragspartner. Voraussetzung für einen solchen **Vertrag mit Schutzwirkung für Dritte** ist zunächst, daß der Dritte – hier M – in gleicher Weise wie der Vertragspartner den mit der Vertragsdurchführung verbundenen Risiken ausgesetzt ist (*„gläubigergleiche Gefährdung"*)[49]. Dies ist hier zweifelhaft. Sofern M nicht gemeinsam mit E das Toilettenhäuschen betritt, kann sich die Gefahr, eingesperrt zu werden, in seiner Person kaum verwirklichen. Stellt man auf die Gefahr ab, daß eine bereits erworbene Eintrittskarte nutzlos wird, wird das Problem deutlich: Zum einen liegt zwischen der Freiheitsverletzung bei E und der Nichtinanspruchnahme der Eintrittskarte seitens M eine mehrgliedrige Ursachenkette. Zum anderen ist Teil dieser Ursachenkette der freiwillig gefaßte Entschluß des M, lieber seine Ehefrau zum Arzt zu begleiten als allein ins Theater zu gehen. Dieser Entschluß mag den Normen des Anstands

---
[48] Nicht zu diskutieren ist der Fallfrage zufolge, ob M Ersatz der € 0,30, die er – vermutlich – eingesetzt hat, um E zu befreien, sowie der € 13,80 (+ € 1,20 Trinkgeld), die er an den Fahrer der Mietdroschke zahlen mußte, der ihn und E in das nächste Krankenhaus mit Unfallaufnahme beförderte, von T fordern kann.
[49] BGHZ 70, 327, 329; 133, 171, 173 je mwN.; Palandt-*Heinrichs*, Rn 16 zu § 328 BGB; Jauernig-*Vollkommer*, Rn 24 zu § 328 BGB. – Die Grundsätze zum Vertrag mit Schutzwirkung für Dritte ergeben sich nicht unmittelbar aus dem Gesetz, dürfen aber gleichwohl zum klausurrelevanten Wissen gezählt werden. Zum Lernen: *Bayer*, JuS 1996, 473 ff.

oder des ehelichen Pflichtenkreises entsprechen; rechtlich zwingend geboten ist er nicht.
Auch wenn man M als in ähnlichem Maße von den vertraglichen Risiken betroffen ansehen will wie E, muß er zudem in einer **besonderen Nähebeziehung** zu E stehen[50]. Beides muß für T **erkennbar** sein[51]. Zumindest letzteres wird man verneinen müssen: Die abstrakt mögliche Erkenntnis, daß von den Gefahren der Toilettenhäuschen mittelbar auch Dritte betroffen sein können, genügt nicht für die Einbeziehung des M in den Schutzbereich des konkreten Vertrags.

b) Ergebnis: M hat keinen vertraglichen Anspruch gegen T auf Erstattung von € 35,- für die nicht benutzte Theaterkarte.

II. Anspruch des M gegen T auf Zahlung von € 35,- für die Theaterkarte aus §§ 683 S.1, 670 BGB

M kann aber einen Anspruch gegen T auf Zahlung des Preises für seine Theaterkarte aus einer Geschäftsführung ohne Auftrag haben.
1. Dazu muß M ein **Geschäft** der T geführt haben, indem er seinen Abend damit verbrachte, E in ein Krankenhaus und anschließend nach Hause zu befördern, anstatt wie geplant das Theater zu besuchen. Dies ist möglich, wenn er auf diesem Weg den von T verursachten Schaden geringhielt. Das wiederum ist dem Sachverhalt nicht ohne weiteres zu entnehmen. Ob F so schwer verletzt war, daß sie einer Begleitung bedurfte, geht daraus nicht hervor. War das aber nicht der Fall, gehörte die Versorgung der F nicht zu den Geschäften der T. Geht man hiervon aus, fehlt es für einen Anspruch des M auf Ersatz für die Kosten der Theaterkarte schon an der Wahrnehmung eines fremden Geschäfts[52].
2. Ergebnis: Danach kann M von T nicht aus §§ 683 S.1, 670 BGB Zahlung von € 35,- verlangen.

III. Anspruch des M gegen T auf Zahlung von € 35,- für die Theaterkarte aus § 823 I BGB

Ein Anspruch des M gegen T aus § 823 I BGB setzt zunächst die Verletzung eines dem M zustehenden **Rechtsguts** voraus. Zwar handelt es sich bei E um die Ehefrau des M, doch finden auf Menschen als Gegenstände eines Eigentumsrechts die eigentumsrechtlichen Vorschriften gerade keine Anwendung. Mithin ist kein Rechtsgut des M ersichtlich, das T verletzt haben könnte. Schon daran scheitert ein Anspruch aus § 823 I BGB[53].

---

[50] BGHZ 69, 82, 86; Jauernig-*Vollkommer*, Rn 25 zu § 328 BGB. Hierfür genügt die zwischen M und F bestehende Ehe.
[51] BGHZ 75, 321, 323; 133, 171, 173 mwN.; Palandt-*Heinrichs*, Rn 18 zu § 328 BGB.
[52] Je nach Verständnis des Sachverhalts ist hier auch das gegenteilige Ergebnis begründbar. Im allgemeinen empfiehlt sich indessen bei der Auslegung des Sachverhalts eine gewisse Zurückhaltung.
[53] Anderweitige Ansprüche aus unerlaubter Handlung kommen ebenfalls nicht in Betracht: § 823 II BGB iVm einem verletzten Schutzgesetz scheitert am persönlichen Schutzbereich jedes denkbaren Schutzgesetzes, § 826 am fehlenden Vorsatz der T.

Ergebnis: M hat gegen T keinen Anspruch wegen der Kosten seiner Theaterkarte aus unerlaubter Handlung.

C. Gesamtergebnis
E kann von T ein angemessenes Schmerzensgeld nach §§ 823 I, 253 II BGB beanspruchen. Zur Zahlung von € 160,- für das beschädigte Kleid sowie von € 35,- für die nutzlos gewordene Theaterkarte ist T sowohl aus §§ 536a I Var. 1, 536 I 1 Var. 1 BGB als auch aus §§ 683 S.1, 670 als auch aus § 823 I BGB verpflichtet, wobei die Ansprüche wegen des mitwirkenden Verschuldens der E bei der Schadensentstehung nach § 254 I BGB zu mindern sind.
M dagegen kann für die nutzlos ausgegebenen € 35,- keinen Ersatz von T fordern.

Aufgabe 84.
A kann gegen S zum einen Anspruch auf Ersatz der Schäden an seinem Drucker (dazu unten C.) sowie auf Ausgleich für die ausgelaufene Kartusche selbst haben (dazu sogleich A.), zum anderen kann er möglicherweise auf vollständiger Ausführung seiner Bestellung bestehen (dazu B.) [54].

A. Anspruch des A gegen S auf Nachlieferung einer mangelfreien Kartusche, § 439 I Alt. 2
A kann gegen S einen Anspruch auf Lieferung einer mangelfreien Kartusche aus §§ 439 I Alt. 2, 437 Nr. 1, 434 I haben.

I. Abschluß eines Kaufvertrags
Dazu muß zwischen den beiden ein Kaufvertrag bestehen. Ein solcher ist zustande gekommen, wenn beide Parteien wirksame Willenserklärungen (Angebot und Annahme) abgegeben haben, die wenigstens hinsichtlich der essentialia negotii, also der Person des Vertragspartners, des Kaufpreises und der gekauften Sache übereinstimmen.

1) Die Internetseite als Angebot
Man kann ein Angebot der S in der Internetseite sehen, die A aufgerufen hat, um die Kartuschen zu bestellen. Dort sind die zum Verkauf stehenden Waren mit den jeweiligen Preisen benannt. Andererseits kann man die Internetseite aber auch als Aufforderung zur Angebotsabgabe (invitatio ad offerendum) einstufen. Die invitatio ad offerendum unterscheidet sich vom verbindlichen Angebot nach allgemeiner Meinung dadurch, daß der Rechtsbindungswille des Erklärenden fehlt.[55] *Die Informationen auf der Internet-Seite wären dann nur eine unverbindliche Anpreisung der Waren.*

---

[54] §§ ohne Gesetzesangabe sind solche des BGB.
[55] Palandt-*Heinrichs*, § 145 Rn. 2; Soergel-*Wolf*, BGB, § 145 Rn. 6; Staudinger-*Bork*, BGB, § 145 Rn. 3; *Medicus*, Allgemeiner Teil des BGB, Rn. 359; *Köhler*, BGB Allgemeiner Teil, § 8 Rn. 9; *Leipold*, BGB I, Rn. 462.

Nach einer Ansicht soll eine invitatio ad offerendum aber nur vorliegen, wenn der Vorbehalt fehlender Verbindlichkeit ausdrücklich kenntlich gemacht wird; es müßte also auf der Internetseite ein entsprechender Vermerk angebracht sein.[56] Das ist nicht der Fall, so daß es sich bei der Internet-Seite nach diesem Ansatz um ein verbindliches Angebot handelte.

Des weiteren soll die Rechtsfigur der invitatio ad offerendum auch ermöglichen, daß der Anbieter zunächst die Bonität des Käufers prüfen kann, bevor er sich vertraglich bindet.[57] Dagegen wird eingewandt, daß im Internet häufig die Kreditkarte als Zahlungsmittel eingesetzt wird und bei diesem Zahlungsmodell eine Bonitätsprüfung des Kunden entbehrlich sei.[58] Indessen ist die Kreditkarte nicht das einzige im Internet eingesetzte Zahlungsmittel. Außerdem muß der Anbieter zumindest die Gelegenheit haben, die Kreditkartendaten zu verifizieren.

Entscheidend ist aber wohl folgende Überlegung: Wäre die Seite bereits ein verbindliches Angebot, so läge in der Bestellung des Kunden die Annahme. Der Kunde könnte durch seine Bestellung den Vertrag abschließen, so daß S zur Lieferung verpflichtet wäre. S könnte dann auch in Situationen zur Lieferung verpflichtet werden, in denen ihr Vorrat schon erschöpft ist. Sieht man die Internetseite dagegen nur als eine invitatio ad offerendum an, so ist As Bestellung das Angebot, und S hat Gelegenheit, die Lagerbestände darauf zu prüfen, ob sie überhaupt liefern kann, bevor sie annimmt.

Diese Argumentation paßt nun ohne weiteres auf Versandkataloge. Ein Versandhaus bringt Zehntausende von Katalogen in Umlauf und kann dabei nicht mit Sicherheit voraussehen, wie sich die Nachfrage entwickeln wird. Es ist möglich, daß Kunden zu einer Zeit eine Bestellung aufgeben, zu welcher der Vorrat längst erschöpft ist. Ob und zu welchem Preis der Verkäufer die Ware dann noch beschaffen kann, kann zweifelhaft sein. Deshalb ist es sinnvoll, dieses Risiko des Verkäufers dadurch zu begrenzen, daß man den Vertragsschlusse und damit die Lieferverpflichtung erst anerkennt, wenn er Gelegenheit hatte, die Bestände zu überprüfen.

Ob diese für Kataloge, Inserate, Flugzettel und dergleichen entwickelte Argumentation auch für die Inhalte von Internetseiten überzeugt, bedarf näherer Betrachtung. Während man einen Versandkatalog, nachdem er verteilt worden ist, nicht mehr verändern –insbesondere nicht den Lagerbeständen anpassen – kann, ist das bei einer Internetseite grundsätzlich möglich.[59] Sobald eine Ware vergriffen ist, kann man das Angebot von der Seite entfernen. Das kann beispielsweise automatisch dadurch geschehen, daß man

---

[56] So könnte verlangt werden, daß ein Anbieter schreibt: „Das Angebot ist durch die Verfügbarkeit des Artikels bedingt", „Bevor wir eine Lieferverpflichtung akzeptieren, müssen wir unsere Warenbestände prüfen", „Angebote verstehen sich vorbehaltlich der Verfügbarkeit" oder einfach „freibleibend" o.ä., dazu *Muscheler/Schewe*, Jura 2000, 565, 568.
[57] *AG Butzbach*, NJW-RR 2003, 54; bezogen auf elektronischen Geschäftsverkehr: *Köhler/Arndt*, Recht des Internet, S. 65.
[58] *Taupitz/Kritter*, JuS 1999, 839 f.; *Kimmelmann/Winter*, JuS 2003, 532 f.; zur Rechtsnatur des Kreditkartenvertrags Staudinger-*Schmidt*, BGB, Vorbem zu §§ 244 ff, C 57.
[59] Erman-*Armbrüster*, BGB, § 145 Rn. 7; insofern ist es durchaus kritisch zu sehen, wenn gesagt wird, der elektronische Katalog sei nicht anders zu behandeln als der gedruckte – so Staudinger-*Bork*, § 145 Rn. 9.

die Internetseite mit der Datenbank verbindet, welche die Lagerbestände enthält.[60] Wer die Seite danach aufruft, bekommt sie ohne die vergriffenen Angebote zu sehen. Allerdings ist nicht sicher, daß dieser Mechanismus immer funktioniert. Es ist beispielsweise möglich, daß es nicht unter der Kontrolle des Warenanbieters stehende Kopien einer Seite gibt. Beispiele sind die Seiten, die sich in einem Speicher auf dem eigenen Rechner des Kunden oder im Speicher eines Netzwerks befinden, wenn jemand vom Büro aus bestellt. Auf solchen Seiten tauchen Änderungen nicht sofort auf, man muß die Seite erst neu vom Ursprungsrechner her laden.

Manchmal geben Anbieter auf ihrer Seite an, daß sie nur noch wenige Exemplare eines Artikels haben, oder binnen welcher Frist sie liefern können. Diese Anhaltspunkte könnte man so deuten, daß die Betreffenden damit zusichern, daß sie zur Lieferung in der Lage sind. Die Internet-Seite wäre dann sehr wohl ein Angebot, nicht nur eine invitatio ad offerendum.

Andererseits bliebe aber selbst dann folgendes Problem ungelöst: Wenn man auf einer Internetseite ein Angebot aufruft und danach zum Bestellformular weitergeht, vergeht mit dem Ausfüllen des Bestellformulars Zeit, möglicherweise mehrere Minuten, möglicherweise auch Stunden. Während dieser Zeit kann bereits jemand anderes eine Bestellung aufgeben, die den Rest des Lagerbestands erschöpft. Dann wäre das Lager in dem Moment, in dem die Bestellung eintrifft, bereits leer (genauer: die dort noch vorhandenen Produkte schon verkauft). Aus diesem Grund besteht auch im Internet ein Bedürfnis für die Rechtsfigur der invitatio ad offerendum. Ein Warenanbieter wird sich auch hier erst verpflichten wollen, wenn er Gelegenheit hatte, Auftragslage und Warenbestand miteinander abzugleichen.

Dem könnte zwar dadurch begegnet werden, daß Warenbestandsangaben mit einer Zeitangabe verbunden werden, etwa: „Zum Zeitpunkt x waren noch y Einheiten vorrätig." Das hat sich aber derzeit noch nicht durchgesetzt, so daß das Fehlen eines solchen Hinweise keine Schlüsse erlaubt.

Nach alledem wird man mit der herrschenden Meinung Angebote auf Internetseiten als invitatio ad offerendum einzustufen haben.[61] Die Seite von S ist mithin kein Angebot, sondern eine invitatio ad offerendum.

2) As Bestellung als Angebot

Das Angebot liegt in As Bestellung. Dieser Erklärung sind Kaufgegenstand und Preis durch die Bezugnahme auf die Internet-Seite der S mit ausreichender Bestimmtheit zu entnehmen.

---

[60] So Kaminski/Henssler/Kolaschnik/Papathoma-Baetge-*Baetge*, Rechtshandbuch E-Business, 2. Kapitel, B. Rn. 6; Erman-*Armbrüster*, § 145 Rn. 7.
[61] So im Ergebnis *AG Butzbach*, NJW-RR 2003, 54; Palandt-*Heinrichs*, § 312 b Rn. 4; Staudinger-*Bork*, § 145 Rn. 9; Soergel-*Wolf*, § 145 Rn. 7; Kröger/Gimmy-*Thot/Gimmy*, Handbuch zum Internet-Recht, S. 6; Moritz/Dreier-*Holzbach/Süßenberger r*, Rechts-Handbuch zum E-Commerce, C. Rn. 203 f.; *Taupitz/Kritter*, JuS 1999, 839 ff.; *Reed* Internet-Law, S. 176 (internationale Perspektive); für den Regelfall ebenfalls bejahend: *Redeker*, Praxis des IT-Rechts, Rn. 855; zweifelnd *Leipold*, BGB I, Rn. 465a; kritisch *Kimmelmann/Winter*, JuS 2003, 532 f.

3) Annahme
Die Annahme ist in der Seite zu sehen, welche die Lieferung der Kartuschen zusagt.

4) Zwischenergebnis
Zwischen A und S ist ein Kaufvertrag über fünf Drucker-Kartuschen zustande gekommen.

II. Nichtigkeit des Vertrags nach § 134?
Der Vertrag kann nach §§ 134, 312 c, 312 e, Artt. 240, 241 EGBGB, §§ 1, 3 BGB-InfoV nichtig sein. Auf der Internet-Seite von S ist eine Adresse für e-Mail angegeben, aber keine gewöhnliche Postadresse. Für die Frage, welche Informationen auf einer Internet-Seite angegeben werden müssen, gelten die §§ 312 c, 312 e BGB, Artt. 240, 241 EGBGB, §§ 1, 3 BGB-InfoV. Gegen eine Reihe von Informationspflichten hat S verstoßen. Beispielsweise muß er nach § 1 I Nr. 2 BGB-InfoV eine ladungsfähige Anschrift angeben. Dafür genügt eine eMail-Adresse nicht[62]. Fraglich ist allerdings, ob es sich bei diesen Vorschriften um Verbotsgesetze i.S.v. § 134 handelt. Sie ordnen an, daß bestimmte Informationen zur Verfügung zu stellen sind, der Text spricht kein Verbot von Angeboten ohne diese Informationen aus. Des weiteren ist eine Erklärung nach § 134 nur nichtig, wenn sich nicht aus dem Gesetz etwas anderes ergibt. Das BGB sieht für Verstöße gegen die Informationspflichten bestimmte Sanktionen vor. Die Rechtsfolge ist nicht etwa die Nichtigkeit des Vertrags; vielmehr haben Verbraucherschutzverbände das Recht, S auf Unterlassung zu verklagen (§§ 2 ff. UKlaG) und die Fristen für Rücktrittsrechte von Verbrauchern beginnen u.U. erst zu laufen, wenn die Informationspflichten erfüllt sind (§§ 312 d II Hs. 1 2. Fall, 312 e III 2).[63] Der Kaufvertrag zwischen A und S ist also nicht wegen Verstoßes gegen die Informationspflichten der §§ 312 c, 312 e nichtig.[64]

III. Sachmangel, § 434 I
Voraussetzung für einen Gewährleistungsanspruch des A nach §§ 433 I 2, 437 Nr. 1 ist, daß die an ihn gelieferte Kartusche einen Sachmangel i.S.v. § 434 I BGB aufweist. § 434 I definiert, wann eine Sache frei von Sachmängeln ist.

1) Vereinbarte Beschaffenheit oder Verwendungseignung
Frei von Sachmängeln ist eine Sache, wenn sie bei Gefahrübergang die vereinbarte Beschaffenheit hat (§ 434 I 1).
Das wirft die Frage auf, ob eine Beschaffenheit der Kartuschen zwischen A und S vereinbart gewesen ist. Sie haben über die Eigenschaften der Kartu-

---
[62] Palandt-*Putzo* BGB-InfoV, § 1 Rn. 2.
[63] Auch § 311 BGB und das UWG können einschlägig sein, Palandt-*Heinrichs*, § 312 c Rn. 10; MüKoBGB-*Wendehorst*, § 312 c Rn. 74 ff. zu weiteren eventuellen Konsequenzen dort Rn. 76.
[64] Palandt-*Heinrichs*, § 312 c Rn. 10, § 312 e Rn. 11; HkBGB-*Schulte-Nölke*, § 312 c Rn. 8; § 312 e Rn. 12; *Lorenz/Riehm*, Neues Schuldrecht, Rn. 129, 131; *Köhler/Arndt*, Recht des Internet, S. 99 f. (dort als Erklärung zu § 312e).

schen nicht gesprochen. S hat A nicht ausdrücklich versprochen, die Kartuschen würden nicht auslaufen. Man könnte hier argumentieren, § 434 I 1 sei anzuwenden, weil es so selbstverständlich ist, daß Druckerkartuschen nicht auslaufen dürfen, daß diese Beschaffenheit beim Kauf von Kartuschen immer von beiden Seiten vorausgesetzt wird und damit immer schlüssig vereinbart ist. daß Kartuschen nicht auslaufen dürfen, liegt aber eben darin begründet, daß man sie sonst nicht ohne Schaden zum Drucken benutzen könnte. Allgemeiner gefaßt: Sie würden sich sonst nicht für die nach dem Vertrag vorausgesetzte Verwendung eignen. Auf die Verwendungseignung stellt § 434 I 2 Nr. 1 direkt ab, so daß sich die Fehlerhaftigkeit aus dieser Vorschrift unmittelbar begründen läßt: Da die Kartusche sich nicht zum Drucken eignet, ist sie mangelhaft nach § 434 I 2 Nr. 1.[65]

2) Mangelhaftigkeit bei Gefahrübergang

Der Mangel muß bei Gefahrübergang vorgelegen haben. Der maßgebliche Zeitpunkt ergibt sich aus §§ 446, 447, 474 II. Nach § 446 S. 1 kommt es regelmäßig auf die Übergabe der Sache an den Käufer an. Nach § 447 I kann der Zeitpunkt jedoch früher liegen. Diese Norm ist allerdings wegen § 474 II nicht anzuwenden, wenn ein Verbrauchsgüterkauf vorliegt. Der Verbrauchsgüterkauf wird in § 474 I als Verkauf einer beweglichen Sache von einem Unternehmer an einen Verbraucher definiert.
A muß also Verbraucher sein. Das ist nach § 13 eine natürliche Person, die ein Rechtsgeschäft zu einem Zweck abschließt, der außerhalb ihrer gewerblichen oder selbständigen beruflichen Tätigkeit liegt. A kauft die Kartuschen für seinen Privatgebrauch, er ist mithin Verbraucher.
Fraglich ist, ob S Unternehmerin ist. Nach § 14 ist Unternehmer eine natürliche oder juristische Person oder eine rechtsfähige Personengesellschaft, die bei Abschluß eines Rechtsgeschäfts in Ausübung ihrer gewerblichen oder selbständigen beruflichen Tätigkeit handelt. Als GmbH ist S eine juristische Person (§ 13 I GmbHG). Unter einer gewerblichen Tätigkeit versteht man eine planvolle, auf gewisse Dauer angelegte, selbständige wirtschaftliche Tätigkeit, die nach außen hervortritt.[66] S handelt als selbständiges Unternehmen im großen Stil mit Computerzubehör. Sie übt also eine gewerbliche Tätigkeit aus. Mithin ist S Unternehmerin.
Der Kaufvertrag zwischen A und S unterfällt demnach den Regeln über den Verbrauchsgüterkauf, und § 474 II findet Anwendung. Deshalb wird der Zeitpunkt des Gefahrübergangs nach § 447 I nicht vorverlagert. Der Zeitpunkt des Gefahrübergangs ist also derjenige, in dem die Kartuschen an A übergeben wurden, der 1.6.2004. Zu diesem Zeitpunkt war die erste Kartusche bereits mangelhaft[67].

---

[65] So im Ergebnis Palandt-*Putzo*, § 434 Rn: 20; *Lorenz/Riehm*, Neues Schuldrecht, Rn. 483; *Schlechtriem*, Schuldrecht Besonderer Teil, Rn. 39.
[66] MüKoBGB-*Micklitz*, § 14 Rn. 12.
[67] Sollte S das bestreiten, so steht A § 476 zur Seite. Danach wird grundsätzlich vermutet, daß der Mangel bereits bei Gefahrübergang vorhanden war, wenn er sich innerhalb von sechs Monaten ab Gefahrübergang zeigt.

3) Zwischenergebnis
Bei Gefahrübergang lag ein Sachmangel vor.

IV. Zwischenergebnis
Damit sind die Voraussetzungen der §§ 439 I, 437 Nr. 1, 434 I erfüllt.

V. Haftungsausschluß
Einem Nachlieferungsanspruch von A auf Lieferung einer mangelfreien Kartusche könnte jedoch Ziffer 7 b) der AGB entgegenstehen, da die dort angegebene Frist abgelaufen ist.[68] Fraglich ist, ob S sich auf diese Bestimmung in ihren AGB berufen kann. Nach § 305 II werden AGB nur Vertragsbestandteil, wenn genügend auf sie hingewiesen wird und der Vertragspartner die Möglichkeit hat, in zumutbarer Weise von ihrem Inhalt Kenntnis zu nehmen.

1) Vorliegen von AGB
Zunächst findet diese Regel nur Anwendung, wenn überhaupt AGB im Rechtssinne vorliegen. Nach § 305 I 1 sind AGB für eine Vielzahl von Fällen vorformulierte Vertragsbedingungen, die der Verwender der anderen Vertragspartei stellt. Der Haftungsausschluß auf der Internetseite von S ist einmal für alle Verkäufe im elektronischen Geschäftsverkehr von S formuliert. Es handelt sich mithin um AGB i.S.v. § 305 I 1.[69]

2) Einbeziehung in den Vertrag
AGB werden nur Bestandteil des Vertrags, wenn die Voraussetzungen des § 305 II erfüllt sind.

a) Einbeziehung durch Link
Es kommt darauf an, ob in ausreichender Weise auf die AGB hingewiesen worden ist, und der Kunde die Möglichkeit hat, in zumutbarer Weise von ihrem Inhalt Kenntnis zu nehmen. Man kann sich auf den Standpunkt stellen, es sei dafür nötig, die Internetseite so zu gestalten, daß der Kunde bei jedem Kauf durch die Vertragsbedingungen durchrollen und diese mit dem Knopf „Einverstanden" beantworten muß, bevor er etwas kaufen kann. Diese Methode wäre jedoch umständlich und abschreckend.[70] Wenn es im nicht elektronischen Handel nach § 305 II Nr. 1 Alt. 2 genügen kann, daß AGB im Laden ausgehängt werden, muß man diesen Maßstab beim elektronischen Handel in die Überlegungen einbeziehen. Auf der Internetseite der S befinden sich die Allgemeinen Geschäftsbedingungen unter dem Link mit dem Schriftzug „Allgemeine Geschäftsbedingungen". AGB können durch

---

[68] Die Frist ist am 15.6.2004 abgelaufen, § 188 II.
[69] Es besteht in Fällen wie dem vorliegenden ferner eine gesetzliche Vermutung dahin, daß die AGB vom Unternehmer gestellt sind (§ 310 III Nr. 1).
[70] Man muß davon ausgehen, daß umfangreiche vertragliche Bestimmungen auf Verbraucher regelmäßig abschreckend wirken.

einen Link in einen Vertrag einbezogen werden[71], der Verweis muß dann aber klar erkennbar sein.[72] Der Link sollte sich (auch) auf der Seite befinden, mit welcher der Käufer seine Bestellung endgültig absendet.[73] Eine Plazierung im Hauptmenü genügt nicht.[74] Das Einverständnis des Kunden ist i.d.R. als schlüssig erklärt anzunehmen, wenn auf die AGB deutlich hingewiesen worden ist und der Kunde die vom Verwender angebotene Leistung in Anspruch nimmt.[75]

b) Länge der AGB im elektronischen Geschäftsverkehr

Für AGB im Bildschirmtext ist vertreten worden, nur relativ kurze Texte dürften verwendet werden, oder die AGB dürften sogar nur aus wenigen Sätzen bestehen[76]. Dies wird teils auch für das Internet verlangt.[77] Im Internet kann man aber Seiten mit Vertragsbedingungen so gestalten, daß sie ohne weiteres bequem lesbar sind. Können sie (z.B. mangels eines Druckers) nicht ausgedruckt werden, so ist es doch möglich, sie abzuspeichern und später zu drucken. Es ist also kein Grund erkennbar, warum AGB im Internet kürzer sein müßten als sonst.[78]

c) Verwendung englischsprachiger AGB

Fraglich ist, ob englischsprachige AGB gegenüber einem deutschen Käufer genügen.[79] Aus deutscher Sicht mag es sinnvoll erscheinen, stets deutschsprachige AGB zu verlangen. Stellt man sich aber vor, daß andere Länder auch diesen Standpunkt einnehmen und auf ihrer Amtssprache bestehen, müßte jeder grenzüberschreitend handelnde Anbieter im Internet seine AGB in einer Vielzahl von Sprachen bereit halten. Es würde sich als enorm aufwendig erweisen, AGB in alle Sprachen übersetzen zu lassen und jede Änderung in allen Sprachen nachzuvollziehen.[80]
Man kann sich in dieser Frage auf verschiedene Standpunkte stellen.
So lautet ein Vorschlag, daß AGB in der Sprache verfügbar sein sollten, in der auch die restliche Seite gehalten ist. Wer sich ein englischsprachiges Angebot aussucht und ein englischsprachiges Formular ausfüllt, muß da-

---

[71] *LG Münster*, JZ 2000, 731; *Mehrings*, BB 1998, 2373, 2378.
[72] *Moritz*, CR 2000, 61, 64; Moritz/Dreier-*Holzbach/Süßenberger*, Teil C Rn. 275; Kröger/Gimmy-Thot/Gimmy, S. 14 f.
[73] Dies wird zwingend gefordert von *Redeker*, Praxis des IT-Rechts, Rn. 883.
[74] *Köhler/Arndt*, Recht des Internet, S. 85.
[75] Palandt-*Heinrichs*, § 305 Rn. 43; Ulmer/Brandner/Hensen-*Ulmer*, AGBG, § 2 Rn. 61.
[76] MüKoBGB-*Basedow*, § 305 Rn. 64; Palandt-*Heinrichs*, § 305 Rn. 38.
[77] *Redeker*, Praxis des IT-Rechts, Rn. 884.
[78] MüKoBGB-*Basedow*, § 305 Rn. 65; Moritz/Dreier-*Holzbach/Süßenberger*, C Rn. 280.
[79] Für die Verwendung fremdsprachiger AGB gegenüber deutschsprachigen Kunden gibt es einige Gründe. So mag etwa der Mutterkonzern der S Deutschland GmbH in den USA angesiedelt sein, während in Deutschland die Geschäfte jedoch der S GmbH, betrieben werden, von der auch die Internetseite stammt. Die AGB sind in Englisch gefaßt, weil man den Ursprungstext und dessen spätere Änderungen seitens der amerikanischen Muttergesellschaft nicht in 100 Sprachen übersetzen will und deshalb einfach übernommen hat.
[80] So die Argumentation bei MüKoBGB-*Basedow*, § 305 Rn. 66.

nach auch englischsprachige AGB gegen sich gelten lassen.[81] Ist das Angebot aber auf Deutsch formuliert, dann müssen auch die AGB auf Deutsch verfaßt sein. Man kann aber auch den Standpunkt einnehmen, daß englischsprachige AGB immer genügen.[82] Der erstgenannten Ansicht ist zu folgen. Wer Angebote wahrnimmt, die auf Englisch verfaßt sind, muß auch die englischen Vertragsbedingungen gegen sich gelten lassen. Wer aber Angebote wahrnimmt, die auf Deutsch verfaßt sind, braucht sich nicht an englischen AGB festhalten zu lassen.

d) Zwischenergebnis
Demnach genügen die englischen AGB in diesem Fall nicht dem Erfordernis des § 305 II Nr. 2. Sie sind nicht Vertragsbestandteil geworden.

3) Inhaltskontrolle der AGB
Wenn man englische AGB genügen läßt, ist eine zweiwöchige Verjährungsfrist aber jedenfalls nach § 309 Nr. 8 b) ff) unzulässig[83].

4) Zwischenergebnis
S kann sich nicht auf seine AGB (und damit eine Anspruchsverjährung) berufen, da sie nicht Vertragsbestandteil geworden sind.

VI. Rechtsfolge
A kann nach §§ 437 Nr. 1, 439 I Alt. 2 die Nachlieferung einer mangelfreien Kartusche verlangen.

B. Anspruch von A gegen S auf Lieferung der fehlenden Kartusche, §§ 439 I Alt. 2, 437 Nr. 1, 434 III Alt. 2
A kann einen Anspruch gegen S auf Lieferung der fehlenden Kartusche aus §§ 439 I Alt. 2, 437 Nr. 1, 434 III Alt. 2 haben. Er hat mit S einen Kaufvertrag über fünf Kartuschen abgeschlossen, aber nur vier erhalten.
Nach § 434 III Alt. 2 ist die Minder-Lieferung wie eine Schlechtlieferung nach Gewährleistungsrecht zu behandeln. Daher besteht nach §§ 437, 439 I Alt. 2 ein Nacherfüllungsanspruch.
Die AGB von S stehen dem nicht entgegen (s.o.).

A hat also einen Anspruch gegen S auf Lieferung der fehlenden Kartusche nach §§ 439 I Alt. 2, 437 Nr. 1, 434 III Alt. 2.

---

[81] MüKoBGB-*Basedow*, § 305 Rn. 66; *Koehler*, MMR 1998, 293 f.; Moritz/Dreier-Holzbach/Süßenberger, Teil C Rn. 282 ff.; in diese Richtung gehen auch die Ausführungen in BGHZ 87, 112, 114.
[82] *Moritz*, CR 2000, 61, 65 meint, daß die Einbeziehung von AGB jedenfalls nicht einfach daran scheitern soll, daß sie auf Englisch verfaßt sind. Ulmer/Brandner/Hensen-*Ulmer*, AGBG § 2 Rn. 51 will englischsprachige AGB genügen lassen, wenn es sich um kurze, leicht verständliche Texte handelt, und die Kenntnis der englischen Sprache in den entsprechenden Verbraucherkreisen erwartet werden kann.
[83] Ein so kurzes Hilfsgutachten dürfte ohne weiteres zulässig sein, auch wenn der Übungsleiter Hilfsgutachten skeptisch beurteilt.

C. Ansprüche wegen Beschädigung des Druckers
A verlangt von S Zahlung des Preises für einen neuen Drucker.

I. Vertragliche Ansprüche
Einen Anspruch hierauf kann A aus §§ 280 I, 241 II haben. Zwischen A und S besteht ein Kaufvertrag, §§ 433 ff., und damit ein Schuldverhältnis. Nach § 280 I kann A Schadenersatz verlangen, wenn S eine Pflicht aus diesem Schuldverhältnis verletzt hat, es sei denn, S hätte die Pflichtverletzung nicht zu vertreten.

1) Pflichtverletzung
Schadenersatz nach § 280 setzt die Verletzung einer Pflicht voraus. Es müßte also S eine Pflicht treffen, den Drucker des A nicht zu beschädigen[84]. Der Drucker ist unansehnlich geworden und schmiert beim Drucken, ist also nicht zu gebrauchen. Zwar kommt bei der Frage nach der Verletzung von Vertragspflichten das deliktsrechtlich sanktionierte Verbot, das Eigentum anderer zu schädigen, nicht unmittelbar in Betracht. Das Deliktsrecht knüpft an Pflichten an, die gegenüber jedermann gelten. Im Vertragsrecht können gegenüber dem Vertragspartner erhöhte Sorgfaltspflichten gelten.
daß aber generell in Schuldverhältnissen, also auch in Verträgen, eine Pflicht bestehen kann, auf Rechtsgüter des anderen Rücksicht zu nehmen, ist ausdrücklich in § 241 II festgelegt. Daraus ergibt sich, daß S die Pflicht hat, Eigentum des A zu achten und es nicht zu beschädigen.

Aus § 241 II folgt, daß S auf diejenigen Sachen des Käufers Rücksicht nehmen muß, die bestimmungsgemäß mit der Kartusche in Kontakt kommen und von einem Fehler der Kartusche mit großer Wahrscheinlichkeit betroffen werden; insbesondere trifft S eine Pflicht, Kartuschen so herzustellen, daß sie nicht den Drucker, in den sie eingesetzt werden, beschädigen oder gar zerstören. Diese Pflicht hat S verletzt.

2) Vertretenmüssen
Die Schadenersatzpflicht tritt nicht ein, wenn S die Pflichtverletzung nicht zu vertreten hat (§ 280 I 2). Ob S ein Verschulden trifft oder nicht, ist nicht ersichtlich. S muß beweisen, daß sie die Pflichtverletzung nicht zu vertreten hat, da das Vertretenmüssen vermutet wird[85].

3) Ergebnis
A hat Anspruch auf Ersatz des Druckers gegen S aus §§ 280 I, 241 II.

---

[84] Dies mag eine Selbstverständlichkeit scheinen; gleichwohl ist für eine gute Bearbeitung auch diese kurz – vorzugsweise aus dem Gesetz – herzuleiten.
[85] Bei der Fallbearbeitung ist darauf zu achten, daß die in der Konstruktion des § 280 I 2 angelegte gesetzliche Vermutung nur heranzuziehen ist, wenn eine Subsumtion mangels Informationen scheitert.

II. Anspruch aus unerlaubter Handlung

Außerdem kann A einen Anspruch auf Ersatz des beschädigten Druckers aus §§ 823 I, 31 nach den Grundsätzen der Produzentenhaftung für Fabrikationsfehler haben.[86]

An seinem Drucker hat A eine Eigentumsverletzung erlitten. Nach den Grundsätzen der Produzentenhaftung muß A darlegen und beweisen, daß die Kartusche einen Fehler gehabt und dieser Fehler bei ihm einen Schaden verursacht hat.[87] Will S der Haftung entgehen, muß sie beweisen, daß keinem ihrer verfassungsmäßig berufenen Vertreter (§ 31 ist auf die GmbH entsprechend anzuwenden)[88] eine Sorgfaltspflichtverletzung zur Last fällt.[89] Der Sachverhalt gibt zu wenig Anhaltspunkte, um eine Entscheidung im einzelnen zu begründen.

III. Anspruch aus § 1 I 1 Var. 4 ProdHaftG

Schließlich kann A einen Schadenersatzanspruch wegen des Druckers aus § 1 I 1 Var. 4 ProdHaftG haben.

1) Beschädigung einer Sache

Mit As Drucker ist eine Sache beschädigt worden. Wie sich aus § 1 I 2 ProdHaftG ergibt, kommt als beschädigte Sache nur eine andere Sache als das fehlerhafte Produkt selbst in Frage.

2) Fehlerhaftes Produkt

Die Kartuschen müssen fehlerhaft gewesen sein. Nach § 3 I b) ProdHaftG hat ein Produkt einen Fehler, wenn es nicht die Sicherheit bietet, die berechtigterweise erwartet werden kann, wenn man alle Umstände berücksichtigt, insbesondere den Gebrauch, mit dem billigerweise gerechnet werden kann. Diese Voraussetzungen sind bei einer Druckerpatrone, die bei Einlegen in den Drucker leckt, gegeben. Es liegt also ein fehlerhaftes Produkt vor.

3) Hersteller

S muß Herstellerin der Druckerpatrone sein. Dieser Begriff ist in § 4 ProdHaftG definiert. Danach ist S schon deshalb Herstellerin, weil sie ihren Namen auf der Kartusche angebracht hat (§ 4 I 2 ProdHaftG) und weil sie die Kartuschen vertreibt (§ 4 III 1 ProdHaftG).

4) Privat genutzte Sache

Gemäß § 1 I 2 ProdHaftG haftet S nur, wenn die beschädigte Sache ihrer Art nach gewöhnlich für den privaten Ge- oder Verbrauch bestimmt und hierzu vom Geschädigten hauptsächlich verwendet worden ist. Zu klären ist also zunächst, ob Drucker ihrer Art nach für den privaten Gebrauch bestimmt sind. Drucker werden sowohl gewerblich als auch privat genutzt.

---

[86] *Medicus*, BS, Rn. 93 ff., insbesondere Rn. 99 ff.
[87] Palandt-*Thomas*, § 823 Rn. 219.
[88] Palandt-*Heinrichs*, § 31 Rn. 3; *Köhler*, AT, § 21 Rn. 32.
[89] Palandt-*Thomas*, § 823 Rn. 219.

Fraglich ist aber, ob sie gewöhnlich für den privaten Gebrauch bestimmt sind. Güter, die ihrer Art nach sowohl für gewerbliche als auch für private Nutzung bestimmt sind, sollte man in den Schutzbereich des Produkthaftungsgesetzes einbeziehen. Zur Begründung wird angeführt, daß sich aus dem Wortlaut nicht ergebe, daß nur ausschließlich privat nutzbare Güter dem Schutzbereich unterfallen.[90] Zudem wäre eine andere Vorgehensweise auch nicht erträglich. Zu viele Gegenstände würden nämlich dann dem Anwendungsbereich dieses Verbraucherschutz-Gesetzes entzogen.[91] Der Drucker unterfällt also § 1 I 2 ProdHaftG.
Auch hat A den Drucker hauptsächlich privat verwendet.

5) Selbstbeteiligung
Nach § 1 ProdHaftG hat im Falle der Sachbeschädigung der Geschädigte bis 500,- € selbst zu tragen. Da der Schaden des A weniger als 500,- € beträgt, hat er keinen Schadenersatzanspruch gegen S aus § 1 I 1 ProdHaftG[92].

6) Zwischenergebnis
A hat gegen S keinen Ersatzanspruch aus § 1 I 1 Var. 4 ProdHaftG.

III. Zwischenergebnis
A hat gegen S einen Ersatzanspruch aus §§ 280 I, 241 II.

D. Gesamtergebnis
A hat Anspruch gegen S auf Nachlieferung einer intakten Kartusche aus §§ 439 I Alt. 2, 437 Nr. 1, 434 I 2 Nr. 1, auf Geldersatz für den beschädigten Drucker aus §§ 280 I, 241 II sowie auf Lieferung der fehlenden fünften Kartusche aus §§ 439 I Alt.2, 437 Nr. 1, 434 III Alt. 2.

---

[90] *Rolland*, ProdukthaftungsR, § 1 ProdHaftG Rn. 81; *Kullmann*, ProdHaftG, S. 38.
[91] *Rolland*, ProdukthaftungsR, § 1 ProdHaftG Rn. 81.
[92] Mit Blick auf dieses Ergebnis ist es in der Klausur zulässig, die Erörterung des Anspruchs aus dem ProdHaftG kurz zu fassen, etwa indem die Selbstbeteiligung zuerst erörtert wird, so daß die weiteren Tatbestandsmerkmale undiskutiert bleiben können.

Beispiele

D. Originalbearbeitungen zum Üben

Nachfolgend finden Sie Original-Entscheidungsvorschläge[1] aus gut und sehr gut bewerteten Prüfungsarbeiten, an denen Sie sich lernend und übend orientieren können.
Der Umfang des Texts ist teils deutlich größer als für eine zweistündige Bearbeitungszeit zu erwarten war; auch eine knappere Bearbeitung hätte für die volle Punktzahl genügt. Die zweistündigen Arbeiten enthalten in der Regel fünf Aufgaben des oben dargestellten Umfangs.
Vereinzelt finden sich inhaltliche Fehler; diese sind hier nicht gekennzeichnet. Vergleichen Sie deshalb die nachstehenden Bearbeitungen mit den obigen Bearbeitungsvorschlägen.
Gemessen an den Anforderungen, die an eine Prüfungsarbeit einer Studentin im Nebenfach zu stellen sind, sind die nachstehenden Ausarbeitungen auch stilistisch sehr gut gelungen. Rechtsstudenten werden gewiß noch Schwächen entdecken. Versuchen Sie einmal, den Text in reinen Gutachtenstil (oder reinen Urteilsstil) umzuarbeiten.

Aufgabe 4
D gegen T auf Ersatz von € 80.000 Umsatzrückgang
Vorausgesetzt D kann beweisen, daß der Umsatzrückgang auf der Abwertung von T beruht, könnte er sich auf § 823 I BGB berufen. Voraussetzungen sind:
a) Verletzung eines Rechtsguts wäre in diesem Zusammenhang die Verletzung eines „sonstigen Rechts" und zwar des „Rechts am Unternehmen". Dies bedeutet, daß T nachweislich eine falsche Aussage bezüglich der Qualität des Essens gemacht hätte, was hier der Fall ist (Essen exzellent). Die Aussage des T beruht nur auf der Verärgerung gegenüber der Bedienung, was rein subjektiv sein kann.
b) Rechtswidrigkeit: Der T verletzt dieses Rechtsgut rechtswidrig, da es keinen Rechtfertigungsgrund gibt. Rechtfertigungsgrund wären Notwehr, Nothilfe, welche hier nicht zutreffen.
c) Vertretenmüssen: Der T muß diese Abwertung und ihre Folgen vertreten nach § 276, da er vorsätzlich eine Abwertung und damit eine Falschaussage über das Essen getroffen hat.
d) Schaden: Hier ist ein Schaden in Form eines Umsatzrückgangs in Höhe von € 80.000,- eingetreten. Nach § 823 I ist der T zum Ersatz des entstandenen Schadens verpflichtet. Nach § 249 S.1 muß er den Zustand wiederherstellen, der bestehen würde, wenn der zum Ersatz verpflichtende Umstand nicht eingetreten wäre.

---

[1] Die Entscheidungsvorschläge sind teils auf dem Rechtsstand von 2001 – wo das rechtlich zu Veränderungen gegenüber der aktuellen Rechtslage führt, ist das oben beim jeweiligen Lösungsvorschlag gekennzeichnet.

Ergebnis: D kann gegenüber T einen Anspruch in Höhe von € 80.000,- aus § 823 I geltend machen.

Aufgabe 5
A) N gegen B auf Schadensersatz in Höhe von € 90,- aus § 823 I
N könnte Schadensersatz wegen unerlaubter Handlung geltendmachen:
a) Verletzung eines Rechtsguts: hier der Eingriff in das Eigentum des N, die Weide;
b) Rechtswidrigkeit: liegt hier vor, da es keinen Rechtfertigungsgrund für die Verletzung des Eigentums gibt:
c) Vertretenmüssen: Der B hat vorsätzlich seine Kühe auf die Weide des N getrieben - nach § 276 muß er das vertreten;
d) Schaden: demzufolge ist B schadensersatzpflichtig:
Ergebnis: N kann gegenüber B einen Schadensersatz in Höhe von € 90,- geltendmachen.

B) B gegen N auf Schadensersatz in Höhe von € 70,- aus § 823 I
analog zu A) kann auch B diesen Anspruch geltendmachen, nur mit dem Unterschied, daß N die Verletzung aufgrund von Fahrlässigkeit vertreten muß. Er hat seine Sorgfaltspflicht vernachlässigt, indem er nicht kontrolliert hat, ob der Zaun ordentlich steht und notfalls eine Ausbesserung vornehmen muß;
Ergebnis: Anspruch auf € 70,- ist gerechtfertigt.

C) N gegen B in Höhe von € 90,- aus § 812 I 1
N könnte hier noch eine ungerechtfertigte Bereicherung des B geltendmachen:
a) B hat etwas erlangt und zwar das Futter für seine Kühe durch die Weide von N.
b) B hat dies „in sonstiger Weise" erlangt, d.h. durch einen Eingriff; er hat seine Kühe auf die Weide des N getrieben; B hat dies „auf Kosten" des N erlangt, da das Gras dem N als Futter zugestanden hätte;
c) B hat dies zu vertreten nach § 276, da er vorsätzlich gehandelt hat.
d) Es ist ein Schaden entstanden in Höhe von € 90,-. Nach § 818 I ist B schadensersatzpflichtig, da er daraus einen Nutzen gezogen hat, § 100; er hat nämlich die Aufwendungen für sein Futter erspart.

D) B gegen N in Höhe von € 70,- aus § 812 I 1
Analog zu C) könnte auch B diesen Anspruch stellen, mit dem Unterschied, daß N nicht vorsätzlich, sondern nur fahrlässig gehandelt hat, indem er seinen Zaun nicht repariert hat.

E) B gegen N auf Aufrechnung der Forderungen; aus § 387
Dies setzt voraus, daß eine Aufrechnungslage besteht. Es bestehen zwei gegenseitige Forderungen. Die beiden Forderungen müssen gleichartig sein, was hier zutrifft, da beide Geldforderungen sind. Kritisch ist die Frage

der Höhe der Forderungen. Es wird davon ausgegangen, daß die Höhe nachweisbar und begründbar ist (beide, B und N, legen Rechnungen vor für besorgte Futtermittel).
Die Aufrechnung verstößt auch nicht gegen ein Verbot, weder ein gesetzliches noch ein vertragliches. Beide Forderungen sind nach § 271 I sofort fällig.
B müßte nur eine Aufrechnungserklärung nach § 388 gegenüber N geltendmachen.

Zusätzlich, da beide Anforderungen gerechtfertigt sind, kann N weiterhin noch € 20,- von B verlangen nach §§ 823 und 812 I 1.

Aufgabe 6
H gegen J auf Erfüllung, d.h. Verkauf der Lokomotive aus § 433 und § 929
Voraussetzung hierfür wäre, daß ein wirksamer Kaufertrag zustandegekommen wäre, d.h. es müssen zwei übereinstimmend gegenseitige Willenserklärungen abgegeben worden sein.
a) J schreibt am 4.12. an K und bietet ihm die Lokomotive zum Kauf an für € 650,-. Nach § 130 ist diese WE wirksam, da sie ihm zugegangen ist. Gleichzeitig hat J aber seinen Antrag befristet auf den 10.12.96;
b) H möchte dieses Angebot annehmen, vergißt aber, die Bestätigung zu faxen. Er läßt daraufhin die Annahme in den Briefkasten des V einwerfen, jedoch am 10.12. abends, nach Geschäftsschluß. Nach § 147 konnte H nicht erwarten, daß V an diesem Abend noch den Briefkasten leert! Da J das Angebot nach § 148 befristet hat und die Annahme des Angebots nicht rechtzeitig erfolgt ist, ist kein wirksamer Vertrag zustandegekommen.
H hat keinen Anspruch an J, da kein wirksamer Vertrag zustandegekommen ist.

Aufgabe 7
a) M gegen F auf Herausgabe der restlichen Briefmarken nach § 985
Nach § 106 ist M beschränkt geschäftsfähig, d.h. nach §§ 107, 108 kann er nur mit Einwilligung oder Genehmigung der Eltern eine WE abgeben.
Verlangt er die Herausgabe nach § 985, muß er noch Eigentümer der Marken sein.
a) Anfänglich war er Eigentümer.
b) Da weder die Einwilligung (§ 183) noch die Genehmigung (§ 184) der Eltern zu dem Kaufvertrag nach § 433 vorliegt, ist der Kaufvertrag unwirksam; unwesentlich ist daher, daß M durch den Verkauf der Marken über Marktwert einen wirtschaftlichen Vorteil hätte; maßgeblich ist nur, daß M auch einen rechtlichen Nachteil hat (§ 107); er braucht die Zustimmung der Eltern.
c) Somit ist auch die Übereignung der Marken nach § 929 I unwirksam, da auch hier der M einen rechtlichen Nachteil hat.
M ist noch Eigentümer der Briefmarken. Er hat gegen F einen Anspruch nach § 985 auf Herausgabe der noch vorhandenen Briefmarken; F ist Besitzer nach § 854, hat aber nach § 986 kein Recht zum Besitz.

b) 1) M gegen F auf Herausgabe des Gelds für die verkauften Briefmarken nach § 985
Frage ist, ob M noch Eigentümer der bereits von M verkauften Briefmarken ist. Eigentlich wäre M noch Eigentümer, aber D hat das Eigentum von M erworben durch einen Kaufvertrag nach § 433 und die Erfüllung nach §§ 929, 932. D konnte nicht wissen, daß F kein Eigentümer ist und hat im guten Glauben gehandelt.
M hat das Eigentum an den verkauften Marken verloren; kein Anspruch nach § 985.

2) aber M gegen F auf Herausgabe von Erlös aus Kaufvertrag H/D nach § 812 I
Voraussetzung: F hat etwas erlangt; hier zunächst den Besitz an den Briefmarken und dann den Erlös aus dem Kaufvertrag mit D. Er hat es durch Leistung erlangt, da M ihm die Sachen übergeben hat, d.h. den Besitz. Er hat es auch ohne rechtlichen Grund erlangt, da der Kaufvertrag mit M sich im nachhinein als unwirksam herausgestellt hat.
Da die Briefmarken nach § 818 II nicht mehr herausgeben kann (wirksamer Kaufvertrag mit D), ist er zum Wertersatz verpflichtet, allerdings nur zum Ersatz des objektiven Wertes, d.h. € 100,- Marktwert.

3) M gegen F auf Herausgabe des Erlöses nach § 816
Da der Kaufvertrag zwischen M und F unwirksam ist, ist die Verfügung des F über die Briefmarken nicht berechtigt gewesen.
Eine Verfügung ist der Eingriff in das Eigentum des M, das durch § 932 verlorengeht; dies geschieht auf Kosten des M.
Gegenüber D ist die Verfügung wirksam, da er gutgläubig erworben hat.
M kann jetzt von F das durch die Verfügung Erlangte herausfordern, d.h. den Erlös in Höhe von € 200,-.

C) 1) F gegen M auf Herausgabe von € 500,- aus § 985
Voraussetzung wäre, daß F noch Eigentümer ist; jedoch ist hier die Übereignung des Gelds wirksam, da M daraus nur einen rechtlichen Vorteil hat; F ist nicht mehr Eigentümer, hat also keinen Anspruch nach § 985.

2) F gegen M auf Herausgabe nach § 812 I
M hat etwas erlangt: hier € 500,-.
Er hat es auch durch eine Leistung - die wirksame Übereignung des F - erlangt; er hat es aber ohne rechtlichen Grund erlangt, da der Kaufvertrag unwirksam ist.
M wäre zur Herausgabe verpflichtet, jedoch entfällt die Herausgabe nach § 818 III, da M nicht mehr bereichert ist; er hat den Erlös gespendet, was er sonst nicht hätte tun können.
F hat keinen Anspruch gegen M.

Vorausgesetzt wird, daß die Eltern mit der Spende des M einverstanden sind.

Aufgabe 8
<u>a) T gegen F auf Zahlung des Kaufpreises</u>
T hat mit O einen wirksamen Kaufvertrag nach § 433 geschlossen und eine Schickschuld für Leistungserfüllung vereinbart; dieser Schickschuld ist er nachgekommen, indem er die Skizze ordnungsgemäß verpackt und der Post übergeben hat. Er hat seinen Teil des Kaufvertrags erfüllt. Er hat das seinerseits Erforderliche getan und somit nach § 243 aus der Gattungsschuld eine Stückschuld gemacht. Durch die Zerstörung der Skizze wird die Übergabe an F nachträglich unmöglich, jedoch hat T dies nicht zu vertreten. Nach § 275 wird er von der Leistung befreit. Da weder T noch F die nachträgliche Unmöglichkeit zu vertreten haben, würde F auch von der Gegenleistung nach § 323 frei werden. Eine Ausnahme ist jedoch der hier vorliegende Versendungskauf nach § 447; T hat an F versandt - auf dessen Verlangen, d.h. er hat an die Post übergeben; damit geht die Gefahr des Untergangs auf F über.
Der Anspruch auf Zahlung des Kaufpreises bleibt bestehen; F kann sich nur sein Geld von der Post zurückholen, muß aber an T € 1.650,- zahlen.

b) Es ändert sich nichts, da aus der Gattungsschuld nach § 243 schon eine Stückschuld geworden ist (Konkretisierung). T hat das „seinerseits Erforderliche" getan; F kann sich also nicht auf dieses Kriterium berufen!

Aufgabe 10
<u>a) G gegen B auf Zahlung des Kaufpreises</u>
G könnte dies verlangen, wenn B eine selbstschuldnerische Bürgschaft nach §§ 765, 773 eingegangen wäre.
Wesentlich hier ist jedoch das Formerfordernis einer Bürgschaft nach § 766: Es ist eine schriftliche Bürgschaftserklärung erforderlich, jedoch gibt B die Erklärung nur mündlich ab. Nach § 125 ist die Bürgschaftserklärung nach § 765 nichtig.
G kann von B überhaupt keine Zahlung verlangen.

b) Da B für S bezahlt, wird der Formmangel nach § 125 geheilt. Der Bürgschaftsvertrag nach § 765 zwischen B und S ist also rechtskräftig. Nach § 774 kann jetzt B von S € 8.000,- verlangen.

Aufgabe 11
a) L schließt mit C einen gültigen Kaufvertrag nach § 433 und vereinbart mit ihm Lieferung unter Eigentumsvorbehalt nach § 455, 158. Da dem L klar sein muß, daß C den Rohstahl weiterverarbeiten wird, wird er eine <u>„Verarbeitungsklausel"</u> in den Eigentumsvorbehalt einbeziehen; ansonsten würde er das Eigentum nach § 950 durch Verarbeitung verlieren.

Beispiele

Durch die Forderungsabtretung nach § 398 ergibt sich ein „verlängerter Eigentumsvorbehalt mit Verarbeitungsklausel".
Durch den Kaufvertrag zwischen K und C wird die Forderung bestimmt.
L könnte durch die rechtmäßige Forderungsabtretung von K die Zahlung verlangen; zahlt K an L € 250.000,-. so ist jedoch L verpflichtet, den Differenzbetrag von € 25.000,- an C zu übergeben, da mit € 225.000,- seine Forderung schon beglichen ist.
(Die Sicherungsabtretung eines höheren Betrags ist hier noch nicht sittenwidrig, da Forderung und Abtretung in angemessenem Verhältnis stehen.)

b) Da durch Zahlung des K an L die Forderung des L an T beglichen ist, hat L keinen weiteren Anspruch mehr an T. Mit Zahlung der € 225.000,- ist das Eigentum an den Rohren automatisch auf T übergegangen.

Aufgabe 30
a)   M möchte von V nach § 812 I S.1 BGB Rückzahlung von € 450 erhalten.
Voraussetzung dafür ist, daß V etwas von M auf dessen Kosten ohne rechtlichen Grund erhalten hat. V hat von M € 450 erhalten. Fraglich ist, ob dies ohne rechtlichen Grund war. Rechtlicher Grund wäre hier die Pflicht des M aus § 535 II BGB, den Mietzins zu zahlen. Dieser rechtliche Grund bestand zunächst einmal, könnte jedoch weggefallen sein bzw. wegfallen, wenn sich M entsprechend erklärt. Dann würde nach § 812 I S.2 BGB auch der rechtliche Grund wegfallen und die Rechtsfolge aus § 812 I S.2 BGB eintreten.
Der Wegfall des rechtlichen Grunds würde eintreten, wenn M vom Vertrag zurücktreten kann. Nach § 325 I BGB könnte M vom Vertrag zurücktreten, wenn der V nicht leisten könnte und dieses zu vertreten hätte. V kann hier nicht leisten, diese Unmöglichkeit ist objektiv und nachträglich eingetreten. Fraglich ist, ob V diese zu vertreten hat. Ein Vertretenmüssen richtet sich nach § 276 BGB, bei Vorsatz oder Fahrlässigkeit. V hat hier wohl fahrlässig gehandelt, da er den Wagen nicht ausreichend gegen Diebstahl gesichert hat. Die im Verkehr erforderliche Sorgfalt gebietet es, daß man Gegenstände, die man für einen späteren Zeitpunkt vermietet, zumindest mit üblichem Schutz gegen Diebstahl hinterläßt. Dies hat V nicht getan und damit schuldhaft gehandelt.

Ergebnis: M kann von V die Rückzahlung der E 450 nach § 812 I 1 BGB verlangen, wenn er gemäß § 325 I BGB vom Mietvertrag zurücktritt.

b) Nach § 325 I Alt.1 BGB kann M von V auch Schadensersatz wegen Nichterfüllung verlangen.
Dies wird er jedoch nur tun, wenn er den Schaden konkret beziffern kann und dieser höher ist als der Mietpreis. Dies wäre beispielsweise dann der Fall, wenn er für € 500 ein vergleichbares Ersatzauto mietet.

Aufgabe 31

a) S möchte von F die Übereignung der Uhr nach § 433 I BGB.
Voraussetzung dafür ist, daß ein gültiger Kaufvertrag vorliegt. Dieser wird durch zwei übereinstimmende Willenserklärungen begründet.
Der S hat erklärt, die Uhr zu verkaufen und der für den Verkauf zuständige R hat erklärt, daß die Uhr noch zu haben sei. Damit hat er auch den Willen kund getan, die Uhr zu verkaufen. Es liegen zwei übereinstimmende Willenserklärungen vor. Der F war gemäß § 164 ff. BGB durch den R ordnungsgemäß und nicht streitig vertreten.
Allerdings könnte R gegebenenfalls die Willenserklärung nach § 119 I BGB anfechten. Er hätte dafür im Irrtum über den Inhalt der Willenserklärung sein müssen. Dies war jedoch nicht der Fall, da R genau wußte, diese Uhr zu diesem Preis zu verkaufen. Alternativ könnte er anfechten, wenn er eine Erklärung dieses Inhaltes gar nicht abgeben wollte. R wollte jedoch die Erklärung abgeben. R kann nicht nach § 119 I BGB anfechten.
Auch auf § 306 BGB kann sich R nicht berufen. Der Vertrag wird nicht nichtig, da F noch leisten kann, weil die Uhr noch da ist. Eine Unmöglichkeit liegt nicht vor.
(Anders wäre dies, wenn die Uhr der P schon übereignet worden wäre, jedoch zum Beispiel als Leihgabe noch bei F im Schaufenster liegen würde.)
Ergebnis: S kann von F aus § 433 I BGB die Herausgabe und Übereignung der Uhr verlangen.

b) P will von F Schadensersatz nach § 325 I BGB in Höhe von € 780.
Voraussetzung für einen Schadensersatz nach § 325 BGB ist unter anderem ein Kaufvertrag zwischen F und P. Dieser ist unstreitig.
Die Leistung des F muß als bei § 325 I BGB nachträglich unmöglich geworden sein. Dies ist hier durch die Übereignung an den S entstanden. Damit kann F nicht mehr leisten. Da es ein Einzelstück zu sein scheint, liegt hier Stückschuld vor.
Fraglich wäre noch das Verschulden des F. F bzw. R müßten fahrlässig gehandelt haben, das heißt, die im Verkehr erforderliche Sorgfalt außer Acht gelassen zu haben. Wenn R sorgfältig gewesen wäre, hätte er erst geschaut, ob die Uhr schon verkauft sei, bevor er einen Vertrag darüber mit S gemacht hätte.
Da R fahrlässig dem S die Uhr verkauft hat und sich F dessen Verhalten nach § 278 BGB voll zurechnen lassen muß, liegt hier Verschulden entsprechend § 325 I BGB vor.
F muß deshalb nach § 325 I BGB, § 249 BGB P so stellen, als wenn die Uhr nicht an S gegangen wäre. Diese hat Anspruch auf Die Zahlung von Schadensersatz in Höhe von € 780.

Aufgabe 48 (nur Teil a))

M will von G Schadensersatz (Zahlung der 520 €) aus § 280 I/ § 286.
Damit M von G Schadensersatz fordern kann, müssen folgende Kriterien erfüllt sein:

Zum einen muß ein Schuldverhältnis zwischen M und G bestehen. Dies ist der Fall, da ein Werkvertrag gem. § 631 abgeschlossen wurde. Des weiteren muß G eine Pflicht gehabt haben, die hier die Reparatur des Wagens bis zum 11.06. darstellt. Außerdem muß diese Pflicht verletzt sein. Auch das kann bestätigt werden, da er in Verzug gerät, was bedeutet, daß er nicht leisten kann trotz Fälligkeit. Nun müßte M ihm gem. § 286 I mahnen. Eine Mahnung ist eine klare und bestimmte Leistungsaufforderung, die erst ab oder nach Fälligkeit getätigt werden kann. Aber nach § 286 II muß er dies nicht tun, da eine Zeit nach dem Kalender bestimmt war. Also liegt hier eine Pflichtverletzung vor.
Des weiteren muß er diese auch vertreten, da er gem. § 276 II die im Verkehr erforderliche Sorgfalt außer Acht gelassen hat und somit fahrlässig handelt.
Er hätte so als Fachkundiger erkennen müssen, daß es nicht das richtige, sondern ein ähnliches Ersatzteil war.
Als letzter Punkt muß M einen Schaden erlitten haben. Dies ist der Fall, da er einen Leihwagen zahlen muß in Höhe von 320 €.
Da hier alle Kriterien des § 280 I und § 286 erfüllt sind, kann M von G Schadensersatz in Höhe von 520 € verlangen.

Aufgabe 64
Kann Z € 350,- von D verlangen nach § 823?
D muß von Z ein Rechtsgut verletzt haben. Da der Hund S nach § 90a keine Sache ist, aber rechtlich so behandelt wird, hat D das Eigentum von Z beschädigt. Durch die Verletzung ist der Hund beeinträchtigt, so daß Z nicht wie gewohnt mit ihm umgehen kann. Ob diese Verletzung allerdings rechtswidrig war, ist die nächste Frage. Zwar hat Z nicht eingewilligt, aber es „riecht" nach dem Rechtfertigungsgrund Notstand (§ 228). Er beschädigte eine fremde Sache von der eine Gefahr für ihn drohte, hätte er den Hund nicht verletzt, hätte der S den D unter Umständen verletzen können, sogar erheblich. Erforderlich war dies schon, da das Weglaufen wenig genutzt hat, wie beschrieben wurde. Im Verhältnis stand die Tat ebenfalls, da in diesem Fall ein Menschenleben auf dem Spiel stand und er nur dieses Tier erlegt / verletzt hat. Im Allgemeinen kann man nun behaupten, daß ein Menschenleben nicht mehr wert ist, als ein Hundeleben. Demnach erfolgte die Handlung rechtswidrig, so daß Z kein Schadensersatz zusteht.

Kann A von D Ersatz für den Schirm verlangen nach § 904?
Der Schirm wurde wie oben geschildert benutzt, um als Waffe zur Notwehr zu dienen. A hätte dies nicht verweigern dürfen (§ 904 I). Allerdings darf sie nach § 904 II Schadensersatz verlangen. Demnach stehen ihr nach § 904 II € 45,- für den zerstörten Schirm zu.

Aufgabe 69
Zwischen K und L ist ein Kaufvertrag gemäß § 433 BGB geschlossen. Dieser verpflichtet K zur Zahlung des Kaufpreises sowie L, die Kaufsache dem

K frei von Sach- und Rechtsmängeln zu verschaffen. Die Zahlung des Kaufpreises ist erfolgt. Nach § 434 I 1 BGB ist die Sache frei von Sachmängeln, wenn sie bei Gefahrenübergang die vereinbarte Beschaffenheit hat. K hat dem L durch Vorlage einer Liste der von den Hunden zu entdeckenden Sprengstoffe die geforderte Eignung dargelegt. Durch die daraufhin erfolgte Auswahl durch L von Hunden aus seinem Bestand konnte K davon ausgehen, daß die ausgewählten Hunde die erforderliche Eignung besitzen. Diese ist das Hauptmerkmal der beschafften Hunde. Es ist anzunehmen, daß der Mangel der Eignung bereits bei Gefahrenübergang vorgelegen hat, denn die Hunde werden die Eignung nicht von einem auf den anderen Tag verloren haben. Somit kommt als Anspruchsgrundlage der § 437 BGB zum Tragen, da die Sache mangelhaft war.

§ 437 BGB verlangt, daß der Käufer zuallererst Nacherfüllung gemäß § 439 BGB verlangen kann, hierfür ist eine angemessene Frist zu setzen. Die vom Verkäufer vorgeschlagene Nacherfüllung durch halbjähriges Nachtrainieren erscheint unzumutbar (§ 440 I BGB), denn die Hunde werden aus Gründen des Terrorismusschutzes kurzfristig benötigt. Die in § 435 BGB ebenfalls vorgesehene Lieferung einer mangelfreien Sache scheitert an der Konkretisierung der namentlich genannten Hunde.

Da Nacherfüllung insoweit nicht möglich ist, kann der Käufer gemäß § 437 BGB unter 2. von dem Vertrag zurücktreten (nach § 323 BGB). Auch aus § 323 II 3 BGB geht hervor, daß der sofortige Rücktritt gerechtfertigt ist. Durch den Vertragsrücktritt nach § 323 II BGB entfällt der Rechtsgrund für die Zahlung. Damit ist der Verkäufer gemäß § 812 BGB ungerechtfertigt bereichert, da er den Kaufpreis durch die Leistung (gemachte Zahlung, Vermögensmehrung) ohne rechtlichen Grund erlangt hat.

K kann den bereits gezahlten Kaufpreis gemäß § 812 I 1 BGB zurückverlangen. Ferner sieht § 346 I BGB vor, daß empfangene Leistungen im Fall eines gesetzlich zustehenden Rücktrittsrechts (bereits erörtert) zurückzugewähren sind. Dazu muß der Rücktritt jedoch gemäß § 349 BGB dem anderen Teil gegenüber erklärt werden.

Aufgabe 70

a) D könnte Ansprüche gegen M aufgrund des § 823 I BGB haben.
Die Voraussetzungen für die unerlaubte Handlung der M:
1. Vertreten müssen (Vorsatz oder Fahrlässigkeit) liegt vor, denn es ist fahrlässig, im Straßenverkehr sich soweit ablenken zu lassen, daß eine rote Ampel übersehen werden kann.
2. Rechtsgutverletzung liegt vor, denn die Gesundheit des D ist beeinträchtigt (erheblich), durch den Fußbruch.
3. Da D mit der Rechtsgutverletzung nicht einverstanden war, erfolgte dies widerrechtlich.
4. Ein Schaden ist entstanden in Höhe von Heilungskosten (€ 8.600,-) sowie Schmerzensgeld, zulässig nach § 253 II BGB (€ 4.500,-).
Da alle Voraussetzungen erfüllt sind, hat D gemäß § 823 I BGB Anspruch auf Schadensersatz in Höhe von € 13.100,-.

b) E müßte ihre Ansprüche ebenfalls aus dem § 823 I BGB herleiten. Jedoch ist die Rechtsgutverletzung der E durch die M nicht erkennbar (der bloße alleinige Vermögensschaden stellt keine durch § 823 BGB geschützte Rechtsgutverletzung dar). Es ist keine unerlaubte Handlung der M gegen die E erkennbar. E hat keine Ansprüche gegen M.

Aufgabe 71
Kann F € 400,- Schadensersatz von W nach § 280 I, II verlangen?
Voraussetzung hierfür ist, daß ein Schuldverhältnis vorliegt; dies könnte hier ein Kaufvertrag im Sinne von § 433 sein. Es wurde telefonisch vereinbart, daß das Rad für € 350,- von W an F verkauft werden soll. Nach § 145 wurde von W ein Antrag gemacht, den F fristgerecht sofort annahm. Es liegen also zwei übereinstimmende Willenserklärungen vor. Man einigte sich über Sache und Preis. Ein Vertrag und somit ein Schuldverhältnis liegen vor. Allerdings liegt hier eine Unmöglichkeit der Übereignung vor, da das Fahrrad gestohlen wurde, § 275 I. Da das Fahrrad allerdings vor Abschluß des Kaufvertrages gestohlen wurde, liegt eine Unmöglichkeit nach § 311a vor. W wußte zwar nichts davon, es ist ihr aber zuzutrauen und auch zuzumuten, daß sie sich vorher vergewissert, daß das Rad noch da ist (§ 276 II erfüllt). Durch die Unmöglichkeit bei Vertragsabschluß besteht der Vertrag weiter. Das hat zur Folge, daß ein Anspruch auf Schadensersatz besteht, obwohl nach § 275 I das Rad nicht mehr übergeben werden braucht und im Gegenzug F nach § 326 I den Kaufbetrag nicht mehr zu zahlen hat.
Eine Pflicht aus dem Schuldverhältnis wurde verletzt, da die Sache nicht mehr übergeben werden kann, wozu sie nach § 433 I verpflichtet war. Ein Verschulden nach § 280 II wird vermutet, bis W das Gegenteil nachweist. Meines Erachtens kann sie dies wie oben geschildert nicht tun. Daraus ergibt sich, daß F an W Schadensersatzansprüche stellen kann. Es ist allerdings fraglich, ob sie denn € 400,- verlangen kann. Da F bei W für das Rad € 350,- gezahlt hatte, und bei jemand anderem € 400,-, ist ihr effektiv nur ein Schaden von € 50,- entstanden. Nach § 249 steht ihr dieser Betrag auch zu. Daraus ergibt sich, daß F von W den Betrag von € 50,- verlangen kann.

Aufgabe 72
Eine Verpflichtung zur Lieferung der richtigen Kartusche (§ 433 I) zum Preis von € 79,- wäre nur möglich, wenn ein so lautender Kaufvertrag geschlossen wurde.
Das Angebot im Internet stellt noch kein Angebot/Antrag im Sinne von § 145 dar. Es ist vielmehr nur eine Aufforderung zur Abgabe eines Angebots (invitatio ad offerendum). Da die Anpreisung offensichtlich ein Irrtum ist, der im Moment der Angebotsabgabe von K nicht bekannt ist, gibt er nach dem objektiven Empfängerhorizont (§§ 133, 157) ein Angebot von dieser bestimmten Sache zu € 79,- ab. Dieses Angebot geht nach § 130 dem V zu, was durch die E-Mail bestätigt wird. Der objektive Empfängerhorizont des V „nimmt an", daß ihm ein Angebot für eine andere Kartusche zu € 79,- vor-

liegt *(gemäß richtiger Preisliste). Dieses Angebot wird angenommen, indem er die Kartusche zuschickt. Der vermeintliche Fehler wird von K angesprochen und reklamiert. Diese abgeänderte Sendung gilt nach § 150 II als neuer Antrag, welcher K nach § 130 zugegangen ist. Da er offenkundig diesem Angebot nicht zustimmt und V auch nicht bereit ist, die Kartusche zu einem Preis von € 79,- zu verkaufen, liegen keine zwei übereinstimmenden Willenserklärungen vor. Man einigte sich nicht über Sache und Preis, es ist also kein Kaufvertrag zustande gekommen, so daß V nicht verpflichtet werden kann, diese Kartusche zu liefern.*

Und ganz zum Schluß finden Sie – ungeachtet aller didaktischen Bedenken – ein Beispiel für eine **mißglückte Bearbeitung**:
Aufgabe 63
Der Autoverleiher Lamm (L) will von Schaf (S), der sich ein Auto bei L geliehen hat, Schadensersatz von S für die Abschlepp-, Abpump- und Reinigungskosten, die S verursacht hat, indem er den falschen Kraftstoff getankt hat. Anspruchsgrundlage ist hier der § 823 BGB. S hat das Eigentum von L fahrlässig verletzt und ist ihm daher schadenersatzpflichtig (§ 249).

- Das ist insgesamt zu kurz (mit Blick auf gut 20 Minuten Bearbeitungszeit)
- Die Bearbeitung besteht zum größten Teil aus einer Nacherzählung des Sachverhalts; die Bearbeitung selbst ist letztendlich nur zwei knappe Sätze lang.
- § 823 ist ungenau zitiert (besser: § 823 I BGB)
- Die Bearbeitung ist im kürzestmöglichen Urteilsstil gehalten, es findet sich keine auch nur ansatzweise Begründung. Insbesondere hätte festgehalten werden sollen, welches Verhalten zur Verletzung des Eigentums führt (und dann als Anknüpfungspunkt für den Fahrlässigkeitsvorwurf dient.
- Es fehlt eine Aussage zur Rechtswidrigkeit.
- Man findet keine auch nur ansatzweise Erklärung, worin die Fahrlässigkeit liegt.
- Welche Rolle § 249 BGB spielt, wird nicht klar.
- Eine Vertragsverletzung als vorrangigen Anknüpfungspunkt für einen Schadensersatzanspruch hat der Bearbeiter nicht gesehen.
- Die Bearbeitung wurde mit einem von fünf möglichen Punkten bewertet (gnadenhalber).

E. Verzeichnisse

Um wenigstens annäherungsweise die Zuordnung der Aufgaben zu einzelnen Problemen oder Problemkreisen zu ermöglichen und damit eine gezielte Prüfungsvorbereitung zu erleichtern, folgen hier ein Normen- und ein Stichwortverzeichnis. (Auf Problemstichworte vor der Aufgabe oder dem Bearbeitungsvorschlag haben wir verzichtet, um den Benutzerinnen kein Vorverständnis der jeweiligen Aufgabe mitzugeben.)
Die angegebenen **Zahlen** beziehen sich auf die **Aufgaben**.
Letztmals die Warnung: An den angegebenen Fundstellen findet man nicht alles, was man zum Lernen braucht, sondern nur die Passagen, in denen das betreffende Problem in der Fallbearbeitung angesprochen wird.

I. Register der zitierten Normen

§ 31 83
§ 89 83
§ 90a S.1 64
§ 90a S.3 64
§ 106 .... 7, 12, 38, 57
§ 107 .... 7, 12, 38, 57
§ 108 .... 7, 12, 38, 57
§ 108 I 7, 12, 38
§ 110 .... 12, 38
§ 117 I 54
§ 117 II 54
§ 119 I 14, 18, 27, 47, 52, 68, 81
§ 119 I Fall 2 18
§ 119 II 27, 52, 68, 81
§ 121 .... 18, 27, 47, 52, 81
§ 122 .... 18, 45, 47, 52, 81
§ 122 I 18, 52, 81
§ 122 II 18, 52, 81
§ 125 S.1 .... 10, 54, 58
§ 130 I 1 .... 6, 68
§ 130 I 2 68
§ 133   6, 18, 27, 28, 41, 46, 47, 50, 51, 52, 57,
    68, 72, 81
§ 138 I 11, 23
§ 138 II 67
§ 139 .... 34, 67
§ 14 .... 24, 26
§ 142 I .... 18, , 27, 47, 52, 62, 68, 81
§ 143 I 18, 27, 47, 52, 81
§ 145 .... 6, 81
§ 147 I 1 28
§ 147 II 68
§ 148 .... 6, 68
§ 150 I 6, 28
§ 150 II 28, 50
§ 151 72
§ 154 72
§ 157 ..... 6, 18, 27, 28, 41, 46, 47, 50, 51, 52, 57,
    68, 72, 81
§ 158 I 21, 33, 35, 53, 66
§ 164 .... 13, 43, 45, 46, 47, 62, 81
§ 166 I 47
§ 168 S. 1 13
§ 177 I 13
§ 179 I 13, 43
§ 183 .... 7, 12, 38, 57
§ 184 .... 7, 40, 57
§ 185 .... 7, 33, 40, 53, 62

§ 188 I 6
§ 195 .... 20, 32
§ 199 I 20, 32
§ 199 I Nr. 2 20
§ 238 .... 7, 12, 38
§ 214 I 20, 32
§ 227 I 64
§ 228 64
§ 229 64
§ 241 a I 25
§ 241 II 32, 34, 36, 55, 59, 60, 61, 63
§ 242 83
§ 243 II 8, 35
§ 249 .... 3, 36, 56, 61, 70, 83
§ 249 S.1 .... 3, 36, 70
§ 252 .... 3, 4, 17, 36, 74
§ 253 II 17, 13, 14, 20, 32, 34, 56, 61, 70, 83
§ 254 .... 3, 55, 83
§ 271 .... 19, 21, 35, 48, 59
§ 275 .... 8, 35, 37, 39, 50, 56, 59, 62, 71
§ 275 I 8, 35, 39, 50, 59, 62, 71
§ 276 I 34, 39, 70
§ 276 II.... 2, 3, 8, 9, 14, 20, 32, 34, 36, 44, 45, 48,
    55, 56, 61, 62, 63, 71, 83
§ 278 .... 2, 6, 8, 9, 14, 20, 32, 37, 45, 56, 61, 62
§ 278 Alt.2 2
§ 278 Fall 2 .... 8, 14, 20, 32, 45, 56
§ 280 74
§ 280 I.... 1, 2, 6, 9, 14, 16, 19, 20, 32, 34, 36, 37,
    45, 48, 50, 55, 56, 59, 60, 61, 62, 63
§ 280 I 2 .... 37, 59
§ 280 II 19
§ 280 III 59, 60
§ 280, §°283 56
§ 281 .... 48, 59
§ 281 I 1 48
§ 281 II 48
§ 282 .... 9, 32, 60
§ 283 .... 6, 37, 62
§ 284 50
§ 286 I 19, 48
§ 286 II Nr. 1 19
§ 286 IV 19, 48
§ 306 II 34
§ 307 34
§ 309 Nr. 7 a) 34
§ 309 Nr. 7 b) 34
§ 311 b 54

§ 311 I	32
§ 311 II	32, 36, 55, 61, 74
§ 311a	50, 58, 71
§ 311b I	58
§ 313	27
§ 321	27
§ 323 I	1, 16, 19, 21, 35, 48, 65, 69, 75
§ 323 II	1, 16, 19, 21, 35, 48, 65, 69
§ 323 II Nr. 1	21, 75
§ 323 II Nr. 2	21
§ 323 V 2	132
§ 326	35, 65, 69
§ 326 I	8
§ 326 I 1	35
§ 326 V	65
§ 346	1, 16, 24, 45, 50, 69
§ 346 I	75
§ 348	69
§ 349	1, 16, 75
§ 362 I	67
§ 387	5
§ 393	5
§ 398	11, 33, 42, 49, 53
§ 433 I	15, 72, 71, 62, 59, 58, 54, 50, 47, 45, 35, 21, 16, 8, 6, 1
§ 433 II	68, 66, 57, 53, 51, 50, 43, 42, 39, 38, 35, 33, 28, 25, 23, 21, 13, 12, 11, 10, 8
§ 434	75, 69, 65, 59, 50, 45, 16, 1
§ 434 I	65, 50, 16
§ 434 I Nr. 2	65, 16
§ 434 II Nr. 2	50
§ 437	69, 65, 59, 50, 45, 16, 1
§ 437 Nr. 2	75, 65
§ 438 I Nr. 3	75
§ 439	75, 69, 65, 59, 50, 16, 1
§ 439 I	65, 16
§ 440	75, 69, 65, 16, 1
§ 440 S.1 Alt.2	65
§ 441	65
§ 441 IV	65
§ 442	65, 16, 1
§ 446	75, 69, 65, 50, 45, 35, 24, 16, 1
§ 447 I 1	8
§ 449 I	66, 53, 35, 33, 21
§ 449 II	21
§ 488 I 2	67, 41, 27, 15
§ 490 I	27
§ 492	67
§ 535	83, 63, 37
§ 535 II	83
§ 536 I 1	83
§ 546	83
§ 604	49
§ 605	49
§ 631	74, 60, 34, 20, 14, 2
§ 634	60
§ 635	9
§ 636	48
§ 651 a I 2	18
§ 662	15, 10
§ 670	83, 15, 10
§ 677	83
§ 765 I	41, 15, 10
§ 766 S.1	41, 15, 10
§ 766 S.2	10
§ 768 I 1	41, 15
§ 771	41, 15, 10
§ 773 I	41, 15
§ 774	15, 10
§ 812 I 1 Fall 1	81, 67, 57, 53, 52, 51, 47, 39, 38, 28, 22, 21, 12, 7
§ 812 I 1 Fall 2	42, 40, 22, 17, 5
§ 816 I 1	40, 7
§ 817 S.2	67
§ 818	67, 52, 12, 7
§ 818 I	52
§ 818 II	52
§ 818 III	67, 7
§ 818 IV	67, 12
§ 819 I	67, 12
§ 823	73
§ 823 I	83, 70, 64, 63, 61, 59, 56, 55, 44, 34, 32, 29, 20, 17, 14, 9, 7, 5, 4, 3
§ 824	4
§ 826	46, 4
§ 831 I 1	61, 56, 44, 14, 9
§ 831 I 2	61, 44, 14, 9
§ 833	64, 5
§ 833 S.2	5
§ 854 I	81, 49, 47, 42, 39, 35, 33, 31, 26, 22, 21, 7
§ 868	26
§ 873	58, 54
§ 873 I	54
§ 903	71
§ 904 S.2	64
§ 925	58, 54
§ 929 S.1	56, 81, 66, 62, 57, 53, 52, 49, 47, 42, 39, 38, 35, 33, 31, 26, 22, 21, 12, 7
§ 930	26
§ 931	49, 42
§ 932	66, 62, 53, 40, 39, 33, 31, 22, 7
§ 932 I	33, 22
§ 932 II	31, 22
§ 935	40, 39, 33, 31, 22
§ 950 I 1	53, 11
§ 965	40
§ 985	15, 91, 81, 66, 57, 52, 51, 49, 39, 38, 35, 33, 31, 26, 22, 21, 12, 11, 7
§ 986 I 1	49, 35, 31, 22, 21, 7
§ 987	25, 12
§ 1626	7, 12, 38

II. Stichwortverzeichnis

abändernde Annahme	50, 28
Abtretung	53, 33, 23
des Herausgabeanspruchs	49, 42
Adäquanz	74
AGB	34, 24
aliud	72
als Mangel	75
allgemeines Lebensrisiko	74
allgemeines Persönlichkeitsrecht	29, 17
Anfechtung	73, 72, 68, 52, 47, 27, 18
Anfechtungserklärung	73, 68, 52, 47, 18
Anfechtungsfrist	73, 47, 27, 18
Anfechtungsgrund	18
Angebot	72, 68, 51, 28, 25
befristetes	6
Erlöschen	6
neues	6
Annahme	72, 68, 62, 51, 28
abändernde	50

Verzeichnisse

durch Schweigen ... 25
Annahmefrist ... 6
Anscheinsvollmacht ... 46
Anspruchsübergang ... 49
  bei Abtretung ... 53
auch fremdes Geschäft ... 74
Aufforderung zur Angebotsabgabe ... 62
Auflassung ... 54
Aufrechnung
  Ausschluß ... 5
aufschiebende Bedingung ... 33
Auftrag ... 15, 10
Aufwendungen ... 74
  ersparte ... 5
Aufwendungsersatzanspruch
  aus §§ 683, 670 BGB ... 74
  beim Auftrag ... 15, 10
Auslegung ... 51, 50, 18
außerordentliche Kündigung
  Darlehen ... 27
Bedingung ... 66, 53, 35, 21
  aufschiebende ... 33
Befristung
  des Angebots ... 28
Bereicherungsanspruch
  aus § 812 I 1 BGB ... 73, 67, 57, 52, 47, 38
  aus § 812 I 1 Fall 2 BGB ... 17
Beschaffenheitsvereinbarung ... 69, 45
beschränkt Geschäftsfähige ... 57, 38
Beschränkung der Vertretungsmacht ... 43
Besitzkonstitut ... 26
Besitzmittlungsverhältnis ... 26
Bestimmtheitserfordernis ... 53, 49, 42, 33, 11
Blankounterschrift ... 46
Bürgschaft ... 41, 15, 10
Darlehen ... 67, 41, 27, 15
Differenzhypothese ... 74
Dissens ... 51
Eigenschaftsirrtum ... 73, 68, 52, 27
Eigentumserwerb
  bei Herstellung ... 53
  durch Verarbeitung ... 11
Eigentumsübertragung
  bewegliche Sachen . 73, 57, 49, 42, 38, 35, 33, 31, 26
  Grundstück ... 54
Eigentumsvorbehalt ... 66, 53, 35, 21
  verlängerter ... 53, 23
Eingriffskondiktion ... 17, 5
Einigung über essentialia ... 28
Einrede der Vorausklage ... 41, 15
Einverständnis
  bei Heilbehandlung ... 56
Einwilligung ... 7
elektronische Willenserklärung ... 72
e-Mail ... 72
entgangener Gewinn ... 76, 74, 70, 3
Entlastungsbeweis ... 26, 61, 44, 9
Erfüllungsgehilfe ... 26, 61, 56, 37, 20, 9, 2
Erklärungsirrtum ... 47, 18
Erlöschen des Angebots ... 68, 28
Erlösherausgabe ... 52
Erlösherausgabeanspruch
  aus § 816 I BGB ... 40, 7
Ermächtigung ... 33
ersparte Aufwendungen ... 5
Exkulpation ... 44, 9
Fahrlässigkeit ... 20

Fälligkeit ... 59, 49, 19
Falschlieferung ... 72
Fehler ... 69, 65, 50, 45, 24, 16, 1
Forderungsübergang
  durch Abtretung ... 42, 33, 23, 11
  gesetzlicher ... 15, 10
Formerfordernis
  beim Grundstückskauf ... 58
Formmangel ... 54
Formnichtigkeit ... 58, 10
freie Meinungsäußerung ... 4
fremdes Geschäft ... 74
Fremdgeschäftsführungswille ... 74
Frist zur Annahme ... 6
Fristsetzung ... 48
Fristsetzung zur Leistung ... 59, 21, 19
Gattungsschuld ... 39
Gefahr künftiger Beeinträchtigungen ... 29
Gefahrübergang ... 71, 50, 45, 35, 24, 16
Gefälligkeit ... 15
Geldschuld ... 39
Genehmigung ... 57, 40, 13, 7
Geschäftsfähigkeit
  beschränkte ... 57, 38, 12, 7
Geschäftsführung ohne Auftrag ... 74
gesteigerter sozialer Kontakt ... 61
gestohlene Sachen ... 39
Gewährleistungsbeschränkung ... 24
Gewinn
  entgangener ... 74, 70, 3
Globalzession ... 23
Grundbuch ... 54
Gutglaubenserwerb ... 66, 40, 39, 31, 22, 7
Haftung für Zufall ... 76
Heilung
  der Formnichtigkeit ... 54, 10
Herausgabe an Dritte ... 26
Herausgabeanspruch
  aus § 985 BGB .. 73, 66, 57, 52, 49, 39, 38, 33, 31, 26, 22, 7
Herstellung neuer Sachen ... 53
invitatio ad offerendum ... 62
Irrtum ... 73, 72, 68, 52, 47
  in der Erklärungshandlung ... 47, 18
  über wesentliche Eigenschaft ... 27
Kaufvertrag . 73, 76, 75, 72, 71, 69, 68, 65, 62, 59, 58, 57, 54, 51, 50, 47, 46, 45, 43, 39, 35, 28, 25, 24, 21, 16, 13, 12, 11, 8, 6, 1
Kollision
  von Sicherungsrechten ... 23
Kredit ... 67, 15
Kündigung
  Leihvertrag ... 49
  lediglich rechtlicher Vorteil ... 57, 38, 12, 7
Leihvertrag ... 49
Leistungsfrist ... 21
Mahnung ... 76, 48, 19
Mangel ... 65, 59, 50
Mangelfolgeschaden ... 45
  begleitender ... 1
Mangelgewährleistung ... 72, 69, 65, 1
  beim Kauf ... 75, 50, 45, 16
  beim Mietvertrag ... 74
  beim Werkvertrag ... 60
Mietvertrag ... 74, 63, 37, 30
Minderjährige ... 57, 38, 12
Minderung ... 65
Mitverschulden ... 74, 73

mitwirkende Schadensverursachung.............. 74
Nacherfüllung 69, 65, 59, 50
Nacherfüllungsfrist.. 1
Nebenpflicht.. 26, 60, 34
Schlechterfüllung 20
Nebenpflichtverletzung 63, 55, 9, 2
negatives Interesse 74, 47
Nichtigkeit
des Scheingeschäfts 54
wegen Formmangels 58, 54
wegen Wuchers 67
notarielle Form.. 54
Notstand 64
Pflichtverletzung 60, 2
positive Forderungsverletzung 2
Prioritätsprinzip.. 23
Recht am Unternehmen 4
Recht zum Besitz...................................... 31, 21
Rechtsgutsverletzung 70
Rechtswidrigkeit 74, 64, 56
Reisevertrag 18
Rücktritt 50, 35, 30, 21, 19, 16, 1
vom Kaufvertrag 75
Sachmangel.. 59
Schadensersatzanspruch
aus § § 280, 241, 311 BGB 61, 55, 36
aus § § 280, 281 BGB 59
aus § § 280, 282 BGB 60
aus § § 280, 283 BGB 62, 37
aus § § 280, 286 BGB 48
aus § § 536a, 536 BGB 74
aus § 122 I BGB 73, 47, 18
aus § 280 I BGB 63, 60, 59, 56, 45, 20, 16
aus § 280 I BGB 2
aus § 281 I BGB 48
aus § 286 I BGB 19
aus § 823 BGB 73
aus § 823 I BGB 74, 70, 64, 59, 56, 44, 34, 32,
20, 17, 9
aus § 823 I BGB 4, 3
aus § 831 I BGB 61
aus § 904 BGB 64
aus §§ 280,286 BGB 73
aus Verschulden bei Vertragsverhandlungen
....61, 36
Scheingeschäft.. 54
Schlechterfüllung 34
einer Hauptpflicht 56
Schmerzensgeld 74, 70, 56, 14
bei Persönlichkeitsrechtsverletzungen 17
Schriftform
der Bürgschaftserklärung 41, 15, 10
Schuldnerverzug... 19
Schutzzweck der Norm 74, 3
Schweigen
als Willenserklärung 25, 6
selbstschuldnerische Bürgschaft 41
Sicherungsvertrag 42
Sittenwidrigkeit 67, 23
Sorgfaltspflichten
vorvertraglich 32
Sorgfaltspflichtverletzung 70
Stellvertretung 73, 62, 46, 43, 13
Stundung 41, 15
Taschengeld 38, 12

Übereignung 66, 42, 35, 33
unerlaubte Handlung 14
Unmöglichkeit 71, 37, 35, 30
anfängliche... 50
nachträgliche 8
objektive 50
Unterlassen 73
Unterlassungsanspruch
aus § 1004 BGB 29
unverlangte Sendungen 25
Unzumutbarkeit
. bei Nebenpflichtverletzung 60
der Nacherfüllung 69
Ursachenzusammenhang 74, 3
vereinbarte Beschaffenheit............................. 69
Verfügung eines Nichtberechtigten 53, 40, 7
Verjährung 32, 20
Verkehrssicherungspflicht 73, 20
Verkehrsunfall 70, 3
verkehrswesentliche Eigenschaft 52
Verrichtungsgehilfe 26, 61, 56, 44, 9
Verschlechterung
des Bereicherungsgegenstands 12
Verschulden 74, 71, 70, 63, 48, 45, 44, 37, 34, 32,
30, 20, 16, 14, 9, 2
Verschulden bei Vertragsverhandlungen ... 74, 61,
55, 36
Verschuldensvermutung 26
nach § 831 I BGB 44
versehentliche Falschbezeichnung 27
verspätete Annahme 28
Vertrag mit Schutzwirkung für Dritte 26, 74
vertraglich vereinbarter Gebrauch 1
Vertragsabschluß 50
Vertragsverhandlungen 32
Vertreter ohne Vertretungsmacht 13
Vertretungsmacht 13
Verzug 76, 43, 35, 19
Vollmacht 46, 43, 13
Umfang 13
vollmachtloser Vertreter 13
vollständige Bewirkung der Leistung 12
vorvertragliche Pflichten 74
Warentest 4
Wegfall der Bereicherung 24
Werkvertrag 26, 60, 48, 34, 9
Wertersatz 52
wesentliche Eigenschaft 73
Widerruf
Willenserklärung 68
Willenserklärung 18
im fremden Namen 13
schlüssige 51, 28
Wirksamwerden 68
Zugang 6
Wirksamwerden
Willenserklärung 68
Wucher 67
Zahlungsaufschub 41, 15
Zahlungsverzug 35
Zinsen 67
Zugang
Willenserklärung 68, 6
Zurechnung 74
Zwangslage 67